Hernandes Dias Lopes

1REIS

Da glória ao fracasso

hagnos

1ª edição: setembro de 2025

Revisão: Pedro Nolasco (copidesque) e Francine Torres (provas)
Diagramação: Letras Reformadas
Capa: Claudio Souto (layout) e Patrícia Cayedo (adaptação)
Editor-chefe: Aldo Menezes
Editor-assistente: Fabiano Silveira Medeiros
Assistente editorial: Raquel Carvalho Pudo
Coordenador de produção: Mauro Terrengui
Impressão e acabamento: Imprensa da Fé

Editora Hagnos Ltda.
Rua Geraldo Flausino Gomes, 42, conj. 41
CEP 04575-060 — São Paulo, SP
Tel.: (11) 5990-3308

E-mail: editorial@hagnos.com.br
Home page: www.hagnos.com.br
Editora associada à Associação Brasileira de Direitos Reprográficos (ABDR)

Dados Internacionais de Catalogação na Publicação (CIP)

Lopes, Hernandes Dias
1Reis: da glória ao fracasso / Hernandes Dias Lopes. — São Paulo: Hagnos, 2025. (Comentários Expositivos Hagnos).

ISBN 978-85-7742-671-3

1. Bíblia. AT Reis — Comentários I. Título

25-2680 CDD 220.6

Índices para catálogo sistemático:
1. Bíblia. AT Reis — Comentários

Angélica Ilacqua CRB-8/7057

Dedicatória

DEDICO ESTE LIVRO A Paulo Mazoni, mui digno pastor da Igreja Batista Central de Belo Horizonte. Amigo precioso, servo do Altíssimo, pregador fervoroso, homem segundo o coração de Deus.

Sumário

Prefácio

Este é um livro de histórias. Por mais de um século, reis ascenderam ao trono e foram apeados do poder. Homens piedosos e homens perversos governaram. Quando os pios subiam ao poder, a nação prosperava; quando os maus governavam, o povo gemia. Líderes nunca são neutros: são bênção ou maldição. Quando Deus fica irado contra um povo, permite que homens maus o governe. Quando Deus quer livrar um povo, envia-lhe líderes piedosos.

O livro de 1Reis começa com o entardecer do reinado de Davi. Este filho de Jessé, genro de Saul, jovem valente, homem guerreiro e rei vitorioso está velho, muito velho, aos setenta anos de idade. Vivendo mais de uma década, debaixo de perseguição atroz, dormindo em tendas improvisadas nos desertos, cavernas escuras e antros da terra, Davi encerra seus dias fraco e doente. Ele, que já tinha superado a rebelião de Absalão e Seba, agora, precisa abortar o levante de Adonias. Antes de fechar os olhos para a história, porém, toma medidas firmes para coroar Salomão rei de Israel em seu lugar.

Salomão pede a Deus sabedoria para governar, e Deus lhe deu, além de renomada sabedoria, colossais riquezas. Durante seus quarenta anos de governança, experimentou paz nas fronteiras e prosperidade sem precedentes em seu território. Consolidou um grande e opulento império e edificou com suntuosidade o templo de Jerusalém, além de construir régios palácios para seu uso pessoal. Seus muitos casamentos com viés político, entretanto, perverteram seu coração, e Salomão descambou para a idolatria. Somente no final de sua vida, voltou-se para o Senhor, em sincero arrependimento (Ec 12:13).

Após a morte de Salomão, o reino foi dividido por inabilidade de Roboão, seu filho e sucessor. Dez das doze tribos seguiram a liderança cismática de Jeroboão I, formando o Reino do Norte. As duas tribos fiéis à dinastia davídica, Judá e Benjamim, formaram o Reino do Sul. Reis piedosos alternaram com reis ímpios no Reino no Sul, enquanto no Reino do Norte, nenhum dos dezenove reis, em oito diferentes dinastias, andou com Deus.

Deus levantou o profeta Elias nos dias mais turbulentos do Reino do Norte, quando Acabe e a ímpia Jezabel governavam em Samaria. Esse homem da cordilheira de Gileade confrontou o rei, o povo e os profetas de Baal. Foi um homem de oração e palavra. Foi um homem de fé e coragem. Nesse tempo de apostasia, Elias deixou claro à nação apóstata que só o Senhor é Deus.

Estudar esse importante livro é peregrinar pelas páginas da história. É subir os picos mais altos e descer aos vales mais escuros. É ver a bondade de Deus e a maldade humana; a fidelidade de Deus e a rebeldia humana. O Deus da aliança não desistirá do seu povo, mesmo que tenha de discipliná-lo.

Convido você a caminhar comigo pelas páginas de 1Reis, observando o que Deus tem a nos ensinar nessa emocionante jornada. Boa leitura!

Introdução

O LIVRO QUE TEMOS pela frente, 1Reis, é um dos mais fascinantes da Bíblia, ainda que retrate o declínio de Israel. Sabedoria é aprender com os erros dos outros para não reincidirmos nas mesmas falhas. A história é nossa pedagoga ou nossa coveira.

Três personagens estão em relevo em 1Reis: Davi, Salomão e Elias. O livro retrata o final da vida de Davi, o mais importante rei de Israel, a ascensão e o fracasso de Salomão e o ministério poderoso de Elias. Nesta introdução, porém, vamos tratar de 1-2Reis, pois no texto original eram um só livro.

Tony Merida diz que a mensagem de 1Reis é *declínio* e de 2Reis é *queda*. As sementes do declínio aparecem já no começo de 1Reis e culminam com a queda do Reino do Norte e o do Sul. Os livros de 1-2Reis tratam de adoração, palavra e fraqueza. Primeiro, Deus chamou o seu povo para adorá-lo de maneira exclusiva. Porém, esses dois livros mostram como o povo de Israel se prostrou diante de outros deuses. Muito embora Salomão tenha erigido o grande templo em Jerusalém, ele mesmo caiu prisioneiro da idolatria (1Rs 11:33-35). Segundo, Deus mostrou ao seu povo como viver de modo digno, segundo a sua palavra, porém, os reis e o povo se desviaram da verdade revelada de Deus. Finalmente, os livros de 1-2Reis mostram a fraqueza dos líderes e dos liderados. Depois que a monarquia foi dividida, todos os reis do Reino do Norte caíram em idolatria. No Reino do Sul houve um misto de reis piedosos e reis idólatras. Ficava óbvio, portanto, que um novo rei era necessário.[1]

O registro começa com um reino estável e unido sob a liderança firme de um rei e termina com o colapso total e a deportação em massa para a Babilônia.[2] Charles Martin diz que 1-2Reis oferecem uma narrativa contínua da monarquia hebraica do tempo em que Davi transmitiu um reino rico e extenso até o momento da sua destruição final. Foram quatrocentos anos relatados em pouco mais de cinquenta mil palavras, indicando uma redução drástica de detalhes.[3] Nessa mesma linha de pensamento, Dale Ralph Davis diz que o escritor de 1-2Reis foi muito seletivo, o que implica que o que ele realmente incluiu deve ser de grande importância. Também significa que o escritor não tem nenhuma intenção de nos fornecer uma história exaustiva.[4]

Os primeiros dois capítulos de 1Reis são uma continuação do reinado de Davi, como começou e prosseguiu em 2Samuel. Eles servem como uma transição de seu reino para o glorioso reino de Salomão.[5] Salomão nasceu em Jerusalém e, em seu nascimento, o profeta Natã lhe deu o nome de Jedidias, "o amado de Deus". O fato de a Bíblia chamá-lo de Jedidias só uma vez (2Sm 12:25), indica que o nome "Salomão" era o seu nome oficial. O nome Salomão aparece aproximadamente trezentas vezes no Antigo Testamento e doze vezes no Novo Testamento.[6]

Com a morte de Salomão, em 931 a.C., depois de cento e vinte anos de monarquia, o reino foi dividido. Dez tribos seguiram a liderança cismática de Jeroboão I, formando o Reino do Norte, com capital em Tirza e Samaria. Já o Reino do Sul, permanecendo fiel à dinastia davídica, composto das tribos de Judá e Benjamim, tinha sua capital em Jerusalém. O Reino do Norte foi governado por dezenove reis, em oito dinastias diferentes. Nenhum desses reis andou com Deus. Todos foram maus, ímpios e idólatras. Esse reino durou apenas duzentos e nove anos, caindo nas mãos da Assíria em 722 a.C. O Reino do Sul teve vinte reis, e sobreviveu até o ano 586 a.C., quando foi subjugado pelo poderoso Império Babilônico.

Conforme enfatiza Gordon Fee, a abrangência histórica de 1-2Reis vai da morte de Davi (970 a.C.) até o exílio de Judá, no sexto século (586 a.C.).[7] Portanto, cobre um período de mais de quatrocentos anos. Segundo Dale Ralph Davis, o material de 1-2Reis se encaixa em três grandes blocos: 1) a era dourada (1Rs 1-11); 2) o reino dividido (1Rs 12-2Rs 17); 3) os últimos dias (2Rs 18-25).[8]

Benjamin Galan destaca quatro pontos importantes sobre os livros de 1-2Reis:[9]

- Antes de sua morte, Davi constitui Salomão como seu sucessor. Em seu reinado, Salomão experimentou paz e prosperidade, mas mostrou sinais de rebelião contra o Senhor. Depois de sua morte, em 931 a.C., o reino de Israel foi dividido. Por inabilidade de Roboão, filho e sucessor de Salomão, o reino foi rasgado, e dez das doze tribos seguiram a liderança de

Jeroboão I. O Reino do Norte, Israel, seguindo Jeroboão, estabeleceu sua capital em Samaria. O Reino do Sul, Judá, permanecendo fiel à dinastia davídica, continuou com Roboão, na capital de Jerusalém, conhecida como cidade de Davi.

- A história de ambos os reinos é repleta de rebeliões, conflitos internos, abusos, ambição e idolatria. Mesmo reis piedosos como Ezequias e Josias mostraram muita limitação humana. Os ministérios de Elias e Eliseu expuseram o decadente estado espiritual dos reinos, representados por seus reis.
- Israel, o Reino do Norte, foi subjugado pelo poderoso Império Assírio em 722 a.C., e as dez tribos de Israel foram espalhadas por aquele vasto Império. Muito embora Deus tenha protegido Jerusalém, o reino de Judá se tornou um reino fraco. Depois de algumas gerações, em 586 a.C., o Reino do Sul caiu nas mãos do Império Babilônico, que destruiu a cidade de Jerusalém e o próprio templo de Salomão.

Henrietta Mears destaca que os livros dos Reis começaram com o rei Davi e terminaram com o rei da Babilônia; começaram com a construção do templo e terminaram com sua destruição; começaram com o primeiro sucessor de Davi ao trono, Salomão, e terminaram com o último, Joaquim, libertado do cativeiro pelo rei da Babilônia. Assim, os livros dos Reis cobrem praticamente todo o período de domínio dos reis sobre o povo escolhido. Durante o reinado de Salomão, a nação atingiu o apogeu da sua grandeza. Com a morte de Salomão, porém, a realeza deixou de ser o meio pelo qual Deus governava seu povo. O período dos profetas iniciou-se nessa época, com o grande profeta

Elias. 1Reis termina com a história desse profeta, e 2Reis gira ao redor de Eliseu. Segue-se o declínio do reinado até vermos Israel e Judá levados para o cativeiro.[10]

A unidade do livro

No original hebraico, em que foram escritos, 1 e 2Samuel formam um livro só, 1-2Reis formam outro, e 1 e 2Crônicas, o terceiro. Ao serem traduzidos para o grego, foram divididos pelos tradutores porque o grego requeria um terço a mais de espaço do que o hebraico, e os rolos em que eram escritos tinham tamanho limitado.[11]

Henrietta Mears diz que o primeiro e o segundo livro dos Reis são a continuação dos livros de Samuel. Como o nome sugere, registram-se os acontecimentos do reinado de Salomão e dos reis de Judá e de Israel, que o sucederam. Abrangem um período de mais de quatrocentos anos e contam a história do crescimento e do declínio do reino, que acabou dividido. E, em seguida, Israel e Judá são levados para o cativeiro.[12]

O livro em tela, 1Reis, cobre um período de cento e dezoito anos. Começa com a morte de Davi e a ascensão de Salomão e termina no reinado de Josafá, em Judá, e no reinado de Acazias, em Israel.

O autor do livro

1Reis é um livro anônimo. Seu autor não é mencionado. Conquanto seja um livro de autoria desconhecida, a maioria dos estudiosos, conforme uma antiga tradição judaica, atribui-o ao profeta Jeremias. Nessa linha de pensamento, Harvey Hartman diz que o Talmude Judaico (*Baba Bathra* 15A) afirma que Jeremias escreveu o livro de Reis, em adição a Jeremias e Lamentações.[13] Conforme diz Myer

Pearlman, "acredita-se que Jeremias tenha compilado os registros escritos por Natã, Gade e outros (1Cr 29:29).[14] Concordo, entretanto, com Benjamin Galan, quando diz: "Nós devemos nos contentar com a intenção do próprio autor em conservar-se anônimo. Tendo um autor anônimo, entrementes, não muda o fato de que o livro é a Palavra de Deus para o seu povo tanto naquele tempo como agora".[15]

José Apolônio da Silva diz que o escritor se baseou no livro das Crônicas de Israel, para nós desconhecido, pois não consta no Cânon. Temos conhecimento dele porque a Bíblia o registra: 1) Livro da História de Salomão (11:41); 2) Livro da História dos reis de Israel (14:19); 3) Livro da História dos reis de Judá (15:23).[16] Mike Butterwort diz que o autor menciona várias das suas fontes, por exemplo, 1Reis 11:41; 15:31: registros oficiais da corte e coleções de histórias sobre os profetas. Grande parte do material tem paralelos em Crônicas.[17]

A data em que foi escrito

Hipoteco pleno apoio ao que diz Benjamin Galan, acerca da data em que foi escrito 1-2Reis. Ele afirma que a data em que o livro foi composto é igualmente difícil de determinar. Tudo o que nós podemos dizer é que o livro foi escrito depois do último evento narrado no livro (2Rs 25:27-30), que ocorreu por volta do ano 561 a.C. Uma vez que o livro não menciona o decreto do rei Ciro, permitindo aos judeus retornar para sua terra, em 539 a.C., é possível que o livro tenha sido escrito antes dessa data.[18]

Os principais temas

Gerson Lopes Fonteles destaca que o valor de cada rei é determinado segundo a comparação com dois outros reis de épocas anteriores: Davi, que se manteve fiel à aliança, e o rei Jeroboão de Israel, que a desprezou. "Andou em todo caminho de Davi, seu pai" ou "andou em todos os caminhos de Jeroboão, filho de Nebate". Foram poucos os reis que guardaram a aliança. Exceções notáveis são Asa (1Rs 15), Josafá (1Rs 22), Ezequias (2Rs 18) e Josias (2Rs 22), e mesmo assim tinham suas falhas.[19] São oito os reis de Judá, descendentes de Davi, que agradaram ao Senhor: Asa, Josafá, Joás, Amazias, Uzias, Jotão, Ezequias e Josias.

Benjamin Galan diz que 1Reis trata de dois temas principais: reinado e aliança.[20] O reinado pode ser visto em duas perspectivas: o reinado humano e o divino. Três fatos são aqui destacados:

Em primeiro lugar, *o reinado humano.* Muito embora o livro de 1Reis não considere a monarquia em si mesma como um mal, mostra que quando os reis humanos exercem sua autoridade fora da autoridade de Deus, ficam expostos ao fracasso. Os reis, assim como os demais membros do povo, precisam ser submissos à lei de Deus (Dt 17:14-20). O livro dos Reis mostra como os reis fracassaram em guiar Israel a viver como povo de Deus. Esse fracasso resultou na divisão do povo, na corrupção da terra, na poluição da adoração, no abuso contra as pessoas mais fracas e na falsa confiança de seu poder militar. Esses foram sintomas da profunda doença espiritual que enfraqueceu a nação. Por esta causa Deus levantou o profeta Elias para confrontar o rei, o povo e os profetas de Baal.

Em segundo lugar, *o reinado divino.* Deus é o grande Rei. Acima de todos os reis da terra e de todos os que pensavam ser deuses, o Senhor, o Deus da aliança com Abraão e Moisés, cuja presença habitava no templo de Jerusalém, é o Grande Rei, o criador, o dono, o sustentador de toda a criação. Como o dono do universo, Deus deu a Israel uma terra. Nessa terra, Deus proveu as necessidades de seu povo, necessidades essas que supunha que os reis suprissem. Ele guiou e governou seu povo pela sua lei. Também como o grande Rei, Deus submeteu as nações a julgamento, incluindo Israel. Como instrumentos de seu julgamento, Assíria e Babilônia conquistaram e exilaram o Reino do Norte e o do Sul, respectivamente. O templo em Jerusalém era uma demonstração da presença de Deus entre o seu povo e, também, uma lembrança para Israel de que Deus requer adoração exclusiva. Deus, outrossim, sempre providenciou palavras de esperança para o seu povo, apontando para o Messias, o Rei dos reis e o Senhor dos senhores.

Em terceiro lugar, *a aliança.* Israel é uma espécie de conjunto de tribos que foram libertas da escravidão do Egito pelo poderoso Deus, que escolheu Israel não por ser maior ou mais forte do que outras nações, mas por sua exclusiva graça, para ser seu tesouro particular. Deus ensinou esse povo a ser o seu povo, dando-lhe sua lei. Ao longo do livro de Reis, nós lemos sobre a fidelidade de Deus ao pacto. Israel deveria demonstrar fidelidade ao pacto através da adoração ao Senhor, conforme prescrita em sua palavra. A fidelidade de Israel ao pacto traria as bênçãos do pacto (Dt 7:12-24; 8:1,4,7-9; 11:9,14,15; 28:2-13; 33:6-25). Porém, a infidelidade ao pacto acarretaria juízo sobre Israel (Dt 4:26-28; 11:17; 27:15-26; 28:16-45, 48-68). Dentre as maldições da violação do pacto, Israel seria disperso entre as nações. Fica evidente, então, que a fidelidade de Deus tem dois lados: o lado positivo em que Deus abençoa a fidelidade de seu povo; e o lado negativo em que Deus pune seu próprio povo por causa da infidelidade. R.

C. Sproul diz que no centro da relação entre Deus e Israel está a aliança. Embora a monarquia fosse estabelecida e ordenada por Deus, o poder do rei não é absoluto. Ambos, rei e povo igualmente, são responsáveis por permanecer fiéis à sua aliança com Deus.[21]

Em quarto lugar, *tal rei, tal nação.* R. C. Sproul tem razão em dizer que os governantes exercem influência poderosa sobre uma nação, para o bem ou para o mal. Há em 1-2Reis uma clara correlação entre o estado espiritual de um rei e do povo por ele liderado. Em geral, quando um rei piedoso governa, o povo teme o Senhor; contudo, quando um rei mau reina, o povo tende a ceder à mais profunda imoralidade e idolatria. Há um refrão comum para os reis de Israel: eles não se apartaram dos pecados de Jeroboão, "pelos quais fizeram Israel pecar" (2Rs13:11; 14:24; 15:9).[22]

Em quinto lugar, *o ministério dos profetas.* Por causa da liderança perversa de muitos reis das duas nações, Deus levantava profetas para servir de freio e equilíbrio entre eles. Os profetas insistiram ardorosamente na fidelidade integral ao Senhor e à sua lei, opondo-se a qualquer aliança que pusesse em risco o aspecto distintivo da religião israelita. Embora o escritor dê mais atenção a Elias e Eliseu, também menciona muitos outros profetas como Natã (1:22), Aías (11:29-39), Semaías (12:21-24), Micaías (22:8-28), Jonas (2Rs 14:25), Isaías (2Rs 19:1-7; 20:14 e Hulda (2Rs 22:14-20).[23]

Cristo no livro dos Reis

A promessa de Deus a Davi, de que nunca faltaria um descendente seu no trono, aponta para o Messias. Os reis de Israel não foram reis perfeitos nem imortais. Eles subiram ao trono e foram apeados do poder. Porém, o Filho de Davi, o Messias, é Rei eterno e seu reino jamais passará.

'Notas

1 MERIDA, Tony. *Christ-Centered Exposition: 1 & 2 Kings*, p. 4,5.

2 BUTTERWORT, Mike et al. *Manual bíblico SBB*. São Paulo: Sociedade Bíblica do Brasil, 2018, p. 276.

3 MARTIN, Charles. *1 and 2 Kings*. In: *The New Layman's Bible Commentary*, p. 425.

4 DAVIS, Dale Ralph. *1-2Reis*, p. 16.

5 HARTMAN, Harvey D. *I and II Kings*. In: *The Complete Bible Commentary*, p. 341.

6 SOARES, Matheus. *Enciclopédia da vida dos personagens bíblicos*, p. 419.

7 FEE, Gordon, STUART, Douglas. *Como ler a Bíblia livro por livro*. São Paulo: Vida Nova, 2013, p. 108.

8 DAVIS, Dale Ralph. *1-2Reis*, p. 17.

9 GALAN, Benjamin. *Bible Overwiew*. Torrance, CA: Rose Publishing, 2011, p. 59.

10 MEARS, Henrietta. *Estudo panorâmico da Bíblia*. São Paulo: Vida, 2023, p. 146.

11 Ibidem, p. 145.

12 Ibidem.

13 HARTMAN, Harvey D. *I and II Kings*. In: *The Complete Bible Commentary*, p. 338.

14 PEARLMAN, Myer, *Através da Bíblia livro por livro*. Miami, FL: Vida, 1987, p. 63.

15 GALAN, Benjamin. *Bible Overview*. 2011, p. 60.

16 SILVA, José Apolônio. *Sintetizando a Bíblia*. Rio de Janeiro: CPAD, 1985, p. 51,52.

17 BUTTERWORT, Mike. *Manual bíblico SBB*. 2018, p. 276.

18 GALAN, Benjamin. *Bible Overwiew*. 2011, p. 60.

19 FONTELES, Gerson Lopes. *Bíblia: um estudo panorâmico e cronológico*. Heziom. São Paulo, SP. 2023, p. 56.

20 GALAN, Benjamin. *Bible Overwiew*. 2011, p. 60-62.

21 SPROUL, R. C. *Bíblia de estudo da fé reformada*, p. 497.

22 Ibidem, p. 496.

23 Ibidem.

Capítulo 1

Um golpe de Estado

(1Reis 1:1-53)

Este capítulo tratará da velhice de Davi, da conspiração de Adonias e da coroação de Salomão ao trono de Israel. Veremos, aqui, o registro da luta pela sucessão acentuada pelo declínio físico de Davi.[24] O rei Davi não teve refresco em seu governo, nem mesmo nos dias finais de sua vida. Enfrentou lutas externas e conflitos internos. Seus maiores problemas, entretanto, não vieram de fora, mas de dentro de sua própria casa. Enquanto estava no seu leito de enfermidade, seu filho Adonias, conspirou contra ele, para tomar-lhe o trono. Warren Wiersbe destaca que Adonias subestimou, entretanto, a resistência e a sabedoria do velho guerreiro, e, no final, seu orgulho custou-lhe a vida. Ele cometeu o erro de pensar que o pai não estava mais plenamente lúcido e resolveu, desse modo, interferir nos planos do rei. Em vez de demonstrar compaixão pelo pai, decidiu reivindicar o trono para si. Se conseguisse o apoio dos irmãos, de líderes do governo, dos sacerdotes e do exército, poderia dar um golpe de Estado e tornar-se rei.[25]

O rei Davi, velho e doente (1:1-4)

Aos setenta anos, Davi está mui velho (1:15) e doente, em péssimas condições de saúde. Ele está velho e frio. Davi enfrentou duras lutas antes de ascender ao trono e grandes batalhas e conflitos depois que se tornou rei. Ele foi homem de guerra. Seus dias foram muito turbulentos. Os reveses da vida o fizeram envelhecer precocemente. O homem que matou leões e ursos para defender o seu rebanho; o homem que matou gigantes e conquistou cidades e reinos; o homem que gerou uma dinastia real e foi pai de muitos filhos, está agora fraco, velho e doente. Essa é a realidade da vida. Os anos chegam e passam e nós voamos. O vigor da juventude se esvai, a velhice chega, e a morte se torna inevitável.

Não bastasse a velhice com seu natural enfraquecimento, Davi ainda ficou prostrado no leito real, com hipotermia radical. Pijamas quentes e cobertores não eram suficientes para aquecê-lo. Providenciaram-lhe uma bela jovem, Abisague, sunamita, para aquecê-lo, servindo-lhe de acompanhante, enfermeira e concubina. Davi não a possuiu. Estava velho demais, fraco demais para os prazeres sexuais. Seu sangue não fervia mais. Nas palavras de Philip Graham Ryken, "a impotência sexual de Davi demonstra que ele havia perdido sua vitalidade e virilidade".[26] Donald Wiseman diz que o uso de uma jovem para restaurar o calor do corpo era uma prática médica antiga, segundo os escritos de Flávio Josefo.[27] Concordo, porém, com Dale Ralph Davis: "Não podemos sequer ter certeza se a terapia de calor administrada pela formidável Abisague foi considerada eficaz".[28]

O fato de Davi, o melhor rei de Israel, estar fraco, doente e no portal da morte deixa claro que ele nunca seria o rei supremo do povo de Deus. Essa realeza suprema só pode ser ocupada por Jesus, o Filho de Davi, o rei que foi morto, mas ressuscitou e está vivo pelo século dos séculos e tem as chaves da morte e do inferno (Ap 1:17,18). Concordo com Philip Graham Ryken, quando diz: "Jesus nunca sentirá o frio da velhice, mas permanecerá em plena posse de seus poderes divinos por toda a eternidade".[29] O apóstolo Pedro coloca essa verdade assim:

> Irmãos, seja-me permitido dizer-vos claramente a respeito do patriarca Davi que ele morreu e foi sepultado, e o seu túmulo permanece entre nós até hoje. Sendo, pois, profeta e sabendo que Deus lhe havia jurado que um dos seus descendentes se assentaria no seu trono, prevendo isto, referiu-se à ressurreição de Cristo, que nem foi deixado na morte, nem o seu corpo experimentou corrupção. A este Jesus Deus ressuscitou, do que todos nós somos testemunhas. Exaltado, pois, à destra de Deus, tendo recebido do Pai a promessa do Espírito Santo, derramou isto que vedes e ouvis. Porque Davi não subiu aos céus, mas ele mesmo declara: Disse o Senhor ao meu Senhor: Assenta-te à minha direita, até que eu ponha os teus inimigos por estrado dos teus pés. Esteja absolutamente certa, pois, toda a casa de Israel de que a este Jesus, que vós crucificastes, Deus o fez Senhor e Cristo (At 2:29-36).

John Goldingay destaca que Adonias e seus apoiadores podiam argumentar que, em virtude da visível debilidade física de Davi, nessas circunstâncias, alguém precisava adotar uma ação decisiva em vez de largar a nação à mercê desse vácuo de liderança. Adonias candidata-se a ser essa pessoa.[30] Porém, Davi estava frágil fisicamente, mas não mental e espiritualmente. Ele ainda teve fibra moral e espiritual para colocar o carro nos trilhos e fazer a sucessão de seu governo. Tony Merida fala sobre David Martyn-Lloyd Jones, que no leito de morte, sem poder fazer o que estava acostumado a fazer, vitimado por um câncer, afirmou: "Nosso maior perigo é viver fundamentado em nossas atividades. O último teste para um pregador é o que ele sente quando não pode mais pregar. Nosso relacionamento com Deus é o que nos dá o supremo prazer".[31] Davi estava prestes a morrer, mas estava com vigor espiritual para conduzir os destinos do reino.

Adonias, o rei usurpador (1:5-10)

O bem-sucedido, mas, também, turbulento reinado de Davi está terminando. A corte real fervia de intrigas. Duas tentativas de desbancar Davi e tomar o trono já haviam sido debeladas: a rebelião de Absalão e a revolta de Seba. Agora, a doença e a velhice de Davi estavam deixando um vácuo de poder. E foi nessa brecha que Adonias entrou, para usurpar o trono.

Adonias, o filho mimado de Davi (1:6), com cerca de trinta e cinco anos de idade, era o quarto filho, mas o mais velho dos filhos sobreviventes, depois da morte de Quiliabe, Amnom e Absalão (2Sm 3:2-4; 13:28; 18:15). Sendo o natural herdeiro do trono na linhagem de sucessão, aproveita a ocasião para se autoproclamar rei, fazendo uma manobra de aliciamento de líderes respeitados em Israel, chamando a si os filhos do rei, bem como o povo para uma cerimônia de posse. Adonias usurpa o trono e proclama a si mesmo como rei sobre Israel. Ele se exaltou e coroou a si mesmo como monarca em lugar de seu pai, Davi. Dale Ralph Davis diz, com razão, que a essa altura, Adonias é tudo o que Davi não é. É um vigoroso possível rei. Ele tem ambição (v. 5a), estilo (v. 5b), imagem (v. 6b), posição (v. 6c) e apoio (v.7,9), tanto militar quanto religioso.[32]

A atitude de autoexaltação de Adonias enseja-nos algumas lições:

Em primeiro lugar, *cuidado com o reinado fora dos planos de Deus* (1:5a). "Eu reinarei" sinaliza um apelo público ao trono, a despeito da conhecida preferência de Davi por Salomão.[33] É evidente que se autoproclamar rei não faz de você rei. Exaltar a si mesmo não é honra. Seguir os ditames do coração, e não a vontade de Deus, é caminho escorregadio. Juntar-se a pessoas revoltosas não traz segurança. Foi isso que Adonias fez. Ele, que jamais tinha sido contrariado por seu pai, pensa que ninguém pode contrariá-lo. Ele, que nunca tinha sido repreendido, tornou-se um adulto mimado. Essa imaturidade emocional e espiritual pavimentou-lhe não o caminho do trono, mas o beco estreito da morte. Adonias declarou-se herdeiro da coroa real sem nunca ter trocado uma única palavra com o próprio rei. Ele exaltou a sua própria honra. Assumiu o controle sobre o seu próprio destino. Deus já havia falado a Davi antes mesmo de Salomão nascer, que ele seria o próximo rei (1Cr 22:9,10). Porém, Adonias parecia não se importar com a palavra de Deus. Champlin descreve essa sede pelo poder, assim: "Ó maldita concupiscência pelo poder! Um pai destrói ao próprio filho, um filho depõe ao próprio pai, um irmão assassina a outro irmão, tudo a fim de obter uma coroa"![34]

Resta claro afirmar que o próprio Deus já havia se pronunciado a respeito da sucessão de Davi. O Senhor disse a Davi: "Quando os teus dias se cumprirem e descansares com teus pais, então, farei levantar depois de ti o teu descendente, que procederá de ti, e estabelecerei o seu reino. Este edificará uma casa ao meu nome, e eu estabelecerei para sempre o trono do seu reino" (2Sm 7:12,13). Também o Senhor disse a Davi:

> Eis que te nascerá um filho, que será homem sereno, porque lhe darei descanso de todos os seus inimigos em redor; portanto, Salomão será o seu nome; paz e tranquilidade darei a Israel nos seus dias. Este edificará casa ao meu nome; ele me será por filho, e eu lhe serei por pai; estabelecerei para sempre o trono do seu reino sobre Israel (1Cr 22:9,10).

Davi, também, já havia se pronunciado a respeito, fazendo juramento a Bate-Seba, que Salomão, seu filho, seria o rei: "Farei, no dia de hoje, como te jurei pelo Senhor, Deus de Israel, dizendo: Teu filho Salomão reinará depois de mim e se assentará no meu trono, em meu lugar" (1:30). Na contramão desses fatos, Adonias toma a decisão de ser rei. Vale destacar, como diz Philip Graham Ryken, que Israel tinha uma política de sucessão real. Sua política era a determinação divina. Deus ungia o seu próprio rei em seu próprio tempo. Como disse na lei de Moisés: "estabelecerás, com efeito, sobre ti como rei aquele que o Senhor, teu Deus, escolher" (Dt 17:15). Adonias, porém, à semelhança de seu irmão Absalão, não aceitou a escolha de Deus.[35]

Em segundo lugar, *cuidado com os aparatos da vaidade* (1:5b). Adonias providenciou carros, e cavaleiros, e homens que corressem adiante dele. Os líderes que se autopromovem sempre cuidarão de sua imagem, mais do que de seu caráter. Sempre encontrarão lacaios que corram adiante deles, mas não seguidores de verdade. Esse mesmo método fracassado já tinha sido usado por Absalão, que tentou usurpar o trono do pai. Adonias preparou um banquete de coroação. Essa cerimônia de autocoroação não fez de Adonias rei, fê-lo sim, um conspirador. Não lhe garantiu a subida ao trono, mas o empurrou para o abismo do fracasso.

Em terceiro lugar, *cuidado com a confiança em sua aparência* (1:6). Adonias era um jovem de aparência mui formosa. Sua aparição pública agradava os olhos dos súditos. Era um moço cobiçado pela beleza. Sua performance física parecia indicar-lhe ao trono. Além disso, na linhagem de sucessão, com a morte de Absalão, era o filho mais velho, o natural herdeiro do trono. Nada disso, porém, poderia suplantar o fato de que o próprio Deus já havia se pronunciado a respeito, dizendo que o trono de Davi seria ocupado por Salomão.

Dale Ralph Davis destaca que a descrição da beleza de Adonias pelo escritor lembra o brilhante retrato verbal de Absalão em 2Samuel 14:25-27, assim como a representação de Saul (1Sm 9:2; 10:23,24) e de Eliabe (1Sm 16:6,7). Todas essas pessoas régias ou potencialmente régias eram impressionantes fisicamente, mas terminaram em desastre ou foram rejeitadas.[36] O mesmo autor enfatiza que a falta de disciplina de Adonias (1:6b) reflete uma crítica tanto a Davi quanto a ele mesmo, colocando-o na categoria de Amnom (2Sm 13:21), que era forte em glândulas, mas fraco em cérebro e autocontrole.[37]

Em quarto lugar, *cuidado com seus aliados* (1:7,8,10). Adonias convidou Joabe, o líder militar, e Abiatar, o líder religioso, para o ajudarem no seu projeto de poder. Joabe era sobrinho de Davi e comandante das tropas de Israel. Embora fiel ao rei, ousava também, contrariar suas ordens. Ele matou Abner, Absalão e Amasa, em aberta desobediência a Davi. Nas palavras de Russell Norman Champlin, "Joabe haveria de perder a vida por ter apoiado Adonias (2:34) e, presumivelmente esse foi um daqueles casos de colheita segundo a semeadura".[38] Abiatar foi o único sobrevivente do massacre de Saul contra os sacerdotes da casa de Eli, os sacerdotes hereditários da arca de Siló. Este homem havia compartilhado toda a vida de Davi, os altos e os baixos, as vitórias e as derrotas. Quando, porém, Davi chegou ao poder, ele nomeou Zadoque cossacerdote; durante algum tempo, houve dois sumos sacerdotes. Entretanto, a profecia anunciara que os filhos de Eli deixariam de ser sacerdotes, isto é, deixariam o sumo sacerdócio, e isso fez com que a família de Zadoque ocupasse a posição.[39]

Esse gesto soou, certamente, como um ato conspiratório, uma virada de mesa, uma aberta rebeldia à expressa vontade de Davi. Homens que trabalhavam com Davi e serviam à nação estão fazendo aliança com o autoproclamado rei, à revelia da vontade de Davi e na contramão da vontade de Deus. Abiatar e Joabe haviam servido a Davi durante anos e ficado ao seu lado em suas provações mais difíceis, mas acabaram traindo o rei.

Propositadamente, Adonias não convidou Zadoque, o sacerdote, para sua festa de posse; nem Natã, o profeta; nem Salomão, o sucessor do trono de Davi, tampouco os valentes de Davi. Vemos, aqui, aqueles que são traidores da pátria e aqueles que permanecem fiéis. Os apoiadores de Adonias não o confrontaram. São amigos bajuladores e interesseiros. Philip Graham Ryken faz um solene alerta:

"Se quisermos ouvir somente as pessoas que sempre nos dizem que estamos fazendo a coisa certa, estaremos agindo como os reis de nossa própria vida, e vamos acabar como Adonias".[40]

Em quinto lugar, *cuidado com sua aparente religiosidade* (1:9). Adonias fez uma cerimônia religiosa em sua posse. Ele imolou ovelhas, bois e animais cevados, e convidou todos os seus irmãos, os filhos do rei, e todos os homens de Judá, servos do rei. Tudo foi feito exuberantemente, com muita pompa, com uma forte aura espiritual. Porém, Adonias não era um homem espiritual. Ele estava se servindo da religião para se promover. Ele queria, à semelhança de Absalão, furtar o coração do povo para governá-lo. Seu plano conspiratório, porém, não prevaleceu. Davi manteve sua decisão de constituir Salomão seu sucessor. A nação reconheceu Salomão como o ungido de Deus para governar, e Adonias acabou só e desamparado. Mais tarde, quebrou as regras estabelecidas por Salomão e este mandou matá-lo.

A Palavra de Deus é categórica em afirmar que Deus resiste aos soberbos. O fim deles é a ruína. Não se exalte, humilhe-se sob a poderosa de Deus! Philip Graham Ryken tem razão em dizer que ao contemplar Cristo como Rei, não podemos deixar de notar que sua realeza é a antítese de tudo o que vemos em Adonias. Adonias anunciou sua própria realeza, para sua própria glória e seu próprio prazer. Jesus, porém, fez exatamente o oposto (Fp 2:5-11).[41]

Natã, o articulador (1:11-27)

Natã foi um profeta importante na história de Davi. Foi ele quem confrontou Davi, quando este caiu em adultério com Bate-Seba e mandou matar Urias, seu marido. Agora, ele decide que algo precisa ser feito. Ele está agindo para sustar uma revolta, para estancar uma rebelião que colocaria no Adonias, e não Salomão, no trono de Davi, conforme era o plano do velho rei e a expressa vontade de Deus. O golpe de Adonias estava em pleno andamento quando Natã resolveu agir. Vejamos:

Em primeiro lugar, *Natã informou a Bate-Seba* (1:11-14). Natã leva a Bate-Seba, de primeira mão, a informação de que Adonias está reinando sem o conhecimento de Davi. Ao mesmo tempo oferece a ela um conselho, a fim de que sua vida e a vida de seu filho Salomão fossem salvas. Bate-Seba deveria ir, imediatamente, a Davi lembrando-o de seu juramento de que Salomão reinaria depois dele e se assentaria no trono. Porém, sem o conhecimento e consentimento do rei, Adonias havia usurpado o trono. Estando Bate-Seba a falar com o rei, Natã entraria depois dela para confirmar suas palavras. Warren Wiersbe diz que a palavra-chave de toda essa situação é "jurar", usada nos versículos 13, 17, 29, 30. Natã e Bate-Seba sabiam que Davi havia prometido, sob juramento, que Salomão seria o próximo rei, pois este havia sido escolhido por Deus. Davi havia notificado publicamente a nomeação de Salomão quando anunciou a construção do templo (1Cr 22,19).[42]

Em segundo lugar, *Bate-Seba informou a Davi* (1:15-21). Bate-Seba, sem detença, entra na recâmara do rei, que já estava mui velho, e este lhe perguntou: "O que desejas?". Bate-Seba respondeu: "Senhor meu, juraste à tua serva pelo Senhor, teu Deus, dizendo: Salomão, teu filho, reinará depois de mim e ele se assentará no meu trono" (1:17). Então, Bate-Seba informa a Davi, em primeira mão, que Adonias estava reinando sem o conhecimento do rei. Informou-o, ainda, que a cerimônia religiosa de posse havia sido feita com animais em abundância sendo imolados. E mais, que Adonias havia convidado todos os filhos do rei, exceto Salomão. Disse ainda que Adonias havia convidado Abiatar, o sacerdote, e a Joabe, comandante do exército para participarem de seu complô para tomar o poder.

Era certo que se Adonias fosse bem-sucedido em seu intento, Bate-Seba e Salomão seriam mortos, pois na Antiguidade era costume que um rei matasse seus rivais. O fato de Salomão ser o único filho do rei que não foi convidado para a posse de Adonias significa que sua sentença de morte já estava lavrada. Philip Graham Ryken, diz, também, que, ao tentar usurpar o trono, Adonias estava ameaçando a sucessão real, e, assim, todas as promessas que Deus tinha feito para a casa de Davi. Isso não era apenas uma luta pelo poder, mas um conflito de vida ou morte para o reino de Deus.[43]

Bate-Seba sabendo que, mesmo Davi estando mui velho, ele ainda tinha o poder nas mãos, encorajou-o a tomar uma decisão e agir sem detença. Ela apelou para o seu senso de dever real: "Ó rei, meu Senhor, todo o Israel tem os olhos em ti, para que lhe declares quem será o teu sucessor que se assentará no trono. Do contrário, sucederá que, quando o rei, meu senhor, jazer com seus pais, eu e Salomão, meu filho, seremos tidos por culpados" (1:20,21).

Em terceiro lugar, *Natã informou a Davi* (1:22-27). Enquanto Bate-Seba ainda falava, Natã foi introduzido na recâmara do rei, e este perguntou a Davi: "Ó rei, meu senhor, acaso disseste: Adonias reinará depois de mim e ele é quem se assentará no meu trono?" (1:23). Natã diz, então, a Davi que Adonias estava dando uma grande festa de posse, com a presença de Abiatar e Joabe, na qual o povo dizia: "Viva o rei Adonias!" (1:25), porém, propositadamente, Adonias não o convidou, nem a Zadoque, nem a Joiada, tampouco a Salomão. Então arremata: "Foi isto feito da parte do rei, meu senhor? E não fizeste saber a teu servo quem se assentaria no teu trono, depois de ti?" (1:27).

Davi confirma Salomão como rei sucessor (1:28-53)

A estratégia de Natã funcionou. Davi, mesmo mui velho, ainda tem siso para compreender o risco de uma rebelião e força para estancá-la. Vejamos:

Em primeiro lugar, *Davi reafirma que Salomão será seu sucessor* (1:28-37). Davi reafirmou a Bate-Seba que seu juramento estava de pé: "Tão certo como vive o Senhor, que remiu a minha alma de toda a angústia, farei no dia de hoje, como te jurei pelo Senhor, Deus de Israel, dizendo: Teu filho Salomão reinará depois de mim e se assentará no meu trono, em meu lugar" (1:29,30). Bate-Seba se prostrou diante de Davi e disse: "Viva o rei Davi, meu senhor, para sempre!" (1:31). Bate-Seba honra, assim, o rei Davi. Essa honra, porém, será plena e se cumprirá cabalmente em Jesus, porque ele é o legítimo herdeiro do trono de Davi (Lc 2:4,5). Deus dará a Jesus "o trono de Davi, seu pai [...] e o seu reinado não terá fim" (Lc 1:32,33).

Em segundo lugar, *Davi dá ordens para ungir Salomão rei sobre Israel* (1:32-40). Davi mandou chamar à sua presença Zadoque, o sacerdote, e Natã, o profeta, e Benaia, filho de Joiada, e deu ordens para eles tomarem os seus servos e fazerem Salomão montar na sua mula, a fim de ser levado a Giom, que ficava cerca de oitocentos metros a nordeste de Jerusalém, fora das muralhas da cidade, para ali ser ungido rei pelo sacerdote e pelo profeta. Feita a unção, a trombeta deveria ser tocada, e eles deveriam proclamar: "Viva o rei Salomão!" (1:34). Harvey Hartman destaca que a rápida e firme resolução de Davi mostra quão fortes estavam sua mente e sua vontade, apesar de sua fraqueza física.[44]

Feita a proclamação, deveriam vir com Salomão, e este deveria assentar-se no trono, pois seria Salomão, e não Adonias, que deveria reinar em lugar de Davi, como príncipe sobre Israel e sobre Judá. A cerimônia de coroação de Salomão seguiu três passos: 1) ele montou na mula que Davi montava para o cortejo real; 2) ele foi ungido rei pelo profeta e pelo sacerdote 3) ele foi entronizado com gritos de aclamação do povo. A coroação de Salomão agradou Benaia, que entusiasticamente declarou: "Como o Senhor foi com o rei, assim seja com Salomão e faça que o seu trono seja maior do que o trono de Davi". Os líderes convocados por Davi cumpriram à risca as suas orientações e ungiram Salomão em Giom como o rei de Israel e todo o povo exclamou: "Viva o rei Salomão!". Ato contínuo, subiu todo o povo, tocando gaitas e alegrando-se com grande alegria, de maneira que, com o seu clamor, parecia fender-se a terra (1:40). De acordo com 1Crônicas 29:20-25, Salomão foi ungido como rei uma segunda vez antes de Davi, seu pai, morrer. A primeira unção foi rápida como as circunstâncias o exigiam, mas a segunda unção foi mais formal perante o rei Davi e diante do povo.

A coroação de Salomão aponta para a realeza de Jesus Cristo. Ele é o descendente direto de Salomão e de Davi, por meio de Bate-Seba (Mt 1:6,7). Ele entrou triunfalmente em Jerusalém montando um jumentinho (Mt 21:1-11), cumprindo a profecia de Zacarias 9:9. Jesus também foi ungido. Por isso, é chamado "Cristo", que significa literalmente "o Ungido". Finalmente, como o rei Salomão, ele foi também entronizado. Antes de receber a coroa da glória, ele recebeu a coroa de espinhos. Quando Jesus morreu na cruz, Satanás e todos os inimigos de Deus gritaram: "O rei está morto". No entanto, esse não foi o fim da história, porque no terceiro dia, Deus disse: "Viva o Rei!" e Jesus saiu do túmulo para subir ao céu e ser entronizado à destra de Deus Pai, como o Rei dos reis e o Senhor dos senhores.

Em terceiro lugar, *Adonias é informado que Salomão está no trono* (1:41-49). O clangor de trombetas da unção e posse de Salomão foi tão retumbante que chegou ao local da festa de Adonias, estremecendo todos os seus convidados. Estando Adonias e seus convidados sem saber a razão daquele sonido das trombetas, veio Jônatas, filho de Abiatar, às pressas, para trazer a informação. Adonias recebeu-o pensando se tratar de boas notícias, mas o mensageiro retrucou: "Pelo contrário, nosso senhor, o rei Davi, constituiu rei a Salomão" (1:43). O mensageiro deu detalhes sobre a unção e posse de Salomão, dizendo que este já estava assentado no trono do reino, que seus oficiais auguravam ao novo rei um reinado ainda mais opulento do que o reinado de seu pai. Disse ainda que o próprio rei Davi estava bendizendo a Deus pelo fato de lhe ter dado sucessor, podendo ainda seus olhos contemplar Salomão, seu sucessor, assentado no trono. A notícia trazida por Jônatas soou como uma bomba na festa de Adonias. Seus convidados ficaram estremecidos, levantaram-se e cada um tomou o seu caminho (1:46-49). A festa de Adonias acabou. Sua cabeça que estava prestes a receber a coroa real agora está prestes a rolar. Seus amigos mostraram total fragilidade, fugindo e deixando-o em pânico.

Em quarto lugar, *Adonias pede indulto a Salomão* (1:50-53). Adonias, temendo Salomão, levantou-se e foi buscar asilo no templo. Ele pegou nas pontas do altar em que eram feitos os sacrifícios pelo pecado. Entre todas as nações, o altar era um lugar de asilo para criminosos passíveis de morte. Porém, de acordo com a lei de Moisés, isso salvaria apenas a vida de alguém que cometera um homicídio culposo (Êx 21:12-14). Não era o caso aqui. Adonias não tinha nenhum motivo legal para esperar que isso garantisse sua segurança.

O novo e legítimo rei, porém, demostrou misericórdia. Salomão foi informado que Adonias estava com medo de ser morto à espada. Então Salomão respondeu: "Se for homem de bem, nem um de seus cabelos cairá em terra; porém, se se achar nele maldade, morrerá" (1:52). Nas palavras de Harvey Hartman, "Salomão oferece a seu irmão um perdão condicional sob a base de um bom comportamento".[45] Salomão enviou a Adonias mensageiros que o fizeram descer do altar. Adonias veio a Salomão, prostrou-se perante ele, e este lhe disse: "Vai para tua casa" (1:53). Doravante, Adonias estaria em liberdade condicional, em uma espécie de prisão domiciliar. Deveria ficar em casa, pautando sua vida por bom comportamento, provando a si mesmo que era um homem digno.

Philip Graham Ryken é oportuno quando destaca que Jesus é maior do que Salomão (Mt 12:42). Ele nos dá uma graça maior. Salomão disse que a vida de Adonias seria poupada se ele provasse ser digno, o que certamente era uma exigência justa. Jesus, porém, diz que ele nos aceita, mesmo sendo nós fracos, ímpios, pecadores e inimigos (Rm 5:6-8). Salomão disse que se Adonias pecasse, ele morreria. Vendo, pois, Jesus que tínhamos pecado, subiu no altar do sacrifício e morreu em nosso lugar. Nosso Rei é imortal. Ele vive para sempre (1Tm 1:17). Então, viva o Rei que morreu pelos pecadores! Viva o Rei que ressuscitou dentre os mortos! Viva o Rei que está entronizado nas alturas, acima dos querubins! Viva o Rei que voltará triunfante e vitoriosamente![46]

NOTAS

[24] WISEMAN, Donald J. *1-2Reis: introdução e comentário*, p. 63.
[25] WIERSBE, Warren W. *Comentário bíblico expositivo*. Vol. 2, p. 393.
[26] RYKEN, Philip Graham. *1Reis*, p. 15.
[27] WISEMAN, *1-2Reis: introdução e comentário*, p. 63.
[28] DAVIS, Dale Ralph. *1-2Reis*, p. 21.
[29] RYKEN, Philip Graham. *1Reis*, p. 15.
[30] GOLDINGAY, John. *Históricos para todos: 1-2Reis*, p. 22.
[31] MERIDA, Tony. *Christ-Centered Exposition: 1 & 2 Kings*, p. 7.
[32] DAVIS, Dale Ralph. *1-2Reis*, p. 23.
[33] WISEMAN, Donald J. *1-2Reis: introdução e comentário*, p. 64.
[34] CHAMPLIN, Russell Norman. *O Antigo Testamento interpretado versículo por versículo*. Vol. 2, p. 718.
[35] RYKEN, Philip Graham. *1Reis*, p. 17.
[36] DAVIS, Dale Ralph. *1-2Reis*, p. 23.
[37] Ibidem.
[38] CHAMPLIN, Russell Norman. *O Antigo Testamento interpretado versículo por versículo*. Vol. 2, p. 717.
[39] Ibidem.
[40] RYKEN, Philip Graham. *1Reis*, p. 23.
[41] Ibidem.
[42] WIERSBE, Warren W. *Comentário bíblico expositivo*. Vol. 2, p. 394.
[43] RYKEN, Philip Graham. *1Reis*, p. 27.
[44] HARTMAN, Harvey D. *I and II Kings*. In: *The Complete Bible Commentary*, p. 342.
[45] HARTMAN, Harvey D. *I and II Kings*. In: *The Complete Bible Commentary*, p. 342.
[46] RYKEN, Philip Graham. *1Reis*, p. 45,46.

Capítulo 2

Tempo de morrer

(1Reis 2:1-46)

Uma das lições mais eloquentes do livro em apreço é que Deus galardoa lealdade e pune apostasia. Há aqueles que morrem, tendo completado a carreira. Há outros que morreram porque se desviaram do caminho. A morte chega para reis e vassalos, velhos e jovens, ricos e pobres. A questão não é morrer, mas como morrer. A questão não é viver, mas como viver. A vida é mais do que viver. A morte é mais do que morrer. Não basta viver bem, é preciso morrer bem. O Antigo Testamento registra as últimas palavras de Jacó (Gn 49), de Moisés (Dt 33), de Josué (Js 23:1-24:27) e de Davi (1Rs 2:1-4). O que podemos aprender com as últimas palavras desses homens? Vejamos, em particular, o que podemos aprender com as últimas palavras de Davi.

A morte de Davi (2:1-11)

É digno de nota que a morte de Davi marcou o fim de uma era.[47] Ele serviu aos propósitos de Deus em sua própria geração (At 13:36). Estabeleceu Jerusalém como capital de Israel e iniciou uma dinastia que desembocou em Jesus, o Salvador do mundo. Tony Merida diz, acertadamente, que as palavras finais de Davi nos relembram da instrução de Moisés para o rei de Israel (Dt 17:14-20) e de suas instruções a Josué (Js 1:6-9).[48]

Donald Wiseman diz que, por exigência divina, um governante precisava passar suas responsabilidades ao seu sucessor (Dt 17:18-20). Essas orientações finais marcavam a transferência de liderança, como aconteceu com Moisés (Dt 31:1-8), Josué (Js 23:1-16) e Samuel (1Sm 12:1-25).[49]

As palavras finais de um homem são importantes. Não foi diferente com Davi. O discurso de Davi, no leito de morte, começa com um tom espiritual, dando instruções ao recém-empossado rei a observar os preceitos divinos e termina com advertências políticas, recomendando ao novel rei a aplicar a justa vingança àqueles que lhe causaram sofrimento e poderiam lhe desestabilizar o poder. Nas palavras de Philip Graham Ryken, "Salomão, ao assumir o trono, precisaria lidar com três pessoas: com dois inimigos e um amigo. Salomão teria de fazer algo a respeito de Joabe e Simei e deveria tratar com misericórdia os filhos de Barzilai".[50]

Davi carrega as tintas nas suas últimas palavras, dando duas ordens vitais ao jovem Salomão. Ele tem consciência de que está vivendo seus últimos dias e de que sua morte é iminente (2:1). Não pode transferir o reino sem antes dar ordens e fazer alguns alertas ao rei sucessor. Quais foram as duas ordens?

Em primeiro lugar, *guarde o pacto* (2:2,3). O trono não deve ser ocupado por homens covardes. É preciso ter coragem para tomar decisões, e decisões sábias. Davi diz a Salomão: "Coragem, pois, e sê homem!" (2:2). O pedido para ter *coragem* é no sentido de ser firme mental, física e espiritualmente.[51] O que significa *ser homem*? É ter músculos tonificados? É obter sucesso acadêmico? É mostrar virilidade sexual? É granjear fortunas? É ser reconhecido e aplaudido pelos homens? A resposta a essas perguntas é um sonoro não. Ser homem é guardar os preceitos do Senhor. É andar nos caminhos de Deus. É observar os estatutos, os mandamentos, os juízos e os testemunhos da lei de Deus (2:3). O homem abençoado é aquele que é conhecido pelo que não faz (Sl 1:1); pelo que faz (Sl 1:2) e por quem ele é (Sl 1:3). É aquele que constrói sua casa sobre a rocha (Mt 7:24).

Davi não dá apenas conselhos, mas, também, ordens a Salomão (2:1). À semelhança de Moisés, ele ordena que seu sucessor seja varonil e aja de acordo com os preceitos da palavra de Deus. Davi tem plena consciência da aliança que Deus firmou com ele de que, havendo obediência, jamais faltaria um sucessor de sua dinastia no trono (2Sm 7:1-17). Nas palavras de Dale Ralph Davis, "a obediência à lei é a condição para o desfrute da promessa".[52] Se Salomão fosse fiel a Deus, receberia a dupla bênção de prosperidade pessoal e de uma dinastia perpétua. Donald Wiseman destaca que o rei de Israel nunca era a fonte da lei, mas estava debaixo dela, pois a lei da aliança era imposta tanto sobre o rei quanto sobre o povo.[53] Philip Graham Ryken é oportuno quando escreve:

> Jesus de Nazaré foi o único filho de Davi que não desperdiçou sua vida, mas foi perfeitamente fiel ao pacto de Deus, mantendo

> todos os estatutos, regras, mandamentos e testemunhos escritos na lei de Deus. É por isso que as promessas de Deus a Davi eram tanto condicionais quanto incondicionais: condicionais porque o rei realmente precisava servir em total obediência à Palavra de Deus. Eram também incondicionais, porque Deus sabia que um dia viria um rei que cumpriria seus mandamentos. A dinastia seria estabelecida na base da obediência plena e perfeita de Jesus Cristo e, portanto, a promessa absoluta de Deus não falharia. Ao cumprir os termos da lei, Jesus tornou possível que recebêssemos a promessa incondicional de Deus.[54]

A observância da lei de Deus acarreta duas bênçãos singulares. A primeira delas é prosperidade: "... para que prosperes em tudo quanto fizeres e por onde quer que fores..." (2:3). A segunda bênção é sucessão no trono, ou seja, a perpétua dinastia: "... nunca faltará sucessor ao trono de Israel" (2:4). Com base em 2Samuel 7:14,15, podemos afirmar que a infidelidade ou a desobediência de Salomão (ou de qualquer rei davídico) não anulariam a promessa feita a Davi; no entanto, o texto assume que não haverá desfrute da bem-aventurança dessa promessa a menos que o rei permaneça fiel. A obediência é o meio interno da segurança do reino.[55] Esse mesmo princípio pode ser visto no Novo Testamento. Aquele que ouve as palavras de Jesus e as coloca em prática é como um homem prudente que constrói a sua casa sobre a rocha (Mt 7:24).

Em segundo lugar, *proteja o reino* (2:5-9). Warren Wiersbe diz que Davi sabia que havia perigos escondidos nas sombras em seu reino e advertiu Salomão para que agisse sem demora.[56] Davi não apenas aconselhou Salomão a buscar, em primeiro lugar, ao Senhor, mas também alertou-o a proteger o reino, livrando-se de Joabe, o comandante das tropas de Israel. Ele era um homem indomável, que agia à revelia das ordens reais. Joabe seria um risco à estabilidade do reino. Joabe havia, por vingança, assassinado Abner. Joabe também matou Absalão, o filho de Davi, mesmo depois de Davi ter dado ordens expressas para capturá-lo vivo. Matou, ainda, Amasa, a quem Davi havia nomeado para ser comandante de suas tropas, e apoiou Adonias em sua tentativa de tomar o trono.[57] Joabe tinha um jeito de tirar as pessoas de seu caminho e havia sangue em suas mãos, o sangue de Abner e Amasa. Ele era um homem perigoso, que às vezes funcionava como sua própria lei. Davi não conseguiu controlar Joabe e sabia que ele seria uma ameaça potencial a Salomão, sobretudo depois de ter ficado do lado de Adonias na tentativa de conquistar o trono. Na perspectiva de Davi, Joabe tinha de ser tratado com vingança firme e justa.

Davi aconselha Salomão a se livrar de Simei (2:8,9). Simei era um benjamita e parente do rei Saul que desejava ver a linhagem de Saul de volta ao trono. Esse benjamita nutria uma espécie de rancor contra Davi por este ter assumido o trono no lugar de Saul. Ele amaldiçoou Davi quando fugia de Jerusalém, na revolta de Absalão (2Sm 16:5-13). Amaldiçoar um rei era uma transgressão da lei (Êx 22:28), mas Davi aceitou a maldade de Simei como disciplina do Senhor. Porém, Salomão deveria proteger o seu reino desse elemento perigoso. Philip Graham Ryken escreve:

> Se desperdiçarmos nossa vida, colocando o nosso próprio reino à frente do reino de Deus da maneira como Joabe fez – ou, pior ainda, jogando pedras contra o Rei, como Simei, e amaldiçoando o próprio nome de Jesus Cristo – então, mereceremos sua ira real. Deus é o justo e reto rei. Sua vingança pode não vir de imediato, assim como também não veio de imediato

> para Joabe e Simei. Mas certamente virá no Juízo Final, quando todos os que se opõem ao reino de Deus perecerão.[58]

Davi também aconselhou Salomão a se compadecer dos filhos de Barzilai (2:7). Salomão deveria não apenas se livrar de alguns homens, mas, também, honrar outros. Barzilai ajudou Davi quando este fugia de seu filho, Absalão. Gratidão é a rainha das virtudes. Paga-se o bem com o bem. Esse é um princípio que jamais pode ser esquecido.

Davi morre, e Salomão se fortalece (2:10-12). Davi governou no período em torno de 1010 a 970 a.C. Em seus últimos anos, ele teria partilhado o trono com Salomão (1:38-40). Os grandes homens também morrem, e Davi foi pelo caminho de todos os mortais. Depois de governar Israel quarenta anos, descansou com seus pais e foi sepultado. A Escritura diz que ele "morreu em ditosa velhice, cheio de dias, riquezas e glória" (1Cr 29:28). Davi morreu, mas o trono não ficou vazio. Salomão, seu filho e sucessor, fortaleceu-se.

A morte de Adonias (2:12-25)

Dale Ralph Davis diz, acertadamente, que, no capítulo 1, a preocupação era com a sucessão do reino; no capítulo 2, o foco está na segurança do reino.[59]

Depois de assumir o trono, Salomão precisava decidir o que faria com os homens que conspiraram contra o seu reino. Seu pai aconselhou-o a livrar-se dos conspiradores. A segurança do reino exigia a eliminação de seus inimigos. O reino deveria ser protegido daqueles que tentaram destruí-lo. O primeiro homem com quem Salomão teve de lidar foi seu irmão Adonias, cujo desejo por sexo e poder era maior do que seu desejo pelo reino de Deus.[60] Vejamos:

Em primeiro lugar, *uma derrota não absorvida* (2:12-15). Adonias procurou Bate-Seba, a rainha-mãe, para expor seu pensamento de que ele, e não Salomão, deveria ter sido coroado rei em lugar de seu pai, tanto por ser o filho mais velho como pela expectativa de todo o povo de Israel. Adonias não engoliu sua derrota. Sua confissão de que Salomão tornara-se rei porque do Senhor lho havia recebido é apenas um discurso hipócrita para disfarçar sua amargura. Nas palavras de Harvey Finley, "apesar de admitir que o reino fora dado a Salomão pelo Senhor (2:15), Adonias ainda não estava satisfeito. Continuou a dar lugar a ambições pessoais e egoístas. Mesmo sabendo qual era a vontade de Deus, não a aceitou".[61]

Em segundo lugar, *um pedido descabido* (2:16,17). O pedido de Adonias não era entendido na cultura da época como uma reivindicação inocente, movido por romance, mas podia ser interpretado como outro movimento sorrateiro para conseguir o trono. Tratava-se de outra jogada para assumir o poder. Era um pedido subversivo, sinistro ou, no mínimo, estúpido. No antigo Oriente, quando um rei morria ou seu trono passava para outro monarca, o seu harém era transferido automaticamente para o novo governante. Casar-se com uma rainha ou concubina do rei era entendido como uma usurpação do trono.[62] Harvey Finley corrobora, dizendo: "Ao requisitar Abisague, Adonias executava outro sutil movimento para usurpar o trono. Como ela fazia parte do harém real, o pedido, se concedido, teria estabelecido uma abertura para ele prosseguir e, no final, destituir Salomão".[63] Nas palavras de Ryken, "Adonias não queria apenas Abisague, queria o reino inteiro".[64] Salomão detectou de imediato o motivo por trás do pedido de Adonias e vislumbrou a semente de uma rebelião.

Em terceiro lugar, *uma intercessão não atendida* (2:18-21). Bate-Seba foi falar com o rei Salomão, seu filho. Este a recebeu com honras reais. Ela defendeu a causa de Adonias e apresentou ao rei o pedido para que lhe fosse dada, como mulher, a jovem sunamita Abisague, que cuidou de Davi em sua velhice. Bate-Seba foi ingênua ao levar o pedido de Adonias a Salomão ou aproveitou-se da situação para lavrar o fim de Adonias. As opiniões se dividem nesse quesito.

Em quarto lugar, *uma recusa decisiva* (2:22,23). A recusa de Salomão ao pleito de Adonias, intermediado por Bate--Seba, sua mãe, foi firme e peremptória. Agitado e irritado, ele lhe lançou estas palavras: "Pede também para ele o reino" (2:22). O pedido de Adonias implicava traição. Assim, Salomão discerniu o que estava por trás desse pedido. Aquela era uma forma de reivindicar o reino e estabelecer traidores, os líderes político e religioso, respectivamente, Joabe e Abiatar, no comando da nação. Além do mais, ter a esposa ou concubina de um rei era prova de possuir o reino. Foi isso que levou Absalão a tomar para si publicamente as concubinas de Davi (2Sm 16:20-23), anunciando ao povo que era o novo rei.[65] Nessa mesma linha de pensamento, John Goldingay diz que a ação de Adonias, ao buscar permissão para se casar com a atraente cuidadora de Davi, parece, no mínimo, uma atitude pouco sábia. Ele não pode reclamar pelo fato de Salomão associar o seu pedido à ação de Absalão, que dormiu com as concubinas de Davi. Isso equivale a anunciar que Adonias ainda aspira o trono de Davi.[66]

Em quinto lugar, *uma sentença de morte lavrada* (2:24,25). Warren Wiersbe diz que ao pedir Abisague para si, Adonias emitiu o próprio mandato de execução contra si mesmo; então, Benaia tirou a vida do traidor. Davi não estava lá para sentir a dor da morte de mais um filho, mas a execução de

Adonias foi o último pagamento de uma dívida quádrupla que Davi havia assumido (2Sm 12:5,6). O bebê morreu, Absalão matou Amnom, Joabe matou Absalão e Benaia executou Adonias. Davi pagou quatro vezes por seus pecados.[67]

A morte adiada de Abiatar (2:26,27)

Abiatar tinha apoiado o golpe de Adonias. Ele era também um opositor do reino, um inimigo do ungido do Senhor que merecia ser condenado pelo seu crime de alta traição. Vejamos:

Em primeiro lugar, *uma expulsão justa* (2:26). Salomão depôs o sacerdote Abiatar, que havia apoiado Adonias, aposentando-o na cidade levítica de Anatote, a cerca de cinquenta quilômetros de Jerusalém, mesmo considerando-o digno de morte.[68] O exílio e o banimento representavam para Abiatar o fim de seus deveres sacerdotais. O sumo sacerdote foi aposentado compulsoriamente.

Em segundo lugar, *uma sentença justa* (2:27). Ao depor e banir Abiatar, Salomão cumpriu a profecia dada a Eli: sua família não permaneceria no sacerdócio (1Sm 2:27-36). Zadoque foi nomeado sumo sacerdote (2:27-36). Aparentemente, esse banimento teve um efeito corretivo, pois, mais tarde, Abiatar foi restaurado ao seu sacerdócio (4:4).

A morte de Joabe (2:28-35)

Joabe, sobrinho de Davi e primo de Salomão, era um homem forte, arredio, que agia até mesmo à revelia do rei. Era uma grande ameaça à estabilidade do reino de Salomão. Ao saber que Adonias estava morto e Abiatar estava exilado, sabendo que seu destino era a morte, refugiou-se no santuário, único reduto que poderia livrá-lo das mãos de Salomão. Vejamos:

Em primeiro lugar, *um refúgio insuficiente* (2:28,29). Joabe, o guerreiro, está agora vulnerável. Fugiu para o tabernáculo do Senhor e pegou nas pontas do altar. De acordo com a lei de Moisés não havia indulto para um criminoso como Joabe, que cometeu homicídio intencional. A lei era clara: "Se alguém vier maliciosamente contra o próximo, matando-o à traição, tirá-lo-ás até mesmo do meu altar, para que morra" (Êx 21:14). Só há um refúgio seguro para o pecador. O Senhor designou um altar na pessoa de seu amado Filho, Jesus Cristo: onde haverá refúgio até para o mais vil dos pecadores, basta que venha e se segure nele.[69]

Em segundo lugar, *uma morte decretada* (2:30-34). Sendo Salomão informado de que Joabe estava refugiado no tabernáculo, mandou Benaia ao seu encontro com a ordem expressa para que ele saísse daquele lugar sagrado. Joabe, entretanto, recusou acatar a ordem do rei. Então, Salomão ordenou que Benaia executasse Joabe, a fim de que a culpa de sangue fosse tirada de sua vida e da casa de seu pai e caísse sobre Joabe e sua casa, uma vez que este havia assassinado homens mais justos e melhores do que ele, quais sejam Abner e Amasa. Benaia matou Joabe e o sepultou.

Em terceiro lugar, *um novo comandante nomeado* (2:35). Após a morte e sepultamento de Joabe, Salomão promoveu Benaia a comandante do exército de Israel, em lugar de Joabe, e Zadoque, a sumo sacerdote, em lugar de Abiatar.

A morte de Simei (2:36-46)

Simei, o homem que amaldiçoou Davi, agora coloca a sua cabeça a prêmio por causa do dinheiro. Vejamos:

Em primeiro lugar, *uma prisão domiciliar* (2:36-38). Simei foi tirado de sua cidade Baurim (2Sm 16:5) e de sua tribo benjamita e condenado à prisão domiciliar. Na época da revolta de Absalão, ele tinha amaldiçoado Davi, o "ungido do Senhor", além de envolver-se em atos de traição (2Sm 16:5-13). Salomão mostrou misericórdia, embora deixasse claro que Simei deveria viver em Jerusalém, em uma espécie de prisão domiciliar. Estaria sob constante vigilância, separado de seus parentes, sem a possibilidade de liderar uma revolta nem de participar de alguma —, como já havia feito no tempo de Davi.

Em segundo lugar, *uma desobediência fatal* (2:39-46). Simei violou os termos de sua condicional e descumpriu as ordens do rei quando saiu em perseguição aos seus servos que haviam fugido. Ele apostou sua vida pelo valor de dois escravos, e perdeu a aposta. Ousou arriscar tudo e perdeu a sua vida.[70] Ao perseguir seus escravos fugitivos até à Filístia, Simei violou as condições de sua prisão domiciliar e quebrou sua promessa ao rei. Simei esqueceu-se de que estava sendo monitorado em Jerusalém. Sua desobediência à ordem expressa do rei foi logo comunicada a Salomão, que sumariamente mandou executá-lo. Assim, todos os potenciais rivais do rei foram eliminados. Após eliminar os opositores do reino, o reino de Salomão desfrutou paz. Dale Ralph Davis tem razão em afirmar que a segurança do reino exige a eliminação dos seus inimigos. O reino precisa ser preservado contra aqueles que tentam destruí-lo.[71] Portanto, essa passagem tem em si uma dimensão de "último dia", pois,

> Assim será na consumação do século. Mandará o Filho do homem os seus anjos, que ajuntarão do seu reino todos os escândalos e os que praticam a iniquidade e os lançarão na fornalha acesa; ali haverá choro e ranger de dentes. Então, os justos resplandecerão como o sol, no reino de seu Pai. Quem tem ouvidos para ouvir, ouça (Mt 13:40b-43).

Philip Grahan Ryken diz que cada um dos homens executados por Salomão tinha uma coisa da qual não desistiria para o reino de Deus. Adonias queria Abisague. Joabe queria sua vingança. Simei não queria perder os seus servos.[72]

Notas

47 RYKEN, Philip Graham. *1Reis*, p. 48.
48 MERIDA, Tony. *Christ-Centered Exposition: 1 & 2 Kings*, p. 12.
49 WISEMAN, Donald J. *1-2Reis: introdução e comentário*, p. 69.
50 RYKEN, Philip Graham. *1Reis*, p. 48,49.
51 WISEMAN, Donald J. *1-2Reis:introdução e comentário*, p. 70.
52 DAVIS, Dale Ralph. *1-2Reis*, p. 32.
53 WISEMAN, Donald J. *1-2Reis: introdução e comentário*, p. 70.
54 RYKEN, Philip Graham. *1Reis*, p. 58.
55 DAVIS, Dale Ralph. *1-2Reis*, p. 32.
56 WIERSBE, Warren W. *Comentário bíblico expositivo*. Vol. 2, p. 397.
57 Ibidem.
58 RYKEN, Philip Graham. *1Reis*, p. 53.
59 DAVIS, Dale Ralph. *1-2Reis*, p. 31.
60 RYKEN, Philip Graham. *1Reis*, p. 63.
61 FINLEY, Harvey E. *Os livros de Reis*. In: *Comentário bíblico Beacon*. Vol. 2, p. 283.
62 HARTMAN, Harvey D. *I and II Kings*. In: *The Complete Bible Commentary*, p. 343.
63 FINLEY, Harvey E. *Os livros de Reis*. In: *Comentário bíblico Beacon*. Vol. 2, p. 283.
64 RYKEN, Philip Graham. *1Reis*, p. 64.
65 WIERSBE, Warren W. *Comentário bíblico expositivo*, vol. 2, p. 398.
66 GOLDINGAY, John. *Histórias para todos*: *1-2Reis*, p.27.
67 WIERSBE, Warren W. *Comentário bíblico expositivo*, vol. 2, p. 398.
68 Ibidem.
69 RYKEN, Philip Graham. *1Reis*, p. 68.
70 FINLEY, Harvey E. *Os livros de Reis*. In: *Comentário bíblico Beacon*, Vol. 2, p. 284.
71 DAVIS, Dale Ralph. *1-2Reis*, p. 36.
72 RYKEN, Philip Graham. *1Reis*, p. 70.

Capítulo 3

Um coração compreensivo

(1Reis 3:1-28)

O TEXTO EM TELA fala da sabedoria, o excelente dom de Deus. Donald Wiseman diz que em todo lugar a ênfase está na sabedoria concedida por Deus a Salomão (3:1-15) e o uso que ele faz do dom para mostrar que era um homem de Deus (3:16-28). Tal sabedoria incluía habilidade na administração de questões econômicas (4:1-19), sociais e militares (4:20-28), assim como no aprendizado e na cultura (4:29-34). Isso ampliou sua posição internacional (4:34) e foi base para a preparação (5:13-18) e execução da obra do templo (6:1-9:9). O historiador registra outras atividades de Salomão (9:10-28) e descreve os esplendores de seu reino, os quais são internacionalmente reconhecidos pela rainha de Sabá (10:1-13) e relatados em detalhes (10:14-29).[73] Apesar de sua decantada sabedoria, Salomão deixou de observar alguns sinais de perigo, como podemos ver a seguir.

Salomão não observa os sinais de perigo (3:1-4)

Salomão não cobiçou o trono como Absalão e Adonias. O trono lhe foi dado. Foi o sucessor de seu pai não pelo ignóbil expediente dos conchavos políticos, mas pela expressa vontade de Deus. Ainda que tenha sido sido agraciado por Deus com sabedoria ímpar e riquezas colossais, Salomão, depois de afastar de seu caminho os inimigos do reino, deixou de observar algumas placas de sinalização que o alertavam sobre perigos à frente. Philip Graham Ryken destaca que já cedo encontraremos os primeiros sinais da queda vindoura de Salomão, especialmente em seu amor por dinheiro, sexo e poder.[74] Vejamos:

Em primeiro lugar, *ele escolheu a mulher errada* (3:1). Salomão tomou por mulher a filha de Faraó e a trouxe à cidade de Davi. Muito embora a proibição da lei mosaica era contrair casamento com as mulheres canaanitas, o casamento com mulheres estrangeiras foi um laço na vida de Salomão. É digno de nota que o problema não era o casamento inter-racial, mas o casamento interconfessional. O problema não era étnico, mas religioso. A questão não era outra raça, mas outra fé.

Salomão fez tratados com outros governantes, casando-se com suas filhas, o que ajuda a explicar o fato de ele ter setecentas mulheres e trezentas concubinas (11:3). Nas palavras de Warren Wiersbe, "Salomão firmou alianças com quase todos os governantes cujas filhas estavam em idade de se casar. No entanto, a lei de Moisés advertia que os reis de Israel não deveriam multiplicar esposas para si (Dt 17:14-20)".[75]

Donald Wiseman diz que esses casamentos dinásticos viriam aumentar o poder político de Salomão por intermédio de tratados internacionais, mas foi o início da derrocada espiritual de Salomão.[76] Esses casamentos acabaram pervertendo o coração de Salomão, fazendo-o desviar-se dos caminhos de Deus (11:1-3). John Goldingay tem razão em dizer que trazer esposas estrangeiras para viver na cidade de Davi significa possibilitar o culto de seus deuses ali, próximo ao santuário de Yahweh.[77] O princípio neotestamentário é que a Bíblia suporta casamento entre cônjuges de diferentes raças, mas não de diferentes credos (2Co 6:14).

Em segundo lugar, *ele fez uma aliança errada* (3:1). O casamento de Salomão com a filha de Faraó tinha como propósito firmar uma aliança política com o Egito. Salomão estava se conformando à cultura prevalecente em vez de guiar sua conduta pelos princípios da palavra de Deus. Israel sempre foi alertado a não confiar em seus pactos com as potências à sua volta. Israel deveria depender de Deus e não de suas alianças políticas com as nações poderosas. Confiar nessas alianças era desprestigiar o Senhor. Deus já havia dito a Israel: "Eu sou o Senhor, vosso Deus, que vos separei dos povos" (Lv 20:24,26). Enquanto Israel confiasse no Senhor, estaria seguro (Dt 33:28).

Warren Wiersbe escreve: "Deus queria que Israel fosse "cabeça" das nações, mas, em função de sua transigência, tornou-se "cauda" (Dt 28:13,44).[78] Israel tornou-se uma potência, porém, o esplendor externo só serviu para encobrir a deterioração interna, que acabou levando a nação à divisão e ao declínio. John Goldingay tem razão em dizer que, a julgar pelos profetas, confiar em alianças políticas mais do que confiar em Deus, será o principal problema ao longo do período coberto por 1-2Reis.[79]

Em terceiro lugar, *ele adorou em lugar errado* (3:2-4). Muito embora Salomão amasse a Deus, ele e seu povo ainda adoravam nos lugares altos. Esses lugares elevados eram o palco dos cultos canaanitas. Ao longo de 1-2Reis, vemos como essa prática desviou Israel do verdadeiro Deus e do verdadeiro culto. Israel acabou se capitulando a um culto sincrético, um culto abominável ao Senhor. É digno de destaque que, quando os israelitas entraram em Canaã, foram instruídos a destruir esses "altos" e aos ídolos adorados nesses locais (Nm 33:52; Dt 7:5; 33:29). Nessa mesma linha de pensamento, Donald Wiseman diz que esses altos eram locais de culto ou locais sagrados, normalmente no formato de uma plataforma lavrada na rocha com um altar ou um lugar de sacrifícios. Esses lugares significavam uma ameaça à adoração pura a Yahweh e, depois da construção do templo central de Jerusalém, a maioria das referências a eles são pejorativas, pois representavam uma lealdade conflitante e concorrência de fidelidade. Os israelitas eram expressamente proibidos de usar tais lugares em sua adoração a Deus (Dt 7:5; 12:3).[80]

Salomão recebe a revelação de Deus (3:5)

Dale Ralph Davis não vê no casamento de Salomão com a filha de Faraó, bem como sua aliança com o Egito e sua adoração nos altos, como um fato perturbador, uma vez que Deus apareceu para ele em Gibeão e Salomão o amava.[81] Deus, porém, apareceu a Salomão em Gibeão não porque aprovava esse tipo de adoração sincrética nos lugares altos, mas por causa de sua infinita graça. Destacamos, aqui, três pontos:

Em primeiro lugar, *quem apareceu a ele.* "Em Gibeão, apareceu o Senhor a Salomão..." (3:5a). O Senhor não escalou um anjo para aparecer a Salomão. Ele mesmo se apresentou ao jovem rei de Israel. Deus falou pessoalmente com ele.

Em segundo lugar, *como apareceu a ele*. "... de noite, em sonhos...". Salomão, depois de sacrificar em Gibeão, numa intensa atividade de oferecer mil holocaustos no altar, dormiu e sonhou. O Senhor lhe apareceu em sonhos. Essa era uma forma comum tanto no Antigo quanto no Novo Testamento.

Em terceiro lugar, *o que foi oferecido a ele*. "... disse-lhe Deus: Pede-me o que queres que eu te dê". Deus expõe diante de Salomão possibilidades infinitas. Não coloca qualquer restrição ou limites. Deus fez uma oferta em aberto para Salomão. O recém-empossado rei recebeu carta branca para pedir o que desejava. Recebeu um cheque em branco para descontar no banco celestial as inexauríveis bênçãos da aliança.

Salomão pede sabedoria do Senhor (3:6-9)

Salomão, embora jovem, demonstrou humildade e sabedoria. Ele olhou para o passado com gratidão, para o presente com senso de dependência e para o futuro com expectativa. Vejamos:

Em primeiro lugar, *ele olhou para o passado* (3:6). Salomão não começa com seu pedido. Ele olha pelas lentes do retrovisor, recapitula o passado e destaca com gratidão o que o Senhor já havia feito, a benevolência divina para com o seu pai, Davi, e a bondade de Deus por ele estar ocupando o trono de seu pai.

Em segundo lugar, *ele olhou para o presente* (3:7-9a). Destacamos alguns pontos importantes na petição de Salomão:

Primeiro, *reconhece que está no trono por ação divina* (9:7a). "Agora, pois, ó Senhor, meu Deus, tu fizeste reinar teu servo em lugar de Davi, meu pai...". Salomão entende que é Deus quem levanta reis e faz reis apearem do poder. Ele tem consciência de que não subiu ao trono por estratégicas humanas, mas pela vontade divina.

Segundo, *reconhece humildemente sua dependência de Deus* (9:7b). "... não passo de uma criança, não sei como conduzir-me". Salomão deveria ter em torno de vinte anos quando assumiu o trono. À semelhança de Moisés antes dele (Êx 4:10) e Jeremias depois dele (Jr 1:6), sentia-se inadequado para tão grande tarefa e duvidava um pouco de suas próprias habilidades. Concordo com Philip Graham Ryken quando diz que Salomão não pediu sabedoria para tornar-se um sábio famoso, ele queria que o povo de Deus fosse governado com sabedoria.[82] Mais tarde, Salomão escreveu: "Melhor é a sabedoria do que joias" e "de tudo o que se deseja nada se pode comparar com ela" (Pv 8:11; 16:16). O rei Salomão aponta para o Filho messiânico de Davi, Jesus. Ele é maior do que Salomão (Mt 12:42). Todos os tesouros da sabedoria e do conhecimento estão escondidos em Jesus (Cl 2:3). Assim, o reino de Salomão aponta-nos sempre para o reino maior do Senhor Jesus Cristo.

Terceiro, *reconhece a grandeza do povo que governa* (3:8). "Teu servo está no meio do teu povo que elegeste, povo grande, tão numeroso, que se não pode contar". Salomão tem clara compreensão de que vai liderar o povo escolhido de Deus, um povo numeroso. Não pode fazê-lo com mera sabedoria humana tampouco com a força do braço da carne.

Quarto, *reconhece a necessidade de sabedoria divina* (3:9a). "Dá, pois, ao teu servo coração compreensivo para julgar a teu povo, para que prudentemente discirna entre o bem e o mal...". Salomão não pede riqueza, poder ou fama, mas sim sabedoria, compreensão e discernimento. Ele pede "coração compreensivo para julgar o povo de Deus", ou seja, prudência para discernir entre o bem e o mal. Dale Ralph Davis tem razão em dizer que devemos entender "coração" como o pacote todo do intelecto, emoções e vontade no centro do homem. O termo não é primariamente sentimental, como tendemos a considerá-lo no Ocidente. Salomão não pede um coração compreensivo para sentir, mas para julgar e discernir.[83] É do coração que procedem as fontes da vida (Pv 4:23).

É digno de destaque que o bem-estar do povo de Deus orienta a oração de Salomão. O pedido de Salomão não foi: "Como posso melhorar minha vida?", mas sim: "Como posso tornar seguro o povo de Deus?". A oração de Salomão foi direcionada pela necessidade que Israel tinha de uma liderança com discernimento.

Em terceiro lugar, *ele olhou para o futuro* (3:9b). "... pois quem poderia julgar a este grande povo?". Salomão olha para o futuro e compreende que ninguém poderia julgar o povo de Deus sem a sabedoria vinda da parte de Deus. A oferta generosa de Deus a Salomão, "Pede-me o que quiseres", era não apenas uma demonstração dos ilimitados recursos divinos, mas, também, um teste ao rei. Isso revelou a generosidade de Deus e o caráter de Salomão. A resposta de Salomão revelou quem ele era.

Salomão recebe a aprovação de Deus (3:10-15)

A resposta de Salomão agradou a Deus. Vejamos:

Em primeiro lugar, *o agrado de Deus* (3:10). "Estas palavras agradaram ao Senhor, por haver Salomão pedido tal coisa". A humildade é o portal da honra. Deus exalta os humildes. Deus sonda o coração antes de ouvir as palavras. A motivação de quem ora é mais importante do que as palavras proferidas na oração. O contentamento de Deus deve ser sempre o maior objetivo da oração.

Em segundo lugar, *o dom excelente de Deus* (3:11-13). Salomão não pediu vida longa, nem riquezas, nem a morte de seus inimigos; antes, pediu discernimento, para compreender o que é justo. Ele pediu sabedoria, e o Senhor concedeu-lhe o que pediu, tornando-o o homem mais sábio de todos os tempos. Ainda, no pacote da sabedoria, Deus lhe deu também riquezas e glória, mais do que os que viveram antes e dos que viveriam depois dele. Deus deu a Salomão o que ele pediu e o que ele não pediu. Na verdade, Deus é poderoso para fazer infinitamente mais do que tudo quanto pedimos ou pensamos, conforme o seu poder que opera em nós (Ef 3:20).

Em terceiro lugar, *a exigência de Deus* (3:14). Deus condicionou suas dádivas, fazendo a Salomão expressa exigência: "Se andares nos meus caminhos e guardares os meus estatutos e os meus mandamentos, como andou Davi, teu pai, prolongarei os teus dias". Obediência aos mandamentos de Deus é o melhor tônico para a saúde e o melhor seguro de vida. Longevidade é uma promessa aos que honram a Deus. Como diz Warren Wiersbe, "infelizmente, mesmo com toda a sua sabedoria, Salomão se esqueceu de sua parte no acordo e, aos poucos, desgarrou-se para o pecado e para a desobediência, de modo que Deus precisou discipliná-lo".[84]

Salomão agradece a Deus (3:15)

Salomão despertou de seu sonho e, num gesto de gratidão, corrigiu sua rota de adoração: e em vez de subir aos altos, foi a Jerusalém, e, ali, pôs-se perante a Arca da Aliança, símbolo da presença de Deus e ofereceu holocaustos, apresentando ofertas pacíficas ao Senhor, dando também um banquete a todos os seus oficiais. Salomão deu testemunho público de seu relacionamento com Deus.

Salomão demonstra a sabedoria de Deus (3:16-28)

Concordo com Dale Ralph Davis quando diz que esses versículos estão em estreita proximidade com os versículos 4-15. Salomão pediu um coração compreensivo para julgar o povo de Deus (3:9); Deus disse que atendeu ao pedido de Salomão (3:12). A seguir, chega ao rei um caso de tribunal para provar que Deus realmente havia concedido sabedoria e discernimento ao rei.[85]

Destacamos alguns pontos importantes:

Em primeiro lugar, *o rei tem agenda para atender aos proscritos da sociedade* (3:16). Salomão não faz acepção de pessoas. Ele tem ouvidos não apenas para os poderosos, mas também e, sobretudo, para as pessoas marginalizadas da sociedade. O oprimido tinha acesso direto ao rei. Duas prostitutas encontram espaço na sua agenda para uma audiência, a fim de sanarem uma pugna intrincada e sem solução fácil à vista.

Em segundo lugar, *a demanda exige discernimento, pois não havia testemunha* (3:17-23). As duas mulheres reivindicavam o bebê vivo como filho, enquanto apenas uma delas era a verdadeira mãe. Qual delas estava falando a verdade? Não havia testemunha. Era apenas a palavra de uma contra a outra. Que decisão tomar? Como encontrar a verdade nesse labirinto de mentiras?

Em terceiro lugar, *o rei aplica a sabedoria para trazer à tona a verdade* (3:24-27). Diante do embate travado pelas duas prostitutas, cada qual requerendo o menino vivo como filho, Salomão manda trazer uma espada e ordena que o menino seja partido ao meio, dando a metade do corpo para cada mulher. Essa ordem agitou e alarmou de tal maneira o amor maternal da verdadeira mãe, que ela insistiu para que o bebê vivo fosse dado à outra mulher. Nas palavras de Dale Ralph Davis, "se ela não pudesse obter justiça, pelo menos iria garantir a vida de seu filho. Essa explosão foi a pista que Salomão usou para identificar quem era a mãe do bebê".[86] Warren Wiersbe corrobora: "Usando da sabedoria que Deus o havia dado, Salomão colocou de lado a palavra das mulheres e foi direto ao coração delas, pois o coração de todo problema é o problema do coração. Ao ordenar que dividissem o bebê entre si, Salomão revelou o coração da mãe verdadeira e lhe deu o bebê".[87] Nas palavras de John Goldingay, "a genuína compaixão materna salvou o seu bebê".[88] A verdadeira mãe é aquela que faz absolutamente tudo para salvar seu filho.

Em quarto lugar, *o rei é reconhecido como um homem sábio* (3:28). A sentença proferida por Salomão tornou-se conhecida de todo o Israel. O resultado é que todos passaram a ter profundo respeito ao rei, pois viram que havia nele a sabedoria de Deus para fazer justiça. Nas palavras de Philip Graham Ryken, "foi uma solução simples para um dilema difícil".[89]

É óbvio que esse episódio aponta para alguém além de Salomão, ou seja, para o futuro rei davídico, descrito pelo profeta Isaías:

> Repousará sobre ele o Espírito do Senhor, o Espírito de sabedoria e de entendimento, o Espírito de conselho e de fortaleza, o Espírito de conhecimento e de temor do Senhor. Deleitar-se-á

no temor do Senhor; não julgará segundo a vista de seus olhos, nem repreenderá segundo o ouvir dos seus ouvidos, mas julgará com justiça os pobres e decidirá com equidade a favor dos mansos da terra (Is 11:2-4a).

Certamente, a sabedoria e a justiça de Salomão apontam para além de si mesmo, para aquele em quem estão ocultos todos os tesouros da sabedoria e do conhecimento, Jesus, o Rei dos reis (Cl 2:3).

Notas

[73] WISEMAN, Donald J. *1-2Reis: introdução e comentário*, p. 75.
[74] RYKEN, Philip Graham. *1Reis*, p. 75.
[75] WIERSBE, Warren W. *Comentário bíblico expositivo*. Vol. 2, p. 401.
[76] WISEMAN, Donald J. *1-2Reis: introdução e comentário*, p. 76.
[77] GOLDINGAY, John. *Históricos para todos*: *1-2Reis*, p. 33.
[78] WIERSBE, Warren W. *Comentário bíblico expositivo*. Vol. 2, p. 402.
[79] GOLDINGAY, John. *Históricos para todos*: *1-2Reis*, p. 32,33.
[80] WISEMAN, Donald J. *1-2Reis: introdução e comentário*, p. 77.
[81] DAVIS, Dale Ralph. *1-2Reis*, p. 38.
[82] RYKEN, Philip Graham. *1Reis*, p. 80.
[83] DAVIS, Dale Ralph. *1-2Reis*, p. 41.
[84] WIERSBE, Warren W. *Comentário bíblico expositivo*. Vol. 2, p. 405.
[85] DAVIS, Dale Ralph. *1-2Reis*, p. 43.
[86] DAVIS, Dale Ralph. *1-2Reis*, p. 44.
[87] WIERSBE, Warren W. *Comentário bíblico expositivo*. Vol. 2, p. 406.
[88] GOLDINGAY, John. *Históricos para todos*: *1-2Reis*, p. 38.
[89] RYKEN, Philip Graham. *1Reis*, p. 89.

Capítulo 4

Sabedoria administrativa

(1Reis 4:1-34)

O CORAÇÃO SÁBIO PARA discernir, demonstrado no texto anterior, é agora, o coração sábio para administrar o grande reino. Por mais sábio que seja um rei, ele não governa sozinho. O sucesso de sua administração depende de sua equipe de governo. É preciso ter sabedoria para encontrar liderança certa, para delegar funções, estabelecer metas e cobrar resultados. A sabedoria de Salomão é, aqui, demonstrada pela sua habilidade de governança.

Donald Wiseman tem razão em dizer que a sabedoria de Salomão é mostrada agora abrangendo sua administração de casos de Estado, incluindo sua escolha dos membros do gabinete (4:1-6) e dos governadores dos distritos (4:7-19) e sua reestruturação do comércio para controlar os suprimentos do palácio do templo, as taxas e a mão de obra (4:20-28). O historiador então resume a excepcional qualidade e abrangência da sabedoria real, que abarcava a cultura internacional e o conhecimento (4:29-34).[90]

Philip Ryken ainda lança luz sobre o assunto ao escrever:

> 1Reis 4 conta como Salomão organizou seu reino. O capítulo 3 narrou como Salomão orou por sabedoria e, em seguida, a recebeu como dádiva de Deus (3:5-12). Mostrou também como Salomão usou a sabedoria divina para dar justiça às pessoas no famoso caso das prostitutas e de seus dois bebês (3:16-28). Os capítulos a seguir dão continuação a esse tema, mostrando a sabedoria de Salomão na construção (1Rs 5—7), na adoração (1Rs 8), e no comércio (1Rs 9—10). O capítulo 4 se encaixa nesse tema, mostrando-nos a sabedoria de Salomão na administração — a organização prática da qual precisava para governar seu povo.[91]

A equipe de governo (4:1-19)

O rei Salomão reinou sobre todo o Israel com grande eficiência (4:1). Diferentemente de seu pai, não precisou sair para os campos de batalha, terçando a espada e impondo aos seus inimigos expressivas derrotas. Salomão nunca realizou uma campanha militar, mesmo tendo um exército que possuía doze mil cavaleiros e um mil e quatrocentos carros de batalha extremamente preparados para uma possível guerra. Salomão governou num tempo de paz nas fronteiras e de prosperidade interna. O clima era favorável. As circunstâncias, como ventos benfazejos, sopravam a seu favor. Harvey Finley diz que foi por meio de sua sabedoria e eficaz administração que Salomão colocou o pequeno Estado do antigo Israel no mapa internacional da política e do comércio.[92]

Quais foram os segredos de sua hábil administração? Tony Merida diz que vemos nos versículos 1-19 a sabedoria de Salomão demonstrada na estrutura de sua administração, organização e diplomacia, que o conduziram ao sucesso. Líderes religiosos, econômicos e políticos são mencionados aqui.[93] Nessa mesma linha de pensamento, John Goldingay diz que a administração de Salomão é outro sinal do discernimento e das habilidades do rei. A exemplo de Davi, ele possui pessoas responsáveis pelo culto, pelos assuntos militares, pela administração, pelo trabalho e pela provisão das necessidades de seu palácio.[94] Governantes, homens de negócio, pastores, pais de família e jovens estudantes precisam de sabedoria para serem bem-sucedidos. Vejamos:

Em primeiro lugar, *Salomão nomeia seus principais líderes* (4:2-6). Salomão teve habilidade de nomear uma eficiente equipe de governo. Ele colocou os homens leais à realeza, os homens certos em posições de controle. Esses tinham postos de gabinete no Departamento de Estado.

- Azarias, o principal componente de sua equipe governamental (4:2). Era filho do sacerdote Zadoque e, também, sacerdote. É o primeiro nome da lista, uma espécie de conselheiro confidencial do rei, ou seja, o primeiro ou o principal conselheiro do rei.
- Eliorefe e Aías foram seus secretários. Davi, seu pai, teve apenas um secretário. Possivelmente um cobria os assuntos estrangeiros e o outro os assuntos internos. Donald Wiseman diz que o termo "secretário" era um título profissional que abrangia desde um humilde escritor até um Secretário de Estado.[95]

- Benaia, filho de Joiada, era de família sacerdotal, mas escolheu a carreira militar e, depois da morte de Joabe, foi constituído em comandante do exército. Benaia foi promovido de um mero capitão da guarda real a comandante do exército.
- Zadoque e Abiatar eram sacerdotes. Abiatar já tinha sido deposto pelo rei Salomão (2:27,35). Possivelmente, mesmo sendo destituído da sua função sacerdotal, não o foi de sua identidade e dignidade sacerdotal, uma vez que esta era hereditária. Philip Graham Ryken sugere que Abiatar ainda é um sacerdote, restaurado à sua posição na corte real.[96]
- Azarias era intendente-chefe. Azarias era o principal provedor sobre os administradores, cujos nomes e regiões são relacionados subsequentemente. Ele era o encarregado dos doze oficiais que supervisionavam os doze distritos demarcados por Salomão.
- Zabude, era ministro e amigo particular do rei. Zabude tinha livre acesso ao rei, como seu amigo particular e como ministro.
- Aisar era mordomo. Esse foi o cargo ocupado por José, filho de Jacó, no Egito. Faraó lhe disse: "Tu estarás sobre minha casa" (Gn 41:40). Com o passar do tempo, esse ofício cresce em prestígio, chegando até a posição de Primeiro Ministro (1Rs 16:9; 18:3; 2Rs 10:5; 18:18-37).
- Adonirão, também conhecido como Adorão, era o superintendente dos que exerciam trabalhados forçados durante os reinados de Davi (2Sm 20:24), Salomão e Roboão (12:18).

Em segundo lugar, *os doze intendentes* (4:7-19). Além dos líderes de governo, Salomão nomeou governadores provinciais em todo o território de seu domínio, principalmente com a finalidade de fornecer alimentos para a mesa real. Os doze intendentes eram líderes regionais, ou funcionários distritais, que tinham o compromisso de atender ao abastecimento do palácio real. Isso incluía absolutamente tudo: alimento, estuário, gado, material de construção, trabalhadores e dinheiro para impostos. Harvey Finley diz que os intendentes ou provedores eram governadores-residentes, e cada um deles administrava a sua província ou o seu distrito para onde fora indicado. A tarefa precípua desses governadores distritais era prover alimento para a corte de Jerusalém.[97]

Philip Graham Ryken destaca que o rei vivia em grande luxo e, por isso, precisava de alguém que satisfizesse seus apetites reais. Na verdade, esses homens eram agentes da Receita Federal do rei. Eventualmente, essa forma de tributação se tornaria um grande fardo para o povo de Israel (12:4). Samuel tinha advertido contra isso: as demandas excessivas que um rei imporia aos melhores produtos de seu povo (1Sm 8:14,15).[98]

Matheus Soares tem razão em dizer que, ao longo dos anos, isso gerou um descontentamento considerável entre o povo. Além disso, as doze tribos nunca esqueceram o tempo em que elas eram independentes – com governo e administração próprias – e, certamente, ansiavam pelo dia em que retornariam a essa condição. Na verdade, essa foi a grande causa humana da divisão do reino nos dias de Roboão. O jovem monarca queria manter e aumentar os impostos, enquanto Jeroboão prometia a liberdade tributária.[99]

Cada intendente devia fornecer mantimento ao rei e à sua casa durante um mês ao ano (4:7). Esses homens asseguravam que seus distritos conseguissem abastecer a despensa da corte real. Pode-se ter um vislumbre da responsabilidade deles nos versículos 22 e 23, que detalham as exigências diárias para a alimentação da corte: "Era, pois, o provimento diário de Salomão trinta coros de flor de farinha e sessenta coros de farinha; dez bois cevados, vinte bois de pasto e cem carneiros, afora os veados, as gazelas, os corços e aves cevadas". É digno de nota que dois desses intendentes eram genros do rei Salomão (4:11,15). Vejamos o nome dos doze os intendentes:

- Ben-Hur
- Ben-Dequer
- Ben-Hesede
- Ben-Abinadabe (genro de Salomão)
- Baaná (filho de Ailude)
- Ben-Geber
- Ainadabe
- Aimaás (genro de Salomão)
- Baaná (filho de Husai)
- Josafá (ele era o chanceler, exercendo o cargo que tinha como responsabilidade os registros e os anais do reino).
- Simei
- Geber

A sabedoria de Salomão não era apenas demonstrada no refinado discernimento para resolver as demandas que lhe eram trazidas, mas, também, na estrutura organizada e eficiente do Reino, evitando, assim, o caos e o desperdício.[100]

A extensão do governo (4:20,21)

O texto em tela destaca dois pontos:

Em primeiro lugar, *o cumprimento da promessa pactual em relação ao crescimento numérico* (4:20). O povo de Israel cresceu numericamente e tornou-se um grande povo, a ponto de ser comparado como a areia que está ao pé do mar, num claro cumprimento da promessa pactual. Esse grande número é visto como o cumprimento da promessa feita aos patriarcas (Gn 15:5; 17:8; 22:17; 26:4; 28:14; 32:12). O povo não era apenas numeroso, mas, também comia, bebia e se alegrava. Essa felicidade do povo aproxima-se das circunstâncias ideais (Is 36:16; Mq 4:4).

Em segundo lugar, *o cumprimento da promessa pactual em relação à extensão territorial* (4:21). Salomão dominou todos os reinos desde o Eufrates até à terra dos filisteus e até à fronteira do Egito. Isso também está conectado com as promessas do pacto acerca da terra (Gn 15:18-21; Êx 23:31; Dt 11:24; Js 1:4). Todos esses reinos pagaram tributos a Salomão todos os dias de sua vida. O reino de Salomão desfrutou de prosperidade e paz. Isso aponta para o reino de Cristo, quando as nações virão a Sião e todos se assentarão sem medo debaixo de sua videira e figueira e não haverá quem os espante (Mq 4:1-4). Concordo com Philip Graham Ryken quando diz que, quando comparamos Salomão a Cristo, estamos passando de um domínio terreno para um reino celestial, de uma monarquia temporária para uma dinastia eterna, do bom para o excelente. O reino de Cristo deve receber a mais brilhante glória que a terra pode produzir, e a mais brilhante felicidade do céu.[101]

A provisão para o governo (4:22-28)

A ênfase predominante aqui está na magnífica eficiência dos funcionários distritais em suprir tanto as necessidades do palácio (4:27) quanto as dos cavalos (4:28).

Em primeiro lugar, *a provisão de cereal* (4:22). O provimento diário de Salomão era trinta coros de flor de farinha e sessenta coros de farinha. O coro era uma medida de capacidade. Cada coro equivalia a 220 litros.[102]

Em segundo lugar, *a provisão de víveres* (4:23). Dez bois gordos e vinte de pasto, além de cem carneiros, afora veados, gazelas, corços e aves retratam o tamanho da corte de Salomão. Um rei com setecentas mulheres além de trezentas concubinas e milhares de funcionários precisava de farta provisão para alimentar tanta gente. Estima-se que os seus funcionários com as suas famílias e servos somassem cinco mil pessoas ou até mais. Isso representava uma carga pesada sobre cada distrito.[103]

Em terceiro lugar, *a paz externa e interna* (4:24,25). O governo de Salomão foi pacífico. Havia paz nas fronteiras e prosperidade e descanso internos. A população não foi assaltada nem surpreendida por inimigos à porta. O reino de Salomão aponta para o governo do Príncipe da Paz!

Em quarto lugar, *a tropa de Salomão* (4:26,28). Encontramos aqui Salomão violando outro mandamento da lei de Deus. Em Deuteronômio 17:16 é proibido aos reis multiplicarem para si cavalos: "Porém este não multiplicará para si cavalos, nem fará voltar o povo ao Egito, para multiplicar cavalos; pois o Senhor vos disse: Nunca mais voltareis por este caminho". Apesar dessa postura de Salomão, vemos nessa grande tropa de cavalos uma demonstração da riqueza de seu reino e da sujeição de outros poderosos reinos ao reino salomônico.

Em quinto lugar, *a provisão mensal dos intendentes* (4:27). Os intendentes tinham o compromisso de fazer chegar à mesa real toda a provisão mensalmente. Eles recolhiam em seus distritos todo o sustento do staff governamental. Para manter o luxo e o fausto da corte, o povo trabalhava arduamente, mas ao mesmo tempo, alegremente.

A sabedoria do governante (4:29-34)

O escritor explode em aclamação pela sabedoria de Salomão. Ele usa o substantivo "sabedoria" seis vezes (4:29,30,34) e um cognato uma vez (4:31), assim como termos sinônimos (4:29).[104] Destacamos, aqui, quatro pontos importantes:

Em primeiro lugar, *a fonte da sabedoria de Salomão* (4:29,30). O escritor destaca que a incomparabilidade da sabedoria de Salomão decorre não dele mesmo, mas de sua fonte divina. Deus a deu a Salomão. Concordo com Dale Ralph Davis quando diz: "Essa percepção evita que a sabedoria se transforme em orgulho. Não há segredo sobre o segredo da sabedoria; Deus deu. A graça explica a sabedoria".[105]

Em segundo lugar, *a superioridade da sabedoria de Salomão* (4:30,31). A sabedoria de Salomão era superior a qualquer coisa que houvesse produzido esses baluartes da sabedoria, a Mesopotâmia e o Egito; e ele era mais sábio que todas as celebridades conhecidas pela habilidade em sabedoria. Salomão foi o mais sábio até Jesus (Lc 11:31).

Em terceiro lugar, *a abrangência da sabedoria de Salomão* (4:32,33). A sabedoria de Salomão pode ser conferida pela sua abundante produção literária. Ele compôs três mil provérbios e mil e cinco cânticos. Warren Wiersbe destaca que a maioria dos três mil provérbios de Salomão se perdeu, pois menos de seiscentos encontram-se registrados no

Livro de Provérbios.[106] Harvey Finley diz que Salomão, por meio das suas buscas intelectuais, foi humanamente responsável, direta e indiretamente, pela literatura sapiencial da Bíblia – Provérbios, Cantares de Salomão, Eclesiastes, Jó e até mesmo alguns dos Salmos.[107] Também, a sabedoria de Salomão é demonstrada pela sua especialidade em botânica e zoologia. Ele fez jardins e pomares. Plantou árvores frutíferas de toda espécie. Fez açudes para regar o bosque em que reverdeciam as árvores (Ec 2:5,6). Dale Ralph Davis é oportuno em sua exortação,

> Visto que Deus deixou as impressões digitais da sua sabedoria em todos os lugares; e visto que não há lugar em que Deus não nos supra com insumos para o pensamento piedoso, os cristãos deveriam ser cheios de uma curiosidade exuberante para considerar as obras dele, tanto as majestosas quanto as mundanas. A tarefa da sabedoria é descrever e investigar alegremente todas as obras de Deus. Podemos não ser como Salomão na percepção, mas podemos, com gratidão, examinar os mesmos dados.[108]

Em quarto lugar, *a extensão da fama da sabedoria de Salomão* (4:34). O escritor registra: "De todos os povos vinha gente a ouvir a sabedoria de Salomão, e, também, enviados de todos os reis da terra que tinham ouvido da sua sabedoria" (4:34). O rei tornou-se uma celebridade internacional. A sabedoria de Salomão transcendeu seu reino, esparramou-se para além dos muros de sua nação e chegou a todos os povos da terra.

Notas

90 WISEMAN, Donald J. *1-2Reis: introdução e comentário*, p. 81.

[91] RYKEN, Philip Graham. *1Reis*, p. 97.
[92] FINLEY, Harvey E. *Os livros de Reis*. In: *Comentário bíblico Beacon*. Vol. 2, p. 287.
[93] MERIDA, Tony. *Christ-Centered Exposition: 1 & 2 Kings*, p. 30.
[94] GOLDINGAY, John. *Históricos para todos*: *1-2Reis*, p. 39.
[95] WISEMAN, Donald J. *1-2Reis: introdução e comentário*, p. 82.
[96] RYKEN, Philip Graham. *1Reis*, p. 97.
[97] FINLEY, Harvey E. *Os livros de Reis*. In: *Comentário bíblico Beacon*. Vol. 2, p. 288.
[98] RYKEN, Philip Graham. *1Reis*, p. 99.
[99] SOARES, Matheus. *Enciclopédia da vida dos personagens bíblicos*, p. 421,422.
[100] DAVIS, Dale Ralph. *1Reis*, p. 49.
[101] RYKEN, Philip Graham. *1Reis*, p. 104.
[102] WISEMAN, Donald J. *1-2Reis: introdução e comentário*, p. 86.
[103] FINELY, Harvey E. *Os livros de Reis*. In: *Comentário bíblico Beacon*. Vol. 2, p. 290.
[104] DAVIS, Dale Ralph. *1Reis*, p. 53.
[105] Ibidem.
[106] WIERSBE, Warren W. *Comentário bíblico expositivo*. Vol. 2, p. 408.
[107] FINLEY, Harvey E. *Os livros de Reis*. In: *Comentário bíblico Beacon*. Vol. 2, p. 290.
[108] DAVIS, Dale Ralph. *1-2Reis*, p. 54.

Capítulo 5

Os preparativos para a construção do templo

(1Reis 5:1-18)

No sétimo dia, do sétimo mês, do sétimo ano do novo milênio, em 7 de julho de 2007, as autoridades de Lisboa, Portugal, anunciaram as "Novas Sete Maravilhas do Mundo". Mais de cem milhões de votos elegeram essas estruturas para substituir as "Sete Maravilhas do Mundo Antigo". Os vencedores incluíam o Taj Mahal, o Coliseu de Roma, a Grande Muralha da China, Petra, Machu Picchu, Chichen Iza e o Cristo Redentor, no Rio de Janeiro.[109] O título da maior maravilha do mundo, poderia ter sido dada, com imparcial justiça, ao templo de Salomão, obra erguida segundo a vontade de Deus e para a glória de Deus.

O rei Davi havia desejado ardentemente construir o templo (Sl 132:3-5), porém, em virtude de ter sido um homem de guerra, com suas mãos cheias de sangue, das inúmeras batalhas, visando a derrota dos inimigos à volta e a ampliação do reino de Israel, esse privilégio foi transferido para o seu filho e sucessor, o rei Salomão (1Cr 22 e 28).

No texto em tela, veremos os preparativos para a construção do templo. Dois assuntos são realçados: a aquisição de material e o recrutamento de trabalhadores. Salomão precisava tanto de matéria-prima especializada quanto de mão de obra qualificada para a realização daquele grande projeto. Nas palavras de Donald Wiseman, "Israel não tinha madeiramento em tamanho e quantidade suficientes, nem pedras, nem homens habilidosos para assumirem o projeto de construção em grande escala".[110]

Dale Ralph Davis diz que a história da construção do templo de Jerusalém tem a mesma estrutura que quaisquer construções. Esse padrão incluía: 1) decisão/autorização para construir (5:1-5); 2) aquisição de materiais de construção (5:6-18); 3) processo de construção em si, com a descrição das edificações e da mobília (caps. 6 e 7); 4) dedicação do templo, incluindo uma oração dedicatória (cap. 8); 5) bênção divina sobre o rei (9:1-9).[111]

A construção do templo requer matéria-prima especializada (5:1-12)

A fama de Salomão, o recém-empossado rei de Israel, corria célere por todo o mundo. Não bastava ouvir falar; comitivas chegavam a Jerusalém para serem testemunhas oculares de sua proverbial sabedoria. Não foi diferente com Hirão, rei de Tiro (969-936 a.C.), um grande líder em seu próprio país, construtor de diversos templos em Tiro[112] e amigo do falecido rei Davi. Hirão também enviou os seus servos com congratulações a Salomão logo que soube que este havia sido ungido rei em lugar de seu pai (5:1). Este era o protocolo para as relações diplomáticas: quando um novo líder chegava ao poder, outros líderes mundiais enviavam saudações formais para renovar o relacionamento amigável entre os dois países.[113]

Salomão controlava todas as rotas de comércio que passavam pelos territórios israelita e cananeu com destino a Tiro. Ele também produzia os cereais que Hirão não tinha esperança de produzir em sua estreita faixa costeira. Aproveitando a fidalguia da visita dos servos de Hirão, que tinha interesse em continuar com as relações diplomáticas estabelecidas por Davi, Salomão dá início às tratativas com o rei de Tiro acerca de um acordo comercial com vistas à construção do templo. Destacamos, aqui, alguns pontos:

Em primeiro lugar, *Salomão fala sobre o plano de Davi, seu pai* (5:2,3). Salomão envia mensageiros a Hirão, relatando o plano de Davi, de construir a casa ao nome do Senhor, ao mesmo tempo que destaca as razões por que seu pai não pode liderar a obra da construção. Davi sempre foi um homem atribulado com muitas guerras. Era o homem da espada.

Em segundo lugar, *Salomão fala de seu governo timbrado pela paz* (5:4). Salomão, diferente de seu pai, viveu um reinado de paz nas fronteiras, expansão do reino e prosperidade interna. Salomão tem plena consciência de que essa paz não é resultado de suas habilidades, mas uma dádiva do próprio Deus. O Senhor concedeu vitória militar a Davi (5:3) e deu segurança política a Salomão (5:4). Nas palavras de Dale Ralph Davis, "essas condições deram a Salomão a luz verde para executar o que o Senhor tinha prometido a Davi (5:5)".[114]

Em terceiro lugar, *Salomão fala de seu intento de construir uma casa ao nome do Senhor* (5:5). É digno de destaque que Salomão não quer construir um palácio em memória de Davi, seu pai, tampouco um monumento a si mesmo. Ele quer erguer um templo para adoração ao Senhor. Philip Graham Ryken ainda diz que Salomão não construiu um templo por razões políticas, com a esperança de unificar as doze tribos de seu reino. Ele não construiu por razões financeiras, pensando que um projeto dessa magnitude fortaleceria a economia de Israel. E não construiu por razões pessoais, com a intenção de erigir algo que perpetuasse sua fama, trazendo glória ao seu próprio nome. Salomão construiu o templo pela melhor de todas as razões: para o nome do Senhor, seu Deus.[115] Ainda vale destacar que esse projeto foi comunicado pelo próprio Senhor a Davi. Salomão está apenas executando o que Deus já havia decidido. Dale Ralph Davis diz, com razão, que a fundação real do templo não consiste em enormes blocos de pedra; o templo descansa sobre a promessa de Yahweh (2Sm 7:13).[116]

Em quarto lugar, *Salomão fala da transação comercial com o rei de Tiro* (5:6). Salomão sabia que não havia madeira nobre em Israel nem mesmo mão de obra qualificada para a construção do templo. Então, um acordo comercial precisava ser firmado com Hirão, a fim de que cedros fossem cortados e os servos de Salomão fossem acompanhados por servos de Hirão, que receberiam por esse trabalho o salário devido. É digno de destaque que Hirão já havia fornecido trabalhadores e materiais para a construção do palácio de Davi (2Sm 5:11), e Davi pediu sua ajuda para preparar a madeira para o templo (1Cr 22:4,5). Nas palavras de Warren Wiersbe, "Salomão aproveitou essa amizade e pediu a Hirão que fornecesse os trabalhadores e a madeira necessários para o templo".[117] Nas palavras de Philip Graham Ryken, "o rei de Israel estava propondo um empreendimento cooperativo baseado em uma balança comercial. Artesãos hábeis do reino de Tiro providenciariam sua madeira de fama mundial, e, em troca, Salomão pagaria salários justos".[118]

Em quinto lugar, *o rei de Tiro recebe com entusiasmo a proposta de Salomão* (5:7-9a). Hirão recebe com alegria as palavras de Salomão e bendiz ao Senhor, que deu a Davi, um filho e sucessor tão sábio para governar Israel. Como sinal de seu agrado, Hirão enviou mensageiros a Salomão, dando seu aceite na proposta de intercâmbio comercial, fornecendo para a construção do templo de Jerusalém madeiras de cedro e cipreste. As árvores deveriam ser derrubadas, as toras deveriam ser preparadas e transportadas em navios e jangadas pelo mar até ao porto de Jope, no mar Mediterrâneo (2Cr 2:16), e dali transportadas via terrestre até Jerusalém. É digno de destaque o fato de que a Fenícia, o país de Hirão, destacava-se na navegação naquele tempo.

O salmista disse que os cedros do Líbano foram plantados e regados por Deus (Sl 104:16). As nações e tudo o que produzem, incluindo os cedros do Líbano (Sl 24,1), pertencem ao Senhor. Convinha, portanto, perfeitamente, que um rei gentio desse madeira de cedro para o templo. Cumpriu-se assim a promessa bíblica de que os reis trariam presentes para o templo de Deus em Jerusalém (Sl 68:29; 72:10,11). A adoração de Hirão (5:7) como um rei gentio antecipa assim a adoração que Jesus Cristo receberá de todas as nações.[119]

Em sexto lugar, *o rei de Tiro estabelece a contrapartida comercial* (5:9b-12). Hirão forneceria madeira de cedro e cipreste a Salomão, e Salomão daria provisão à casa de

Hirão. A permuta seria madeira por comida. O sustento anual enviado à casa de Hirão foi de vinte mil coros de trigo e vinte coros de azeite batido. Os dois reis firmaram aliança, e viveram em paz um com o outro. Warren Wiersbe diz que isso significa cerca de quatro milhões e meio de litros de trigo e mais de quatrocentos mil litros de puro azeite de oliva.[120] Concordo com Philip Graham Ryken quando diz que o capítulo 5 de 1Reis dá continuidade ao tema sabedoria, mostrando a sabedoria de Salomão em suas relações internacionais. O rei era sábio na arte de governar, firmando acordos internacionais, estabelecendo as condições para a paz no reino, lançando as bases para as atividades de construção.[121]

A construção do templo requer trabalhadores qualificados (5:13-18)

O templo de Jerusalém seria uma obra colossal. Davi já havia deixado a planta com todos os detalhes bem como abundante provisão para a obra (1Cr 28). Agora, Salomão dá mais um passo, recrutando trabalhadores especializados. Vejamos:

Em primeiro lugar, *a equipe que trabalhava em Israel* (5:13). A leva de trabalhadores de todo o Israel era composta de trinta mil homens. Esses trabalhadores faziam a obra dentro e fora do território de Israel. Estavam dedicados integralmente à obra da construção do templo.

Em segundo lugar, *a escala de equipes enviadas ao Líbano* (5:14). Os trinta mil trabalhadores israelitas foram divididos em três grupos de dez mil cada e enviados ao Líbano, a cada mês, sendo que passavam um mês no Líbano e dois meses em casa, e tudo isso sob a supervisão de Adonirão.

Em terceiro lugar, *a equipe de trabalhos pesados* (5:15). Salomão empregou setenta mil homens que levavam as cargas e oitenta mil que talhavam pedras nas montanhas. Os blocos de pedra deveriam ser cortados com grande precisão para que se encaixassem perfeitamente quando fossem montados no local do templo (6:7). Donald Wiseman diz que essa mão de obra escrava, totalizando cento e cinquenta mil homens era formada principalmente por população não israelita, uma vez que era proibido ao hebreu escravizar seu igual (9:21,22).[122]

Em quarto lugar, *a equipe dos oficiais como fiscais da obra* (5:16). Salomão escalou três mil e trezentos chefes-oficiais para dirigirem a obra e dar ordens ao povo que a executava. É digno de destaque que Salomão herdou um vasto império, que se estendia do Eufrates até o golfo de Ácaba e de Tiro até o Egito. Ele manteve seu reino durante quarenta anos por meio da diplomacia, da diligência e da administração eficaz. Prova disso é a perícia com que liderou a construção do templo, tendo que mobilizar milhares de trabalhadores em Israel e além-fronteiras.

Em quinto lugar, *a preparação dos materiais para a obra* (5:17,18). A construção do templo requeria pedras grandes, pedras preciosas e pedras lavradas para a fundação do templo. Assim, os edificadores de Salomão, de Hirão e os giblitas, lavraram as pedras e prepararam a madeira e as pedras para se edificar a casa de Deus. Donald Wiseman declara que o programa completo da construção do templo termina com detalhes de comércio internacional (9:10-28), exemplos da sabedoria de Salomão (10:1-13) e esplendor (10:14-29) que destacam sua fama internacional.[123] Nesse mesmo viés Dale Ralph Davis diz que, com frequência, as igrejas precisam ser lembradas de que o reino de Deus não consiste em edificações materiais; porém, esse texto nos mostra que essas edificações de tijolo e argamassa – ou para ser mais textual, de pedra e madeira – podem testificar da sabedoria de Deus e nos instruir a não desprezarmos os dons menos espetaculares e mais triviais de Yahweh.[124]

Warren Wiersbe chama a atenção para o fato de que tanto israelitas quanto gentios ajudaram na construção do templo, fato significativo, pois o templo deveria ser uma "casa de oração para todos os povos" (Is 56:7; Mt 21:13: Lc 19:46). A igreja, hoje, é o templo de Deus, composta daqueles que creem em Jesus Cristo, sejam eles judeus ou gentios (Ef 2:11-22).[125]

É certo que o templo de Salomão aponta para aquele que é maior do que Salomão (Lc 11:31). Ele, Jesus, é o templo onde Deus habita (Jo 2:21), pois nele habitou corporalmente toda a plenitude da divindade. Jesus morreu, ressuscitou, voltou ao céu e derramou o Espírito Santo sobre a igreja, e hoje, somos o templo da morada de Deus (1Co 3:16). Cada crente, salvo pela graça, é uma pedra viva do santuário de Deus (1Pe 2:5).

Notas

[109] RYKEN, Philip Graham. *1Reis*, p. 119.
[110] WISEMAN, Donald J. *1-2Reis: introdução e comentário*, p. 90.
[111] DAVIS, Dale Ralph. *1-2Reis*, p. 55.
[112] FINLEY, Harvey E. *Os livros de Reis*. In: *Comentário bíblico Beacon*. Vol. 2, p. 291.
[113] RYKEN, Philip Graham. *1Reis*, p. 120.
[114] DAVIS, Dale Ralph. *1-2Reis*, p. 57.
[115] RYKEN, Philip Graham. *1Reis*, p. 125.
[116] DAVIS, Dale Ralph. *1-2Reis*, p. 57.

[117] WIERSBE, Warren W. *Comentário bíblico expositivo*. Vol. 2, p. 409.
[118] RYKEN, Philip Graham. *1Reis*, p. 121.
[119] Ibidem, p. 122.
[120] WIERSBE, Warren W. *Comentário bíblico expositivo*. Vol. 2, p. 410.
[121] RYKEN, Philip Graham. *1Reis*, p. 121.
[122] WISEMAN, Donald J. *1-2Reis: introdução e comentário*, p. 92.
[123] Ibidem, p. 90.
[124] DAVIS, Dale Ralph. *1-2Reis*, p. 62.
[125] WIERSBE, Warren W. *Comentário bíblico expositivo*. Vol. 2, p. 411.

Capítulo 6

Uma casa para o Rei dos reis

(1Reis 6:1-36)

Com a mão de obra qualificada, selecionada e o material especial provisionado, era hora de dar início à construção da casa de Deus, o templo de Jerusalém. De todas as grandes e monumentais obras de Salomão (Ec 2:4-6), a construção da casa de Deus foi a maior e a mais esplêndida. Afinal de contas, seria a construção da casa do Rei dos reis. O templo de Jerusalém não foi apenas uma obra arquitetônica colossal e singular, mas, também, um palácio para a habitação de Deus, símbolo da presença de Deus entre o seu povo. Mais do que isso, uma casa de oração para todos os povos.

Dale Ralph Davis diz, com razão, que o esplendor do templo tinha sido intencionado para refletir o esplendor do Deus de Israel, e que o ouro do templo aponta para a glória de Yahweh.[126] A grandeza do templo não estava em sua estrutura colossal, mas na presença de Deus. Como diz Philip Graham Ryken, "a menos que Deus esteja na casa, a igreja falhará. A presença de Deus é infinitamente mais importante do que qualquer edifício construído em nome dele".[127]

O tempo em que a casa de Deus foi construída (6:1)

A cronologia do autor reflete como a construção do templo foi importante para a vida de Israel. A construção do templo sob Salomão representa o ápice de uma longa série de acontecimentos que começaram com o livramento do povo da escravidão no Egito.[128] Assim, o escritor data a construção da casa de Deus e conecta esse auspicioso acontecimento com a libertação do povo da escravidão no Egito. A data da construção do templo celebra a redenção feita por Yahweh (Êx 12:40,41). Dale Ralph Davis diz que a razão pela qual essa data é tão importante é porque marca a inauguração de uma nova era. O final dos 480 anos, a partir do êxodo, marca o fim da perambulação e celebra o dom do descanso.[129]

A construção tem início 480 anos depois que os filhos de Israel saíram do Egito, e no quarto ano do governo de Salomão, que reinou de 971 a 931 a.C. Após gastar sete anos na construção, o templo foi concluído em 960 a.C.

A construção da casa de Deus não foi uma invenção de Davi tampouco de Salomão, mas uma promessa ao povo de Deus desde sua libertação do Egito. E mais, o Deus que liberta seu povo, liberta-o para um propósito, ser um povo adorador. Philip Graham Ryken é oportuno, quando escreve:

> Por mais que o versículo em tela seja importante para a cronologia bíblica, ele é ainda mais importante para a teologia bíblica. O que Salomão fez na construção de uma casa para Deus está diretamente ligado ao que Deus fez ao tirar seu povo do Egito. 1Reis é parte da história continuada do verdadeiro povo de Deus. Ao narrar a história do templo de Salomão, o escritor bíblico olha para trás, para o dia histórico em que seu povo foi liberto de sua escravidão pela poderosa graça de Deus.[130]

Os israelitas não só haviam sido salvos do Egito, mas também se estabeleceram em Israel. Quando os israelitas ainda vagavam pelo deserto, Deus residia no tabernáculo – uma estrutura portátil, apropriada para essa fase da peregrinação de Israel. No entanto, havia chegado a hora de sossegar. Israel estabeleceu um lugar de residência permanente e, assim, Deus não precisava mais residir em uma tenda, mas podia residir em um templo [...]. O templo de Salomão deveria servir como um lugar de habitação para Deus, o único lugar na terra que Deus escolhera para receber adoração de seu povo e tornar sua presença manifesta.[131]

O tamanho da casa de Deus (6:2)

As dimensões da casa de Deus estão relacionadas ao tabernáculo móvel construído por Moisés. As dimensões do templo equivaliam ao dobro das medidas do tabernáculo. Tony Merida tem razão em dizer que embora o templo tenha sido similar ao tabernáculo em estrutura, era maior e mais glorioso em todos os aspectos.[132] Os dois eram divididos em três partes principais: o pórtico, o lugar santo e o santo dos santos. O templo de Salomão media 60 côvados de comprimento, 20 de largura e 30 de altura. Um côvado equivale ao comprimento do braço de um homem do cotovelo até a ponta dos dedos, ou seja, 46 centímetros. O templo, portanto, tinha aproximadamente 30 metros de comprimento, por 10 metros de largura e 15 metros de altura.

A estrutura externa da casa de Deus (6:3-10)

Depois de fornecer as dimensões do templo, a Bíblia passa a descrever sua estrutura. A descrição do historiador parece seguir a seguinte ordem: exterior (6:3-10), interior (6:15-30), entradas (6:31-35). O historiador gasta consideravelmente mais espaço descrevendo o interior do edifício (6:14-38), em contraste com o exterior (6:1-10).[133]

O pórtico diante do templo (6:3) era a área imediatamente exterior à entrada da nave, que dava para o leste. Para a casa fez janelas de fasquia fixas superpostas (6:4). O templo era composto de três andares ao redor com câmaras laterais ao redor (6:5). Esses andares tinham tamanhos distintos (6:6). As pedras eram assentadas num perfeito encaixe, sem necessidade de ferramentas para ajustá-las (6:7). Essa parte externa do templo foi coberta de tábuas de cedro (6:8-10).

A mensagem de Deus ao construtor (6:11-13)

Philip Graham Ryken diz que esses versículos marcam uma divisão natural no texto bíblico entre o exterior e o interior do templo.[134] Deus não ordenou que Salomão interrompesse a obra nem a desaprovou. Enquanto a obra prosseguia, a palavra do Senhor veio a Salomão, trazendo-lhe uma mensagem de promessa e de admoestação: "Quanto a esta casa que tu edificas, se andares nos meus estatutos, e executares os meus juízos, e guardares todos os meus mandamentos, andando neles, cumprirei para contigo a minha palavra, a qual falei a Davi, teu pai. E habitarei no meio dos filhos de Israel e não desampararei o meu povo" (6:12,13).

Alguns estudiosos pensam que o texto em tela é uma inserção descontextualizada. Entendo, porém, que Deus revela a Salomão que a obediência é mais importante do que a obra. A lealdade à aliança era o ponto central do relacionamento do povo com Deus. O templo só cumprirá seu propósito se o povo obedecer aos mandamentos divinos. A existência do templo não garante por si, a presença de Deus com Israel.

É notório que Yahweh está mais interessado em quem nós somos, do que no que nós fazemos. Vida com Deus é mais importante do que trabalho para Deus. Nas palavras de Warren Wiersbe, "o Senhor lembrou Salomão, como deve nos lembrar a todo tempo, de que ele não se impressiona com nosso trabalho se não vivermos em obediência a ele. O que o Senhor requer é um coração obediente".[135] Tony Merida corrobora, dizendo que esta interrupção destaca que Salomão precisava lembrar que, no meio do trabalho, à parte da palavra de Deus, este era apenas mais um projeto arquitetônico. Se Israel não seguir a palavra de Deus, não poderá deleitar-se nos benefícios que o templo representa. Obedecer a Deus é mais importante do que o próprio templo. Obra externa é secundária em relação à vida interior.[136]

Dale Ralph Davis é enfático, quando escreve: "Se o rei e seu povo não cumprirem isso, o templo será inútil, um mero edifício sem benefícios. Yahweh alude à promessa que fez a Davi (6:12b; 2Sm 7:12-16), mas o versículo 13 revela que a bênção que ele promete vai além do estabelecimento da dinastia davídica e se expressa em termos positivos e negativos".[137]

Se houver obediência, há três promessas: 1) Deus prometeu cumprir sua palavra, garantindo uma dinastia perpétua para Salomão, no trono de seu pai Davi (6:12); 2) Deus prometeu habitar no meio do seu povo (6:13); 3) Deus prometeu não desamparar seu povo (6:13).

Lamentavelmente Salomão não cumpriu os termos da aliança. A despeito de toda a sua sabedoria, ele encerrou seu reinado não seguindo as regras e os estatutos que proibiam o rei de se casar com muitas mulheres, de confiar em cavalos e carros para a sua segurança nacional ou de adquirir ouro e prata excessivamente para seu uso pessoal (Dt 17:16,17). O trono de Salomão não durou para sempre. Quando ele morreu, no reinado de seu filho Roboão, Israel tornou-se um reino dividido (1Rs 12). Mais tarde, o templo de Salomão foi destruído pelos caldeus e Deus baniu seu povo de Jerusalém e o levou até Babilônia. E tudo isso, por causa do fracasso de seu rei. Os reis subsequentes também não andaram nos estatutos do Senhor nem obedeceram aos mandamentos divinos.

A estrutura interna da casa de Deus (6:14-35)

Voltemos à construção do templo. Como o interior do templo não era uma paisagem disponível a todos os israelitas, mas apenas à classe sacerdotal, o registro em apreço nos leva a uma visita guiada do templo, numa espécie de excursão pelo interior da casa de Deus.

A primeira coisa que notamos dentro do templo de Salomão é a sua beleza (6:14-18). O cedro é uma madeira nobilíssima e muito linda. As paredes e tetos foram feitos de painéis de cedro. O piso foi feito de cipreste, uma madeira nobre e mais resiste, adequada para suportar peso. A madeira de cedro no interior da casa era decorada com colocíntidas e flores abertas. Isso está de acordo com o Salmo 96:6: "Glória e majestade estão diante dele, força e formosura no seu santuário".

O templo de Salomão era também adornado com ouro, mostrando seu esplendor real. O ouro é o metal dos reis e a casa do Rei dos reis está resplandecendo. O ouro reluzia em toda a casa de Deus. Todo o interior da casa brilhava com o esplendor dourado. Ouro cobria as paredes e o teto do santuário principal, bem como o altar de incenso. Ouro cobria o santuário interior, o santo dos santos. Salomão revestiu de ouro até mesmo o chão. A casa de Deus era dourada em sua glória.[138] Àqueles que censuram Salomão pelo uso pródigo de ouro na casa de Deus, o próprio Deus dá a sua aprovação, dizendo: "... santifiquei a casa que edificaste, a fim de pôr ali o meu nome para sempre; os meus olhos e o meu coração estarão ali todos os dias" (9:3).

O templo era chamado de "a casa" (2:16) ou de "a casa do Senhor". Foi construído em três partes principais: a primeira, o pórtico (6:3); a segunda, o templo interior, ou lugar santo (6:17); a terceira, o santo dos santos (6:16) ou lugar santíssimo. Tony Merida diz que o templo apontava tanto para o passado, para Gênesis e o tabernáculo, quanto para o futuro, para a pessoa e a obra de Cristo. Jesus é o Deus Emanuel, Deus conosco (Mt 1:23), que se tornou carne e habitou entre nós (Jo 1:14). Ele se tornou o novo templo, permitindo-nos ter acesso a Deus através de seu sacrifício vicário (Hb 10:19-22; Ef 2:18). Matthew Henry corrobora dizendo que Cristo é o verdadeiro templo; ele mesmo falou do templo de seu corpo (Jo 2:21). Deus mesmo preparou um corpo para ele (Hb 10:5). Nele habita a plenitude da divindade. E mais, os que creem em Cristo, também são feitos santuários do Espírito (1Co 3:16; 6:19). A igreja é templo místico, o templo santo do Senhor (Ef 2:21). O céu é o templo eterno, onde Deus habitará conosco para sempre (Ap 21:3).[139] As partes do templo, também apontam para o futuro, para os novos céus e a nova terra, no paraíso, onde Deus habitará com o seu povo para sempre (Ap 21:3).[140]

Salomão edificou a casa e a arrematou (6:14). As paredes da parte interna da casa do Senhor foram revestidas com tábuas de cedro, do assoalho ao teto. O piso da casa do Senhor foi coberto com tábuas de cipreste. Vejamos a estrutura interna da casa do Senhor:

Em primeiro lugar, *o lugar santo* (6:17,18). O lugar santo, onde no tabernáculo ficavam a mesa com os pães da proposição, o altar de incenso e o candelabro, tinha quarenta côvados foi feito todo de cedro, lavrado de colocíntidas e flores abertas.

Em primeiro lugar, *o santo dos santos* (6:16,20-22, 29-37). O santo dos santos ficava no lugar mais interior da casa, preparado para receber a arca da aliança (6:19). Tinha vinte côvados de comprimento, vinte de largura e vinte de altura. Foi todo revestido de ouro puro (6:20). Por dentro, Salomão revestiu toda a casa de ouro puro bem como o altar que estava diante do santo dos santos (6:20-22). O revestimento todo de ouro do santo dos santos tornava-o esteticamente impressionante e assaz valioso. Essa glória e beleza era um símbolo do templo celestial (8:36,39: Hb 9:11). O santo dos santos revestido de ouro era um símbolo da glória passada, do esplendor e da pureza (Ap 21:18-21). Esse lugar santíssimo recebe maior atenção (6:16,19,20,23-28).

Em segundo lugar, *a arca da aliança* (6:19). A arca da aliança foi colocada dentro do santo dos santos e representava o trono de Deus, que se encontrava "entronizado acima dos querubins" (Sl 80:1). O lugar santíssimo foi projetado apenas para abrigar a arca da aliança – a arca na qual as tábuas com os requisitos da aliança de Deus eram mantidas (Êx 25:16). Assim, o templo deveria ser o guardião e o testemunho da lei.[141]

Em terceiro lugar, *os querubins* (6:23-28). Donald Wiseman diz que os querubins alados representam as asas protetoras e defensoras de Deus em todo lugar.[142] Nessa mesma linha de pensamento, Tony Merida diz que os querubins eram os guardiões da arca, relembrando-nos do Éden. Eles magnificaram a majestade de Deus. O salmista diz que Deus está entronizado acima dos querubins (Sl 99:1: 80:1).[143] Philip Graham Ryken diz, ainda, que os querubins apontam para a santidade de Deus. Eles foram separados para o santo serviço de Deus.[144]

Havia sobre a arca um propiciatório com dois querubins e, em cada extremidade, um querubim feito de madeira de oliveira e revestido de ouro. No templo, os querubins tinham quase cinco metros de altura, com asas medindo quase cinco metros de comprimento, de modo que quando a arca se encontrava no santo dos santos, as quatro asas se estendiam de parede a parede (6:23-28). Os querubins de asas estendidas faziam lembrar o Jardim do Éden. Embora a humanidade tenha sido expulsa do Paraíso em decorrência de sua rebelião contra Deus (Gn 3:24), a comunhão com Deus ainda é possível por meio da graça divina, ou seja, a entrada agora é possível outra vez somente por meio da expiação. O paraíso perdido podia ser recuperado.

A porta do paraíso é Jesus (Jo 10:9). Agora, por meio dele, temos acesso a Deus, como está escrito: "Tendo, pois, irmãos, intrepidez para entrar no santo dos santos, pelo sangue de Jesus, pelo novo e vivo caminho que ele nos consagrou pelo véu, isto é, pela sua carne, e tendo grande sacerdote sobre a casa de Deus, aproximemo-nos, com sincero coração, em plena certeza de fé, tendo o coração purificado de má consciência e lavado o corpo com água pura (Hb 10:19-22).

A conclusão da casa de Deus (6:36)

A obra planejada e iniciada agora é concluída, sete anos depois. O escritor registra: "E, no ano undécimo, no mês de bul, que é oitavo, se acabou esta casa com todas as suas dependências, tal como devia ser. Levou Salomão sete anos para edificá-la" (6:38).

Notas

[126] DAVIS, Dale Ralph. *1-2Reis*, p. 68.
[127] RYKEN, Philip Graham. *1Reis*, p. 131.
[128] Bíblia de Estudo de Genebra, p. 452.
[129] DAVIS, Dale Ralph. *1-2Reis*, p. 64,65.
[130] RYKEN, Philip Graham. *1Reis*, p. 132.
[131] Ibidem, p. 133,134.
[132] MERIDA, Tony. *Christ-Centered Exposition: 1 & 2 Kings*, p. 38.
[133] DAVIS, Dale Ralph. *1-2Reis*, p. 66,67.
[134] RYKEN, Philip Graham. *1Reis*, p. 137.
[135] WIERSBE, Warren W. *Comentário bíblico expositivo*. Vol. 2, p. 412.
[136] MERIDA, Tony. *Christ-Centered Exposition: 1 & 2 Kings*, p. 41.
[137] DAVIS, Dale Ralph. *1-2Reis*, p. 71.
[138] RYKEN, Philip Graham. *1Reis*, p. 147.
[139] HENRY, Matthew. Bíblia de Estudo, p. 528.
[140] MERIDA, Tony. *Christ-Centered Exposition: 1 & 2 Kings*, p. 40.
[141] WISEMAN, Donald J. *1-2Reis: introdução e comentário*, p. 98.
[142] Ibidem, p. 99.
[143] MERIDA, Tony. *Christ-Centered Exposition: 1 & 2 Kings*, p. 40.
[144] RYKEN, Philip Graham. *1Reis*, p. 150.

Capítulo 7

Os palácios do rei e as mobílias da casa de Deus

(1Reis 7:1-51)

SALOMÃO GASTOU SETE ANOS para construir a casa de Deus e treze anos para edificar seus palácios. Os palácios foram mais amplos do que a casa de Deus, mas o historiador sagrado deu menos importância no registro dos palácios do que na descrição das mobílias da casa de Deus. 1Reis 5 contou como Salomão se preparou para construir o templo; 1Reis 6, como ele realmente o construiu, por dentro e por fora. O restante do capítulo 7 nos conta como Salomão mobiliou o templo.

Dale Ralph Davis diz que vemos aqui uma questão de ênfase. Depois do relatório sobre a construção externa do templo no capítulo 6, a passagem de 1Reis 7:1-12 continua com os edifícios reais antes de passar para os acessórios do interior do templo (7:13-51). Todavia, há uma questão de ênfase: uma atenção bem superficial é dada à Casa do Bosque do Líbano e demais edificações do conjunto. Esses edifícios governamentais ficam apequenados diante dos blocos maciços de material do templo em cada lado deles, como se o escritor afirmasse: isso [os palácios] não importa muito. Assim, ao minimizar o espaço dado aos edifícios governamentais, ele magnifica a importância do templo. O templo retrata o estilo do culto público revelado por Deus. O templo é o local dos sacrifícios, onde a expiação é feita. Nos termos do Novo Testamento, o templo representa a adoração pública que se centraliza na cruz. Enfim, a adoração é mais importante do que o governo.[145]

Os palácios do rei (7:1-12)

O historiador começa o seu registro no capítulo 7, afirmando que Salomão edificou os seus palácios em treze anos (7:1). Ele fazia tudo no plural e de forma superlativa. A nação vivia em torno do rei e de sua corte. As pessoas trabalhavam para sustentar o luxo do rei e seus cortesãos. A casa de Salomão ou seu palácio refere-se a um complexo de edifícios da realeza, cada parte supostamente conectada à outra, e isso ao lado da casa de Deus (7:2-8). Isso explica os treze anos de sua construção em comparação com os sete anos de edificação do templo.[146]Entrementes, uma vez que o templo é o foco principal do relato do historiador, menos espaço é dedicado ao complexo dos prédios reais seculares constituídos para propósitos administrativos e judiciais.[147] Philip Graham Ryken vê no fato de Salomão construir os palácios ao lado de casa de Deus como um ponto positivo, pois isso aproximava a realeza da presença do Senhor.[148] Vamos destacar alguns pontos importantes aqui.

Em primeiro lugar, *a casa do bosque do Líbano* (7:2-5). O primeiro palácio edificado por Salomão foi a casa do bosque do Líbano, tendo quase o dobro do tamanho do templo (7:2; 6:2). A casa do rei, medindo cem côvados de comprimento por cinquenta de largura e trinta de altura, era mais ampla do que a casa do Rei dos reis. O palácio recebeu o nome de "casa do bosque do Líbano" porque o cedro dos seus inúmeros pilares e vigas vinha dos bosques do Líbano. A cobertura do palácio também era de cedro, bem como as quarenta e cinco câmaras laterais, sendo quinze em cada andar. As janelas do palácio foram dispostas em três ordens, sendo janela oposta a janela em três fileiras. O cedro do Líbano era a madeira mais nobre daquele tempo. Por isso, o palácio foi batizado com esse nome.

Em segundo lugar, *o salão das colunas* (7:6). O salão das colunas era quase do tamanho do templo, medindo cinquenta côvados de comprimento por trinta de largura, havendo um pórtico de colunas defronte dele.

Em terceiro lugar, *a sala do trono* (7:7). A sala do trono, ou sala do Julgamento, toda coberta de cedro, do assoalho ao teto, era o lugar onde o rei ouvia os casos, julgava as causas do povo e proferia as sentenças. Dar justiça ao povo era uma das principais responsabilidades do rei. A julgar pela sua oração no Salmo 72, Salomão levou esse trabalho a sério. "Concede ao rei, ó Deus, os teus juízos e a tua justiça, ao filho do rei. Julgue ele com justiça o teu povo e os teus aflitos, com equidade" (Sl 72:1,2). De acordo com Salomão, "O rei sábio joeira os perversos e faz passar sobre eles a roda" (Pv 20:26). Concordo com Philip Graham Ryken quando diz: "A sala do trono nos lembra de que um dia tudo será julgado".[149]

Em quarto lugar, *a casa de Salomão* (7:8a). A casa onde Salomão morava foi construída noutro pátio, atrás da sala do trono, toda revestida também de cedro.

Em quinto lugar, *a casa para a filha de Faraó* (7:8b). Salomão construiu, ainda, para a filha de Faraó, a qual tomara por mulher, uma casa semelhante à sala do trono. Tem-se a impressão de que dentre as setecentas princesas e trezentas concubinas, a filha de Faraó tinha um prestígio especial.

Em sexto lugar, *os detalhes sobre a construção* (7:9-12). O historiador deixa claro que as construções de todo o complexo real, os palácios do rei, eram de pedras de valor, cortadas à medida, desde o fundamento até às beiras do teto. O fundamento era de grandes pedras de valor. Todo o palácio foi revestido de cedro, dando ao complexo real uma aura de nobreza ímpar, de riqueza exorbitante e de beleza rara. Salomão fez seus palácios com extravagância e muita pompa. Philip Graham Ryken, entretanto, pondera que Jesus não se impressionou muito com a riqueza do rei, pois sabia que nem mesmo Salomão, em toda a sua glória, podia se comparar ao simples esplendor de um único lírio do campo. Há mais glória em uma única flor silvestre do que em todos os palácios e vestimentas do rei Salomão (Mt 6:28,29).

As mobílias da casa de Deus (7:13-51)

Aqui a atenção se volta novamente para o templo, em particular aos seus acessórios de bronze. Concordo com Warren Wiersbe quando diz que a mobília e os utensílios do templo eram importantes para os sacerdotes, pois sem esses itens não podiam realizar seu ministério nem agradar ao Senhor.[150] Destacaremos alguns pontos importantes:

Em primeiro lugar, *o artesão da casa de Deus* (7:13,14). Assim como o tabernáculo móvel, construído no tempo de Moisés, foi feito por dois artesãos, Bezalel e Aoliabe (Êx 31:1-6), dotados por Deus para aquela obra, Hirão, procedente de Tiro, aparentado com o povo de Israel, foi o artífice dos utensílios da casa de Deus. Ele foi escolhido com base em sua reputação como um artesão habilidoso e talentoso. Sua habilidade era um talento dado por Deus. O escritor sagrado diz: "... Hirão era cheio de sabedoria, e de entendimento, e de ciência para fazer toda obra de bronze. Veio ter com o rei Salomão e faz toda a sua obra" (7:14b). É preciso esclarecer que este homem embora tenha o mesmo nome do rei de Tiro, trata-se de outra pessoa.

Em segundo lugar, *as duas colunas de bronze* (7:15-22). Essas duas colunas ficavam na entrada do templo. Hirão formou duas colunas de bronze, medindo dezoito côvados de altura por doze de circunferência cada uma. Depois fez dois capitéis de cinco côvados, para pôr sobre o alto de cada coluna. Havia ornamentos torcidos em forma de cadeia sobre os capitéis que ficavam sobre as colunas. Esses capitéis, no alto das colunas, eram ornados de romãs, em duas fileiras por cima de uma das obras de rede. Já os capitéis que estavam no alto das colunas eram de obras de lírio, semelhantemente ao que existia na sala do trono. Ainda, os capitéis que estavam no alto das duas colunas tinham duzentas romãs dispostas em fileiras em redor, sobre um e outro capitel.

As colunas que foram levantadas no pórtico do templo foram chamadas de Jaquim, a coluna do lado direito, e Boaz, a coluna do lado esquerdo. Jaquim significa

"Yahweh estabelecerá o teu trono para sempre" e Boaz significa "Na força de Yahweh possa o rei alegrar-se". Essas duas colunas destacam ainda mais o templo como o lugar de adoração para o rei.[151] Essas duas colunas do templo relembram-nos de que a nossa força está no Senhor (Ef 6:10) e que o reino de Deus, por intermédio de Cristo, aquele que é maior do que Salomão, é estabelecido para sempre (Lc 1:32,33). O templo pode cair, mas o Reino de Cristo dura para sempre.

Dale Ralph Davis ainda acrescenta: A primeira coluna salienta a promessa que Yahweh disse; a segunda sugere o que Yahweh pode fazer. Jaquim aponta para a âncora original da palavra de Yahweh; Boaz aponta para sua contínua suficiência para concretizar essa palavra. Jaquim enfatiza a base da qual o rei e o povo devem depender, enquanto Boaz anuncia os recursos dos quais eles devem se valer. Então, Jaquim salienta o dom de Yahweh, enquanto Boaz aponta para a tarefa deles (Sl 105:4).[152]

Philip Graham Ryken é oportuno quando pergunta: "Qual é o pilar da sua vida?". Os pilares do templo de Salomão eram Jaquim e Boaz – a força do próprio Deus e a estabilidade do rei que estava sentado em seu trono. Nossa coluna é Jesus Cristo, o Salomão Maior e o real Filho de Davi, que agora reina como o Rei do reino de Deus. Pela fé em Cristo, a vida do crente se tornou o templo do Espírito Santo, em morada para o Deus vivo. Jesus é o nosso pilar quando tudo à nossa volta parece ruir. Ele é o nosso pilar de força quando nos sentimos fracos; o pilar da misericórdia quando precisamos de perdão; o pilar de conforto quando sofremos perda e luto; o pilar da esperança quando sentimos como se estivéssemos perdido nossa chance na e vida e não vemos mais nenhum futuro para nós (Sl 73:26).[153]

Em terceiro lugar, *o mar de fundição* (7:23-26). Donald Wiseman diz que essa grande bacia ou reservatório foi uma das grandes obras técnicas da metalurgia hebraica.[154] O mar de fundição representava a bacia de bronze do tabernáculo, porém, com proporções muito mais robustas. Tinha dez côvados de uma borda até a outra e cinco côvados de altura. Por baixo dessa grande bacia de bronze, havia colocíntidas, dez em cada côvado, em duas fileiras. O mar de fundição estava assentado sobre doze estátuas fundidas de bois, sendo que três olhavam para o norte, três para o oeste, três para o sul e três para o leste. Essa imensa bacia de bronze comportava dois mil batos de água, usada para os serviços do templo. Warren Wiersbe diz que, se os sacerdotes não mantivessem as mãos e os pés limpos ao ministrar no templo, colocariam a própria vida em perigo (Êx 30:20).[155]

Em quarto lugar, *os dez suportes de bronze* (7:27-37). Para suportar o mar de fundição foram feitos dez suportes de bronze, medindo cada um quatro côvado de comprimento, quatro de largura e três de altura. Nesses suportes havia leões, bois e querubins; nas molduras de cima e de baixo dos leões e dos bois, havia festões pendentes. Tinha cada suporte quatro rodas de bronze e eixos de bronze. As quatro rodas estavam deixo dos painéis. As rodas eram como as de um carro. Havia quatro apoios aos quatro cantos de cada suporte. Na superfície dos apoios e dos painéis, gravou querubins, leões e palmeiras, segundo o espaço de cada um, com festões ao redor.

Em quinto lugar, *as dez pias de bronze* (7:38,39). Se no tabernáculo havia apenas uma pia de bronze, no templo, além do mar de fundição, uma espécie de caixa d'água central, havia dez pias de bronze, com capacidade de quarenta batos cada. Essas pias estavam relacionadas ao trabalho dos sacerdotes que precisavam de purificação, além da lavagem de animais para os sacrifícios (2Cr 4:6). Hoje, todos nós que cremos em Cristo, somos sacerdotes (1Pe 2:9). Não precisamos mais oferecer sacrifícios; antes oferecemos ao Senhor sacrifícios de louvor (Hb 13:15). Hoje temos uma melhor purificação. O sangue de Jesus nos purifica de todo pecado (1Jo 1:7).

Em sexto lugar, *os utensílios variados do templo* (7:40-47). O escritor registra os vários utensílios que foram feitos por Hirão, passando a compor o arsenal de utensílios do templo, como caldeirões, pás e bacias. Tudo foi feito pelo artesão Hirão, de bronze polido. A quantidade desses utensílios sagrados era tão numerosa e o seu número tão expressivo que Salomão deixou de pesá-lo. Harvey Finley diz que a moldagem de objetos tão grandes como as colunas e o grande mar era um notável feito de engenharia.[156]

Em sétimo lugar, *o altar de incenso* (7:48a). "Também fez Salomão todos os utensílios do Santo Lugar do Senhor: o altar de ouro...". O altar de ouro era o altar de incenso que compunha o lugar santo do tabernáculo. Representava as orações dos santos que sobem à presença de Deus (Sl 141:1,2; Ap 5:8; Lc 1:8-10). Nesse altar, os sacerdotes queimavam incenso a cada manhã e no final da tarde, quando faziam a manutenção das lâmpadas (Êx 30:1-10; 37:25-29). É digno de destaque que o altar de ouro do incenso era usado somente para esse fim e, no dia anual da expiação, o sumo sacerdote aplicava sangue a esse altar para limpá-lo e purificá-lo (Êx 30:10). Sem mãos limpas e um coração puro (Sl 24:3-5), não podemos nos aproximar do Senhor e esperar que ele ouça nossas orações e lhes responda (Sl 66:18; Hb 10:19-25).[157] Jesus disse que o seu templo deve ser chamado uma casa de oração (Mt 21:13). Se nós somos o templo da habitação do Espírito Santo, então nossa vida deve estar cheia de oração.

Em oitavo lugar, *a mesa dos pães da proposição* (7:48b). "... e a mesa de ouro, sobre a qual estavam os pães da proposição". O pão era um lembrete da provisão de Deus – o mesmo Deus que dera aos seus filhos o maná no deserto continuou a fornecer o pão que dá vida. A mesa representa Jesus, o verdadeiro maná que caiu do céu, o pão da vida (Jo 6:35), aquele que desceu do céu e dá vida ao mundo (Jo 6:33,35).

Em nono lugar, *os castiçais de ouro* (7:49). "Os castiçais de ouro finíssimo, cinco à direita e cinco à esquerda, diante do Santo dos Santos; as flores, as lâmpadas e as espevitadeiras, também de ouro". No tabernáculo havia apenas um candelabro (Êx 25:31-40). No templo havia dez candelabros ou castiçais de ouro. Esses candelabros também apontam para Jesus, a luz do mundo (Jo 8:12), a verdadeira luz, que vinda ao mundo, ilumina a todo homem (Jo 1:9). Philip Graham Ryken é oportuno, quando diz: "É assim que Deus quer mobiliar nossa alma: com a estabilidade de colunas poderosas; com a graça purificadora de uma fonte enorme; com a oração que sobe ao céu como o incenso; com alimento espiritual como o pão santo; e como a luz brilhante de um santuário cheio de velas sagradas".[158]

Em décimo lugar, *os utensílios de ouro* (7:50). "Também as taças, as espevitadeiras, as bacias, os recipientes para incenso e os braseiros, de ouro finíssimo; as dobradiças para as portas da casa interior para o Santo dos Santos e as das portas do Santo Lugar do templo, também de ouro." O ouro fala da glória de Deus. Tudo no templo devia nos remeter à presença de Deus e tudo deve redundar em glória a Deus.

Em décimo primeiro lugar, *os tesouros da casa de Deus* (7:51). "Assim, se acabou toda a obra que fez o rei Salomão para a Casa do Senhor; então, trouxe Salomão as coisas que Davi, seu pai, havia dedicado; a prata, o ouro e os utensílios, ele os pôs entre os tesouros da Casa do Senhor." Aqui existe uma referência aos despojos de guerra como sinais da vitória sobre os moabitas, edomitas, sírios, amonitas, filisteus e amalequitas. Davi havia consagrado esses tesouros ao Senhor (2Sm 8:9-12). Davi não edificou o templo, mas provisionou recursos para sua construção. Salomão trouxe esses tesouros e os colocou entre os tesouros da casa do Senhor. Salomão honra seu pai, trazendo esses tesouros granjeados por Davi para fazer parte do acervo da casa de Deus. Corrobora com esse fato, Donald Wiseman quando diz que Salomão dedicou coisas suas (1Cr 29:3) e dos espólios de guerra dedicados por Davi a Deus (2Sm 8:10-12). Isso foi resultado direto do conceito hebraico de "guerra santa" por meio da qual uma parte de qualquer despojo era dedicado como "a parte do Senhor" (Nm 31:25-47).[159]

Estou de pleno acordo com Tony Merida quando escreve:

> Nós precisamos recordar que, com respeito ao templo, nós não deveríamos jamais comparar o templo da igreja cristã com o templo de Salomão. Vivemos um novo tempo. Não necessitamos despender fortunas colossais num santuário para adoração como o fez Salomão, pois temos em Jesus o nosso templo. Mesmo que tenhamos necessidade de templos espaçosos para comportar milhares de fiéis, não precisamos nem devemos investir em obra tão onerosa.[160]

Warren Wiersbe chama a atenção para o fato de que toda essa beleza foi destruída e a riqueza foi tomada quando o exército babilônio capturou Jerusalém e destruiu o templo (Jr 52). Nabucodonosor saqueou o templo, deportou os cativos em etapas e, por fim, seus homens incendiaram a cidade e o santuário para conseguirem o ouro que havia nos edifícios. Salomão, o homem que construiu o templo, foi também o homem que se casou com uma infinidade de mulheres estrangeiras e que incentivou a idolatria em Israel, exatamente o pecado que levou a nação a se afastar do Senhor, trazendo sobre o povo o julgamento abrasador de Deus.[161]

NOTAS

[145] DAVIS, Dale Ralph. *1-2Reis*, p. 75,76.
[146] FINLEY, Harvey E. *Os livros de Reis*. In: *Comentário bíblico Beacon*. Vol. 2, p. 294.
[147] WISEMAN, Donald J. *1-2Reis: introdução e comentário*, p. 100.
[148] RYKEN, Philip Graham. *1Reis*, p. 156.
[149] Ibidem, p. 157.
[150] WIERSBE, Warren W. *Comentário bíblico expositivo*. Vol. 2, p. 413.
[151] FINLEY, Harvey E. *Os livros de Reis*. In: *Comentário bíblico Beacon*. Vol. 2, p. 295.
[152] DAVIS, Dale Ralph. *1-2Reis*, p. 78.
[153] RYKEN, Philip Graham. *1Reis*, p. 170.
[154] WISEMAN, Donald J. *1-2Reis: introdução e comentário*, p. 103.
[155] WIERSBE, Warren W. *Comentário bíblico expositivo*. Vol. 2, p. 413.
[156] FINLEY, Harvey E. *Os livros de Reis*. In: *Comentário bíblico Beacon*. Vol. 2, p. 297.
[157] WIERSBE, Warren W. *Comentário bíblico expositivo*. Vol. 2, p. 414.
[158] RYKEN, Philip Graham. *1Reis*, p. 177.
[159] WISEMAN, Donald J. *1-2Reis: introdução e comentário*, p. 105.
[160] MERIDA, Tony. *Christ-Centered Exposition: 1 & 2 Kings*, p. 42.
[161] WIERSBE, Warren W. *Comentário bíblico expositivo*.

Capítulo 8

A consagração da casa de Deus

(1Reis 8:1-66)

A CONSAGRAÇÃO DO TEMPLO de Salomão ocorreu durante a festa dos Tabernáculos. Foi uma semana de intensa movimentação do rei, do povo, dos sacerdotes e dos levitas para a consagração do templo de Jerusalém, a casa de Deus.

A consagração do templo começou com o transporte da arca da aliança da tenda, que ficava na Cidade de Davi, para o templo, no monte Sião (8:1-11). A arca que fora transportada, nos dias de Davi, da casa de Obede-Edom para a cidade de Davi (2Sm 6:1-12; 15:24-29), agora é transportada da Cidade de Davi para o templo. Harvey Finley destaca que os sacerdotes qualificados para manusear apropriadamente a arca levaram-na ao Templo junto com outros utensílios sagrados, em solene e santa procissão (8:3,4).[162]

Entronizada a arca sob as asas dos querubins, no lugar santíssimo, Salomão dirigiu-se a toda a congregação, que se mantinha em pé, bendizendo ao Senhor, porque o templo que Davi, seu pai, intentara construir, estava agora edificado (8:12-21).

Então Salomão faz uma longa oração de consagração. Nessa oração ele destaca a singularidade e a fidelidade de Deus (8:22-24), suplica o cumprimento da promessa da perpetuidade de sua dinastia (8:25,26) e volta a concentrar-se na singularidade de Deus, mormente, em sua transcendência (8:28) e em sua imanência (8:29,30). Em seguida, Salomão apresenta a Deus sete pedidos de perdão caso o povo incorresse em pecados ou sofresse calamidades naturais (8:31-53). Feita essa oração, Salomão se levantou de seus joelhos e abençoou toda a congregação de Israel, agradecendo a Deus pelo fim da peregrinação e pelo repouso que Deus lhes dava, instando o povo a andar nos estatutos de Deus e guardar os seus mandamentos (8:54-61). A cerimônia termina com a oferta de abundantes sacrifícios, a consagração, a celebração da festa dos Tabernáculos e a despedida do povo de volta às suas tendas. Todo o ambiente da festa e da volta para casa foi de grande alegria (8:62-66).

Dale Ralph Davis oferece um sugestivo esboço homilético desse longo capítulo. Por não encontrar uma sugestão melhor, compartilharei aqui a visão desse erudito expositor bíblico.[163]

Deus ajuntou clareza e mistério (9:1-12)

Consideremos o primeiro mistério. Nós o encontramos no versículo 10; quando os sacerdotes saem depois de terem colocado a arca da aliança no lugar santíssimo, "uma nuvem encheu a Casa do Senhor". Os sacerdotes tiveram de adiar seu serviço por causa disso. No versículo 11, o escritor faz uma declaração em paralelo à do versículo 10: "A glória do Senhor enchera a Casa do Senhor". Assim, ele equipara a nuvem à glória, fenômeno semelhante ao que ocorreu na inauguração do tabernáculo (Êx 40:34,35). A nuvem é visível e, portanto, um sinal da presença de Deus; contudo, a nuvem também oculta – eles não veem Yahweh no resplendor total da sua presença. Salomão afirmou: "Então, disse Salomão: O Senhor declarou que habitaria em trevas espessas" (8:12). Deus está claramente ali, mas eles não o veem. A nuvem é a glória de Yahweh, mas também cobre a sua glória; ela tanto revela como oculta.[164]

Corrobora com esse pensamento Harvey Finley quando escreve: "A presença divina como uma nuvem escura, misteriosa e atemorizante representa duas grandes verdades a respeito de Deus. Por um lado, sugere que o Senhor, que é santo e transcendente, não pode ser visto pelos homens finitos. Por outro lado, sugere que Deus é imanente e que a sua morada é entre o seu povo".[165] A santidade da arca era evidente a partir de sua história. Basta considerar as mortes trágicas de Nadabe, Abiú e Uzá (Lv 10; 2Sm 6:6,7), ou as terríveis pragas que castigaram os filisteus quando estes roubaram a arca (1Sm 5-6), a fim de soubessem quão perigoso era tocá-la, tão intimamente estava associada à santidade de Deus. O local onde a arca foi colocada demonstrava toda a santidade da arca: ela pertencia ao santuário interior, o lugar onde Deus estabeleceria sua presença terrena. Como diz Philip Graham Ryken, o Santo dos Santos era a sala do trono de Deus – uma cópia terrena do lugar onde Deus reina no céu (Hb 9:24). A arca era o lugar onde Deus está entronizado (1Sm 4:4; 2Sm 6:2), o lugar onde Deus se assenta acima dos querubins (1Cr 13:6; Sl 80:1).[166] O mesmo escritor diz, com razão, que o templo, apesar de ricamente adornado, enquanto estava sem arca era como um corpo sem alma ou um castiçal sem vela, uma casa sem habitantes.[167]

Warren Wiersbe é oportuno quando diz que a presença da glória de Deus era a marca distintiva de Israel como nação (Êx 33:12-23). Os pecados do povo levaram a glória de Deus a deixar o tabernáculo (1Sm 4:19-22), mas agora, ela está de volta. A nação voltaria a pecar e a ser levada para a Babilônia, onde o profeta Ezequiel teria uma visão da glória de Deus deixando o templo (Ez 8:1-4; 9:3; 10:4, 18,19: 11:22,23). A glória voltaria para o templo ideal (Ez 43:1-5). A glória veio à terra na pessoa de Jesus Cristo (Jo 1:14; Mt 17:1-7), mas os pecadores crucificaram o Senhor da glória (1Co 2:8). Quando Jesus voltou ao céu, a nuvem de glória o acompanhou (At 1:9), e a casa de Deus ficou "deserta" (Mt 23:38-24:2). Desde a vinda do Espírito Santo no dia de Pentecostes, a glória de Deus habita em cada um dos filhos de Deus individualmente (1Co 6:19,20), bem como na igreja local (1Co 3:16) e na igreja universal (Ef 2:19-22). Até que Jesus venha para nos levar à glória eterna, nosso privilégio e responsabilidade é glorificar a Deus enquanto o servimos aqui na terra.[168]

Philip Graham Ryken tem razão em dizer que de todos os móveis que Salomão trouxe para o templo de Deus, o mais importante foi a arca da aliança, que representava a presença de Deus. A arca é mencionada oito vezes em 1Reis 8:1-9. Somos informados de que nada havia na arca, exceto as duas tábuas da lei. As normas da aliança estavam impressas nessas tábuas de pedra. Isso significa que o povo de Deus vive sob a palavra de Deus, sob sua vontade expressa em mandamentos. Essa é a clareza, pois Yahweh tornou clara sua palavra e sua vontade. Todavia, ele encobre sua presença numa nuvem. Assim, temos na mesma cena clareza (a Palavra) e mistério (a nuvem de glória). Deus se revela numa e se oculta em outra.

Concordo com Dale Ralph Davis quando diz: "A nuvem aponta para a obscuridade de Yahweh; a arca com as tábuas da lei, para sua clareza. A nuvem sugere que não podemos conhecê-lo exaustivamente, mas a arca testifica que podemos conhecê-lo corretamente. Deus satisfaz nossa necessidade de clareza, mas não nossa paixão por curiosidade.[169] A palavra de Deus e a presença de Deus caminham juntas. Nas palavras de Tony Merida vemos aqui mistério e clareza. Deus se esconde e se revela. A nuvem revela sua glória, mas também a esconde. No entanto, sua clareza é revelada pela sua Palavra, que é clara.[170]

Donald Wiseman diz que a falta de referência à vara de Arão e à urna de maná (Nm 17:10; Êx 16:33; Hb 9:4), que originalmente ficavam na arca (Êx 25:16; 40:20), poderia ser explicada por sua remoção anterior juntamente com outros itens "guardados" com a arca (1Sm 6:3-5).[171]

Deus ajuntou fidelidade e expectativa (8:13-26)

Depois da entronização da arca da aliança, Salomão passa a proferir uma bênção sobre o povo, declarando inicialmente que havia edificado uma casa para a morada de Deus, para sua eterna habitação (8:13). A congregação permanecia de pé enquanto Salomão abençoava a congregação. Salomão bendiz ao Senhor destacando a fidelidade do Deus de Israel ao falar pessoalmente a Davi, seu pai, e cumprir fielmente a sua promessa. O desejo de Davi era construir a casa de Deus, mas coube a ele, Salomão, ser o executor desse projeto. Salomão vê a expectativa do povo, o propósito de seu pai, sua ascensão ao poder e a construção do templo como o cumprimento fiel das promessas de Deus (8:13-21). Philip Graham Ryken diz, com acerto, que nunca houve uma promessa que Deus não cumpriu ou não cumprirá quando chegar o momento de sua realização.[172] O apóstolo Paulo foi enfático: "Porque quantas são as promessas de Deus, tantas têm nele o sim" (2Co 1:20).

Salomão se pôs diante do altar do Senhor, na presença de toda a congregação de Israel. Estendeu as mãos para os céus e proclamou a singularidade, a incomparabilidade e a fidelidade de Deus: "Ó Senhor, Deus de Israel, não há Deus como tu, em cima nos céus nem embaixo na terra, como tu que guardas a aliança e a misericórdia a teus servos que de todo o coração andam diante de ti; que cumpriste para com teu servo Davi, meu pai, o que lhe prometeste; pessoalmente o disseste e pelo teu poder o cumpriste, como hoje se vê" (9:23,24). Tendo olhado para o passado e destacado a fidelidade de Deus, olha para o futuro e, cheio de expectativa, suplica que jamais falte sucessor diante dele, para assentar no trono de Israel (9:25). Salomão tem expectativa de que o Deus fiel quanto às promessas que se cumpriram continue fiel às promessas que hão de se cumprir (9:26). Concordo com Dale Ralph Davis, quando diz que "a fidelidade de Yahweh no passado, se torna a base para esperar o mesmo no futuro".[173] O mesmo Deus que cuidou de nós até aqui há de continuar cuidando de nós, daqui para a frente. Fincamos aqui o monumento: EBENÉZER!

Donald Wiseman tem razão em dizer que a oração eficaz está baseada em três fatos sobre Deus: 1) sua incomparabilidade; 2) sua fidedignidade; 3) sua transcendência.[174]

Deus ajuntou transcendência e imanência (9:27-30)

Salomão está liderando a cerimônia de consagração da casa de Deus, o Templo de Jerusalém. Foram sete anos de construção. Tudo foi feito com excelência, com os materiais mais nobres, tendo à frente da construção, os trabalhadores mais experimentados. A arca da aliança já havia sido entronizada no lugar santíssimo, sob as asas dos querubins. Antes de Salomão fazer a oração de consagração, ele traz à memória duas verdades aparentemente paradoxais, a transcendência e a imanência de Deus. Vejamos:

Em primeiro lugar, *a transcendência de Deus* (8:27). Habitaria Deus na terra? Habitaria Deus no Templo? Depois de compreender a singularidade de Deus, afirmando que não há Deus semelhante ao Senhor nem em cima nos céus nem embaixo na terra (8:23); depois de destacar a fidelidade de Deus, afirmando que não há Deus como o Senhor que guarda a aliança e a misericórdia para com o seu povo (8:23b,24), Salomão agora afirma que Deus é maior do que tudo quanto ele mesmo criou, declarando que nem o céu dos céus poderia contê-lo. Deus rompe todas as nossas categorias.

Salomão está consagrando o Templo e mesmo diante de um palácio adornado de ouro, com rico mobiliário, ele tem consciência de que essa casa não é suficiente para conter Deus. Aliás nem o céu dos céus pode contê-lo. Deus é maior do que tudo o que existe. Ele transcende à criação. O apóstolo Paulo, na capital intelectual do mundo, a Atenas de Péricles, Sócrates, Platão e Aristóteles, afirmou que Deus não habita em santuários feitos por mãos humanas (At 17:24). Deus não está preso dentro dos templos religiosos. Deus não precisa ser servido por mãos humanas. Na verdade, é ele quem a todos dá vida, respiração e tudo o mais. Nele vivemos, nos movemos e existimos (At 17:25-28). Ele, sendo o criador, é maior do que a criatura. Ele, sendo Espírito, não pode ser contido pelo material. Ele, sendo transcendente, não pode ser reduzido ao imanente.

Concordo com Philip Graham Ryken quando diz que cada pedido que Salomão fez é respondido para nós em Cristo. Jesus é a resposta definitiva à pergunta de Salomão: "Mas, de fato, habitaria Deus na terra?" (8:27). Sim, Jesus é Emanuel, que significa "Deus conosco" (Mt 1:23). O Deus Filho se encarnou na pessoa de Jesus. Ele veio como um homem para viver entre nossa raça caída, para morrer pelos nossos pecados na cruz, e, em seguida, levantar-se novamente para que pudéssemos viver com ele. Em Cristo, Deus realmente viveu na terra.[175]

Em segundo lugar, *a imanência de Deus* (1Rs 8:28). Logo depois de confessar a imensidão de Deus, em assombroso louvor (8:27), ele passa orar a esse Deus (8:28). Salomão estava consciente de que o Templo que estava consagrando não poderia comportar o ser transcendente, mas não perdeu a percepção de que este Deus que está para além da última fronteira do universo tem seus olhos voltados para o Templo e seus ouvidos inclinados à oração feita na casa de oração pelo povo de Deus. O mesmo Deus que é maior do que tudo quanto existe inclina-se para ver o que se passa entre os filhos dos homens. O mesmo Deus que não precisa da criação nem deriva dela glória alguma tem seus ouvidos abertos às súplicas do seu povo.

A casa de Deus não pode conter a Deus, mas ele habita nessa casa. Os olhos de Deus veem os mundos estelares, mas também enxergam o aflito que se derrama em seu altar. Os ouvidos de Deus captam os sons das galáxias, mas também ouvem os gemidos abafados dos suplicantes.

Ah, o Deus transcendente é também o Deus imanente! Aquele que está lá, mui distante a bilhões de anos-luz, está aqui também, bem perto de nós. Os mais altos céus e os mais profundos abismos não poderiam afastá-lo de nós. Os confins da terra e os horizontes além-mar não poderiam impedir o alcance da sua mão sobre nós. Concordo com Dale Ralph Davis quando diz que Salomão nos ensina que a transcendência não destrói a intimidade. Ao mesmo tempo que Deus não pode ser contido, ele é acessível. Podemos esticar nosso elástico teológico, juntando imensidão com intimidade.[176]

Que essas duas verdades aparentemente contraditórias nos acompanhem ao longo da nossa jornada de adoradores. Chegamos à casa de Deus com a consciência de que ele não habita em santuários feitos por mãos humanas, mas conscientes de que ele, que tudo vê e a todos sonda, tem seus olhos postos em nós, para nos abençoar. Oh, que verdade sublime: Deus está tão longe e tão perto! Deus está absolutamente fora e absolutamente dentro! Deus está além do universo e dentro de cada coração que o teme e o ama. Deus habita em luz inacessível e, também, com o abatido e contrito de coração. Ele é transcendente e, também, imanente. Dale Ralph Davis corrobora, dizendo: "O povo de Deus nunca poderá compreendê-lo em toda a plenitude do seu ser, mas pode apreendê-lo no local da oração. Não posso abranger Deus no seu esplendor, mas posso mobilizá-lo na sua graça. Sua majestade apequena nosso universo, mas seu ouvido recebe nossas orações".[177]

Deus ajuntou severidade e misericórdia (8:31-53)

Deus ouve as orações de seu povo. Então, o que deveríamos nós suplicar a ele? As sete petições seguintes destacam tanto a severidade como a misericórdia de Deus. Cinco dessas petições têm a ver com o pecado do povo. Portanto, veremos aqui súplicas por perdão.[178] Corrobora com esse pensamento Philip Graham Ryken quando destaca que Salomão menciona sete situações específicas de pecado humano e do julgamento divino, pedindo que em cada um desses casos Deus ouça o clamor de seu povo por misericórdia e perdoe seus pecados. O rei encerra sua oração com a invocação final (8:52,53), na qual, mais uma vez, ele pede que Deus olhe para o seu povo com compaixão e ouça seus pedidos de misericórdia.[179]

Há muitos "sete" notáveis na Bíblia. Sete são os dias da semana. Noé levou sete pares de animais puros para a arca (Gn 7:2). O sangue de um sacrifício era aspergido sete vezes para completar a purificação (Lv 16:14,19). Cristo realizou sete sinais milagrosos no Evangelho de João, e há sete cartas para sete igrejas no livro de Apocalipse, em que sete também é o número da plenitude do Espírito Santo (Ap 5:6). A oração de Salomão contém sete pedidos para o povo de Deus.[180]

Na oração de consagração do templo, Salomão avalia sete cenários, situações de necessidade potencial em Israel, cinco delas devidas ao pecado da nação. A substância para as petições de Salomão procede das maldições da aliança em Levítico 26 e Deuteronômio 28.[181] A oração de Salomão une as ameaças e as promessas da aliança, realismo e esperança. O Israel pecaminoso sofrerá a severidade de Deus (8:46), mas essa severidade pode levá-lo ao arrependimento (8:47,48) e à restauração (8:49,50). Os pecados do povo de Deus não o abandonarão num beco sem saída de culpa e desespero; mesmo nos seus pecados, há um futuro e uma esperança porque o Deus da Bíblia envia sua severidade sobre o seu povo a fim de guiá-lo de volta à sua misericórdia.[182] Vejamos:

Em primeiro lugar, *uma oração por justiça* (8:31,32). O rei Salomão já tinha lidado com esse tipo de situação (3:16-28). Uma pessoa peca contra outra, e não há testemunhas sobre quem é o culpado. A pessoa que foi alvo da injustiça precisava submeter-se a um juramento para mostrar sua inocência. Diante do altar no átrio exterior ele pronunciava seu juramento para provar inocência (Êx 22:7-12) e Deus, como juiz, o declararia inocente ou culpado (Dt 25:1,2).[183] Salomão orou para que o próprio Deus estabelecesse o veredito e executasse a sentença, pois ele é o justo juiz (Sl 7:11), o Juiz de toda a terra (Gn 18:25).

Em segundo lugar, *uma oração por socorro e resgate* (8:33,34; Lv 26:17; Dt 28:23,24). Tal desastre é considerado resultado de pecado contra Deus por desobediência ou afastamento de sua aliança (Js 7:11,12). O único caminho de restauração é o arrependimento, a confissão e a oração. Se Israel obedecesse às estipulações da aliança, haveria paz na terra, e Deus daria a seu povo vitória sobre qualquer inimigo que os atacasse. Porém, se Israel pecasse, Deus permitiria que seus inimigos triunfassem sobre eles. Se essa derrota, entrementes, levasse o povo ao arrependimento, Deus os perdoaria e faria com que os prisioneiros fossem libertos e mandados de volta para casa.[184] Philip Graham Ryken é oportuno quando aplica o texto à realidade da igreja hoje:

> Baseando-se nessa expiação, o rei orou para que houvesse um caminho de volta para casa para os pecadores caídos, como sempre há. Deus é um Pai tão amoroso que, quando finalmente voltamos para casa depois de nos afastarmos em nosso pecado,

> ele vem correndo ao nosso encontro (Lc 15:20). Jesus Cristo é o Bom Pastor, que sempre está à procura de todas as ovelhas perdidas que pertencem ao seu rebanho (Lc 15:3-7; Jo 10:11). Quando estamos perdidos e distantes, o Deus misericordioso ouve a nossa oração por socorro e resgate.[185]

Em terceiro lugar, *uma oração por providência, quando há falta de chuva* (8:35,36; Lv 26:19,20; Dt 28:23,24). A derrota militar não seria a única punição que o povo de Deus sofreria. Às vezes, a própria terra sofria por causa do pecado de Israel. O Senhor prometeu ao seu povo que enviaria a chuva nas devidas estações (Dt 11:10-14). Quando, porém, a bênção da chuva fosse retida, e a seca implacável assolasse a terra, isso deveria ser entendido como sinal de pecado contra Deus (Dt 11:13,14; 28:23,24). A seca severa de três anos e meio nos dias do rei Acabe foi um juízo à nação apóstata (17:1,2). O profeta Elias confrontou o rei, os profetas de Baal e o povo, e a nação clamou: "Só o Senhor é Deus, só o Senhor é Deus" (18:39). Então, Elias orou, e as chuvas desceram para regar a terra (18:41-45).

Em quarto lugar, *uma oração por libertação – livramento de outros desastres naturais* (8:37-40; Lv 26:25; Dt 28:21,22,38,39,42,58-61). O quarto pedido de Salomão era semelhante ao terceiro. O rei orou pela libertação de catástrofes naturais. Deus advertiu na aliança que a desobediência de Israel traria disciplina sobre eles. Deus enviaria vários desastres naturais como fome, peste, crestamento, ferrugem, gafanhotos, larvas, cerco do inimigo, praga e doença. Porém, se obedecessem a Deus, ele protegeria o povo e a terra dessas calamidades. Um exemplo clássico do livramento divino diante do cerco do inimigo ocorreu nos dias do rei Ezequias, quando Deus livrou Jerusalém do entrincheiramento do exército assírio (2Rs 18:13-19:13). Philip Graham Ryken destaca que a razão pela qual Salomão pede a Deus que perdoe os pecados do seu povo e que aja em seu nome é para que o povo o tema todos os dias – em outras palavras, que o adore. O objetivo do quarto pedido de Salomão é a adoração a Deus.[186]

Em quinto lugar, *uma oração pelos estrangeiros* (8:41-43). Era responsabilidade de Israel ser uma luz para as nações pagãs e lhes mostrar a glória do verdadeiro Deus. O Senhor declarou seu propósito de que Israel fosse uma bênção para o mundo todo (Gn 12:1-3). Somos abençoados para sermos abençoadores (Sl 67:1,2). Dale Ralph Davis diz que a maior parte dos cenários da oração de Salomão concentra-se, como esperado, nas dificuldades de Israel, nos seus pecados, desastres e nas suas necessidades. No entanto, nos versículos 41-43, Salomão ora pela pessoa que vem do outro lado da fronteira, pelo forasteiro, o estrangeiro, o pagão que é atraído para Yahweh. Salomão assume que essas pessoas virão no mínimo, por causa do testemunho que as nações darão a respeito dos atos de Yahweh.[187]

Resta claro afirmar que Salomão não esperava que o templo ficasse limitado apenas ao povo de Israel, mas que fosse um tipo de centro de missões mundiais, conforme profetizou mais tarde o profeta Isaías (Is 2:1-4). Assim, o templo era um presente de Deus para Israel e ao mesmo tempo uma forte atração para os gentios que estavam bem longe de Israel, para virem e encontrarem na Casa de Deus a alegria da expiação. Deus ama todos os povos e sua salvação deve alcançar todas as nações. A Casa do Senhor deveria ser "Casa de oração para todos os povos" (Is 56:7; Mc 11:17). Concordo com Philip Graham Ryken quando diz que essa intercessão de Salomão é uma das grandes orações missionárias na história da redenção, pois é o rei de Israel que intercede pelas nações do mundo. Com sua compaixão pelas pessoas excluídas da família da fé e com seu santo zelo pela glória de Deus, Salomão queria que o templo se tornasse sede de missão mundial.[188]

John Goldingay corrobora com esse pensamento, dizendo que o texto reconhece que Yahweh é o Deus de todo o mundo, não apenas de Israel. Desse modo, o pedido de Salomão principia-se com a suposição de que estrangeiros virão à casa construída em Jerusalém, por eles terem ouvido sobre Yahweh. Salomão pede para tratar esses estrangeiros da mesma forma que os israelitas, para que o mundo como um todo possa vir e reverenciar Yahweh do mesmo modo que os israelitas. O anseio de Salomão é que todas as nações venham reconhecer Yahweh.[189] Vemos o cumprimento da oração de Salomão em 2Reis 5, quando Naamã, um poderoso capitão do exército da Síria foi curado de lepra e reconheceu que só o Deus de Israel é Deus: "Eis que, agora, reconheço que em toda a terra não há Deus, senão em Israel" (2Rs 5:15).

Em sexto lugar, *uma oração pela vitória no enfrentamento da guerra* (8:44,45). Salomão sabia que o pecado era o maior inimigo de Israel, mas que também havia inimigos ao redor que não hesitavam em atacar o povo de Deus. Exemplo disso foi a confederação de inimigos formada pela coalização de edomitas, amonitas e moabitas que ameaçaram tomar Jerusalém, e o rei Josafá buscou ao Senhor, e o Senhor desbaratou os inimigos (2Cr 20:1-23). A ação militar deve ser realizada com a punição divina daqueles que fazem o mal (Dt 20; 26:10; Lv 26:7; 2Sm 5:19,24). Até mesmo na guerra, Deus deve estar o tempo todo sendo invocado, para que a justiça seja feita.

Em sétimo lugar, *uma oração pelo perdão, quando a derrota na guerra resulta em cativeiro e exílio* (8:46-50; Lv 26:33; Dt 28:36,37,41,49,50,64). Este é o pior cenário imaginável: o povo de Deus derrotado na guerra e transportado para o exílio. Essa tragédia era vista como consequência do pecado do povo e a manifestação da ira de Deus (Dt 4:21). As dez tribos do Norte foram levadas cativas pela Assíria em 722 a.C., e as duas tribos do Sul foram levadas cativas pela Babilônia em 586 a.C. Nos dois casos, a derrota na guerra e o exílio consequente foram a manifestação da disciplina de Deus, por causa da rebeldia de seu povo. Salomão, acreditando na graça de Deus tanto quanto na justiça divina, ora por perdão de Israel, profetizando o arrependimento e o retorno à sua terra.

Philip Graham Ryken, escreve:

> O livro de Daniel registra sua oração de confissão, que soa como algo que poderia ter saído da boca de Salomão. Daniel confessou que Israel agiu maliciosamente ao pecar contra Deus (Dn 9:3-15) e pediu que Deus tivesse misericórdia de seu povo, perdoando-lhes os pecados e restaurando o santo templo em Jerusalém (Dn 9:16-19). Foi exatamente esse tipo de oração que o rei Salomão fez quando pediu a Deus que ouvisse e respondesse. Assim, a oração de Daniel acabou fazendo parte da resposta à oração de Salomão: a oração de confissão que pediu o perdão do Deus misericordioso. Deus respondeu a ambas as orações, perdoando os pecados do povo e trazendo-os para casa, de volta da Babilônia.[190]

Deus ajuntou escatologia e praticabilidade (8:54-61)

Salomão levanta-se de seus joelhos, coloca-se em pé diante de toda a congregação de Israel e abençoa pela segunda vez o povo. No versículo 56, ele alude ao descanso de Yahweh que havia dado a Israel por meio das vitórias de Davi (5:3-5; 2Sm 7:10,11); sua oração-bênção pela presença (8:57), capacitação (8:58) e suporte (8:59) de Yahweh tem como objetivo o grandioso final: "para que todos os povos da terra saibam que o Senhor é Deus e que não há outro" (8:60). Nas palavras de Dale Ralph Davis, "Yahweh juntou escatologia e praticabilidade. Yahweh é o Senhor do último dia, mas também de cada dia. Ele trará a consumação do seu reino no dia final, mas não se esquecerá de você na terceira semana de setembro. Ele se importa com o que "cada dia exigir" de você. Você realmente deve adorar este Deus".[191]

Salomão, nessa oração-bênção, pede a presença permanente de Deus (8:57), ora pelo Espírito santificador de Deus (8:58), pelo ouvido atento de Deus (8:59) e pela glória universal de Deus (8:60).

A conclusão da cerimônia de consagração da Casa de Deus (8:61-66)

No final da consagração de Salomão vemos: a obediência que Deus exige (8:61), o sacrifício que Deus requer (8:62-64) e o louvor que Deus merece (8:65,66).

Salomão conclui sua bênção sobre o povo, exortando-o a ter um coração perfeito para com o Senhor, a fim de andar nos seus estatutos e guardar os seus mandamentos. Por fim, o rei e todo o povo passam a oferecer abundantes sacrifícios diante do Senhor. Dessa forma, o rei e todos os filhos de Israel consagraram a Casa do Senhor. Como a consagração se deu nos sete dias que precederam a Festa dos Tabernáculos, o rei e toda a grande congregação de Israel, desde o Norte até ao Sul, também celebraram os sete dias da Festa, totalizando quatorze dias de celebração. No oitavo dia da Festa, Salomão despediu o povo, e o povo o abençoou. Assim, eles voltaram às suas tendas repletos de grande alegria por ver a fidelidade de Deus a Davi, seu servo, e a Israel, seu povo.

NOTAS

162 FINLEY, Harvey E. *Os livros de Reis*. In: *Comentário bíblico Beacon*. Vol. 2, p. 299.
163 DAVIS, Dale Ralph. *1Reis*, p. 84-97.
164 Ibidem, p. 84,85.
165 FINLEY, Harvey E. *Os livros de Reis*. In: *Comentário bíblico Beacon*. Vol. 2, p. 299.
166 RYKEN, Philip Graham. *1Reis*, p. 185,186.
167 Ibidem, p. 188.
168 WIERSBE, Warren W. *Comentário bíblico expositivo*. Vol. 2, p. 417.
169 DAVIS, Dale Ralph. *1Reis*, p. 85.
170 MERIDA, Tony. *Christ-Centered Exposition: 1& 2 Kings*, p. 47.
171 WISEMAN, Donald J. *1-2Reis: introdução e comentário*, p. 106.
172 RYKEN, Philip Graham. *1Reis*, p. 196.
173 DAVIS, Dale Ralph. *1Reis*, p. 88.
174 WISEMAN, Donald J. *1-2Reis*, p. 108.
175 RYKEN, Philip Graham. *1Reis*, p. 211.
176 DAVIS, Dale Ralph. *1Reis*, p. 90.
177 DAVIS, Dale Ralph. *1Reis*, p. 90,91.
178 MERIDA, Tony. *Christ-Centered Exposition: 1 & 2 Kings*, p. 50.
179 RYKEN, Philip Graham. *1Reis*, p. 204.
180 Ibidem, p. 213,214.
181 DAVIS, Dale Ralph. *1Reis*, p. 91.
182 Ibidem, p. 93.
183 WISEMAN, Donald J. *1-2Reis: introdução e comentário*, p. 108.
184 WIERSBE, Warren W. *Comentário bíblico expositivo*. Vol. 2, p. 419.
185 RYKEN, Philip Graham. *1Reis*, p. 216.
186 Ibidem, p. 218.
187 DAVIS, Dale Ralph. *1Reis*, p. 94.
188 RYKEN, Philip Graham. *1Reis*, p. 219, 220.
189 GOLDINGAY, John. *Históricos para todos*: *1-2Reis*, p. 69,70.

[190] RYKEN, Philip Graham. *1Reis*, p. 222.
[191] DAVIS, Dale Ralph. *1Reis*, p. 95.

Capítulo 9

O reino de Salomão

(1Reis 9:1-28)

A OBRA DA CONSTRUÇÃO do templo está concluída. No entanto, um templo vazio seria sem significado, como diz Donald Wiseman.[192] O Senhor aparece pela segunda vez a Salomão e lhe diz que a presença do Senhor com seu povo dependerá da obediência às exigências divinas e da confiança nas suas promessas. O repouso dos reis está associado à bênção proveniente da obediência e as maldições serão decorrentes da recusa em obedecer.

O Senhor se revela a Salomão requerendo fidelidade (9:1-9)

A consagração do Templo de Jerusalém foi uma festa que durou quatorze dias. O povo reunido tinha diante de seus olhos um palácio revestido de ouro, como santuário de adoração e uma casa de oração para todos os povos. Toda a congregação de Israel estava exultando de alegria. O povo tinha à frente da nação um rei sábio e coberto de altas honras.

A riqueza da nação era colossal. As nações ao redor serviam a Israel. Havia paz nas fronteiras e prosperidade dentro dos muros. Logo que a arca da aliança foi entronizada sob as asas dos querubins, uma nuvem de glória encheu a casa, a ponto de os sacerdotes não poderem permanecer no santuário. A presença de Deus tornara-se manifesta como na época em que o tabernáculo foi consagrado. Após as festividades, o povo retornou feliz cada um para sua tenda, e o Senhor, pela segunda vez, apareceu a Salomão, trazendo-lhe duas mensagens solenes:

Em primeiro lugar, *a promessa da aliança* (1Rs 9:1-5). Essa segunda aparição de Deus a Salomão deve ter sido um episódio tão crucial quanto a primeira aparição (3:4-15). O conteúdo pode ser resumido em: privilégio (9:3), segurança (9:4,5,) e advertência (9:6-9). Dale Ralph Davis lança luz sobre o assunto ao escrever:

> Na sua segunda aparição a Salomão, o Senhor autoriza o templo como um meio de graça mediante o qual Israel terá acesso à sua presença soberana e cuidadora (9:1-3). Nos versículos 4 e 5, ele assegura a Salomão que ele desfrutará da bênção da aliança davídica desde que viva como seu pai Davi. Contudo, nos versículos 6-9, o Senhor adverte que se Salomão e/ou seus sucessores fossem infiéis, o povo perderia seu lugar na terra e o templo se tornaria a prova principal do desastre. A infidelidade real (9:6) traria juízo sobre o povo (9:7) – embora certamente o povo iria imitar a apostasia real (9:9). A infidelidade resultará na perda de *território, templo e trono.*[193]

Deus afirma a Salomão que havia ouvido suas orações e atendido ao seu clamor. Deus colocou o selo de sua aprovação na edificação do templo, aprovou a cerimônia de consagração do templo e atendeu às orações do rei feitas no templo. O Senhor se agradou de Salomão e de sua obra. O Senhor se agradou do rei e do povo. Os céus se alegraram com a terra. Havia plena harmonia entre o propósito do rei e a aceitação do Rei dos reis. Salomão não erigiu o santuário para ele, mas para o nome do Senhor. Salomão construiu o templo conforme o próprio Deus havia orientado a Davi, seu pai. Salomão não edificou o templo para levantar um muro entre Israel e as outras nações, mas para atrair as outras nações, para virem a Jerusalém conhecer e adorar o Deus vivo. Tudo o que foi feito agradou a Deus. Tudo foi realizado para a glória de Deus. O Senhor deixou isso absolutamente claro ao rei Salomão. É o caminho da obediência que leva à bênção (9:4,5). Salomão deveria imitar seu pai Davi e, então, experimentaria a bênção de Deus.

Em segundo lugar, *a advertência da aliança* (1Rs 9:6-9). Deus disse, também, a Salomão que suas promessas eram condicionadas aos preceitos da aliança. Bênçãos viriam sobre a casa do rei e sobre a congregação de Israel se houvesse obediência aos preceitos da lei. Porém, o templo seria destruído, e a nação seria dominada pelo poder estrangeiro e deportada de sua terra, no caso de violação da lei. O templo, com toda a sua pujança, que acabara de ser construído, seria arrasado e teria seu fim inevitável. A cidade de Jerusalém, com toda a sua glória, seria sitiada e tomada. O exílio e não a vitória sobre os inimigos seria o destino do povo. Nas palavras de Philip Graham Ryken, "o povo de Deus se tornaria motivo de chacota para outras nações. Israel se tornaria um exemplo de julgamento divino, como Sodoma e Gomorra, uma lição duradoura daquilo que acontece quando as pessoas se afastam de Deus".[194]

Se alguém viesse a perguntar os motivos de tamanha tragédia, todos deveriam afirmar que a decadência era a consequência da desobediência do povo da aliança. Israel estaria caída por causa de seus pecados. O fracasso da nação não viria de fora, mas de dentro. Os israelitas só poderiam culpar a si mesmos. Israel tombaria sob as botas dos soldados inimigos, não pela força desses exércitos estrangeiros, mas por causa da sua rebelião contra Deus. Os inimigos não iriam prevalecer contra Israel pela força. Deus mesmo entregaria seu povo nas mãos dos inimigos.

Philip Graham Ryken ainda é assaz oportuno quando alerta:

> Esse é um aviso gracioso sobre para onde os nossos próprios ídolos nos levarão. Escolha o caminho errado na vida, e isso causará tamanha catástrofe que mesmo as pessoas fora da igreja saberão que você tomou um rumo errado. Por mais atraentes que outros deuses possam parecer – dinheiro e bens materiais, sexo e prazer físico, poder e controle interpessoal –, eles nos levarão à nossa própria destruição. O caminho para uma vida enganosa começa com uma pequena mentira. O caminho para a falência começa com uma despesa imprudente. O caminho para o vício começa com uma indulgência tola. Mas em pouco tempo os nossos pecados serão expostos, sofreremos as consequências de nossas escolhas erradas, e as pessoas verão em que nos transformamos, e se não nos arrependermos, pereceremos, pois "larga é a porta, e espaçoso, o caminho que conduz para a perdição" (Mt 7:13).[195]

Promessa e advertência, eis as duas realidades. Salomão, porém, falhou. Israel falhou. A nação toda transgrediu os preceitos divinos. O templo foi profanado. A nação se rendeu à idolatria. A impiedade e a perversão prevaleceram.

O Senhor, então, entregou o seu povo nas mãos de seus inimigos. As dez tribos do Norte caíram nas mãos dos assírios em 722 a.C., e o Reino de Judá, caiu nas mãos da Babilônia em 586 a.C. Jerusalém foi destruída. O templo foi saqueado e queimado. Longe do templo permanecer imponente, tornou-se um monte de ruínas. O povo foi deportado e exilado na Babilônia. Ainda hoje Deus faz promessas e advertências ao seu povo. O que vamos fazer? Obedecer ou transgredir? Podemos fazer nossas escolhas; só não podemos controlar as consequências. Acautelemo-nos!

A política de Salomão decepciona Hirão (9:10-14)

Davi e Hirão, rei de Tiro, haviam sido bons amigos. Com a morte de Davi, Salomão aproximou-se de Hirão e fez com ele uma aliança comercial com vistas à construção do templo e dos palácios. Hirão ofereceu a Salomão madeira nobre, profissionais hábeis e ouro em abundância. Hirão ofereceu a Salomão cento e vinte talentos de ouro. Isso equivale a 4.200 quilos de ouro. Como diz Philip Graham Ryken, "Salomão parecia um sucesso total no comércio internacional".[196]

Ao que tudo indica, porém, como diz Dale Ralph Davis, "Salomão acumulou mais dívidas do que conseguia pagar em gêneros alimentícios (5:9,11) e, por isso, cedeu ou penhorou a Hirão vinte cidades fronteiriças.[197] Salomão deu como garantia desse empréstimo vinte cidades na fronteira da Galileia com a Fenícia. Não há qualquer indicativo de que Salomão tinha autorização de Deus para entregar essas cidades para pagar dívidas. A terra pertencia ao Senhor e não poderia ser transferida de dono em caráter permanente (Lv 25:23).

Hirão não gostou das cidades que recebeu como pagamento, afirmando que eram imprestáveis, chamando-as de "cabul". Nas palavras de Warren Wiersbe, "Hirão não considerou a garantia à altura do investimento que havia feito".[198] É mui provável que Salomão deve ter pago o que havia tomado emprestado, pois Hirão lhe devolveu as cidades, e Salomão as reconstruiu para os israelitas (2Cr 8:1,2).

Salomão fortalece a defesa de seu reino (9:15-24)

Deus prometeu dar a Salomão não apenas sabedoria, mas, também, riquezas colossais, como a nenhum outro rei antes ou depois dele (3:13). Muito embora Salomão não tenha tido um perfil de guerreiro como seu pai, ele fez uma única campanha militar, quando tomou Hamate (2Cr 8:3). Hamate era uma cidade ao norte de Damasco, na fronteira setentrional mais extrema do reino de Israel (Nm 34:8; Js 13:5), e até mesmo pessoas dessa região compareceram à consagração do templo (8:65; 2Cr 7:8).

A cidade situava-se numa rota comercial de grande importância, da qual Salomão poderia recolher taxas e impostos alfandegários e, também, proteger-se de invasões. Além de Hamate, Salomão fortificou Hazor, Megido e Gezer e transformou-as em "cidades-celeiro", ou seja, lugares onde eram armazenados carros, cavalos, armas e alimentos para as tropas israelitas. Nas palavras de Donald Wiseman, "essas cidades fortificadas eram estratégicas para guardar as proximidades principais de seu reino".[199]

Salomão também fortificou e aumentou "Milo", a área de terraços adjacentes aos muros de Jerusalém que reforçava a sustentação das muralhas e dava maior proteção à cidade.[200] "Milo" pode ter sido, outrossim, um belo terraço do palácio da filha de Faraó, sua mulher. A maioria da edificação descrita se refere a obras de defesa, colocando locais militares essenciais num estado correto de preparação.[201] Philip Graham Ryken destaca que Salomão construiu cidades, muros e palácios ao longo da estrada que leva da Mesopotâmia ao Egito. O rei foi capaz de construir o que desejou construir.[202]

É digno de destaque que, para realizar esse trabalho, Salomão recrutou os estrangeiros em Israel e os descendentes dos cananeus que haviam governado sobre aquela terra no passado (9:20,21). Nesses projetos de construção, os israelitas foram designados supervisores e oficiais.

Salomão adora ao Senhor no santuário (9:25)

Tony Merida tem razão em dizer que todos adoram alguma coisa ou alguém.[203] Salomão lidera o seu povo na adoração. Após a construção do templo, Salomão deixou de oferecer sacrifícios no grande alto em Gibeão. O lugar dos seus sacrifícios era o altar diante do templo em Jerusalém. A congregação de Israel reunia-se em Jerusalém nas três festas anuais: a Páscoa, o Pentecostes e a Festa dos Tabernáculos, tempo em que Salomão oferecia holocaustos e sacrifícios pacíficos, sobre o altar que edificara ao Senhor e queimava incenso sobre o altar perante o Senhor. Salomão providenciou, mas não executou ele mesmo os sacrifícios (8:63,64). Warren Wiersbe chama a atenção para o fato de que, para nós cristãos, essas três festas significam, respectivamente: a morte e ressurreição de Cristo, o Cordeiro de Deus, por nossos pecados (Jo 1:29; 1Co 5:7; 15:3); a vinda do Espírito Santo (At 2:1-3); e a futura reunião do povo de Deus, na sua segunda vinda (1Ts 4:13-18).[204]

Salomão amplia sua influência comercial (9:26-28)

Como diz Dale Ralph Davis, o historiador nos leva do santuário para o mar, para termos um vislumbre do comércio marítimo no Mar Vermelho e além.[205] Salomão estabeleceu amplas negociações internacionais. Obteve, por meio de sua parceria com Hirão, o controle das rotas comerciais para o Egito, o que lhe deu também o controle do comércio das caravanas e do comércio de cavalos por todo o lado ocidental do Oriente Médio. O controle de Salomão sobre essas rotas de comércio do Sul lhe deu também o controle do comércio árabe de especiarias raras e tecidos exóticos – o que era extremamente lucrativo.[206]

Salomão, além de negociar acordos com várias nações, criou uma força naval e contratou os experientes marinheiros de Hirão para administrá-la. Warren Wiersbe destaca que Salomão dependia dos fenícios, um povo costeiro, para cuidar desse aspecto de seus empreendimentos. A importação de produtos do Oriente encheu os cofres de Salomão e o ajudou a atribuir um aspecto mais internacional ao reino.[207] Dale Ralph Davis destaca que o reino unido de Salomão se baseava nas estradas de transporte do Oriente Próximo; suas cidades fortificadas controlavam todas as principais artérias por via terrestre. Isso possibilitou robustos lucros a partir do fluxo de bens que eram negociados entre as sofisticadas sociedades do Egito, Mesopotâmia, Arábia do Sul e Anatólia. A parceria entre Salomão e Hirão, rei de Tiro, garantia uma colheita financeira abundante para as duas nações.[208]

Concluímos este capítulo chamando sua atenção para o fato de que Salomão teve tudo o que desejou na vida (Ec 2:10): dinheiro, vinhos, música, cidades, casas, palácios, jardins, açudes, mulheres bonitas, servos, fama internacional.

No entanto, no final da vida, fez escolhas erradas. É como Philip Graham Ryken escreve:

> Não importa quão bem-sucedido ele era – não importa quanto dinheiro tinha, ou quanto poder exercia sobre outras pessoas –, Salomão ainda tinha de escolher a favor ou contra Deus. Será que agradeceria a Deus por todo o seu dinheiro e, em seguida, o colocaria a serviço do reino? Será que exerceria seu poder para servir aos pobres e proteger os mais fracos? Será que se orgulharia do que havia feito, ou será que daria toda a glória a Deus? A menos que coloquemos Deus em primeiro lugar em tudo, estamos caminhando para a nossa própria destruição. Nosso amor por bens terrenos nos encherá de ganância; nosso desejo pelo prazer sexual nos levará a relacionamentos imprudentes; nosso desejo de preeminência pessoal nos levará a ignorar as necessidades dos outros. Se esse for o caminho que estamos seguindo na vida, então estamos fadados a fracassar.[209]

Notas

192 WISEMAN, Donald J. *1-2Reis: introdução e comentário*, p. 111.
193 DAVIS, Dale Ralph. *1Reis*, p. 99.
194 RYKEN, Philip Graham. *1Reis*, p. 239.
195 Ibidem, p. 239,240.
196 RYKEN, Philip Graham. *1Reis*, p. 242.
197 DAVIS, Dale Ralph. *1Reis*, p. 101.
198 WIERSBE, Warren W. *Comentário bíblico expositivo*. Vol. 2, p. 427.
199 WISEMAN, Donald J. *1-2Reis: introdução e comentário*, p. 113.
200 WIERSBE, Warren W. *Comentário bíblico expositivo*. Vol. 2, p. 428.
201 DAVIS, Dale Ralph. *1Reis*, p. 101.
202 RYKEN, Philip Graham. *1Reis*, p. 243.
203 MERIDA, Tony. *Christ-Centered Exposition: 1 & 2 Kings*, p. 53.
204 WIERSBE, Warren W. *Comentário bíblico expositivo*. Vol. 2, p. 428.

[205] DAVIS, Dale Ralph. *1Reis*, p. 102.
[206] SOARES, Matheus. *Enciclopédia da vida dos personagens bíblicos*, p. 424.
[207] WIERSBE, Warren W. *Comentário bíblico expositivo*. Vol. 2, p. 429.
[208] DAVIS, Dale Ralph. *1Reis*, p. 102,103.

Capítulo 10

Sabedoria singular e riqueza colossal

(1Reis 10:1-29)

O historiador carrega as tintas para enfatizar a sabedoria singular de Salomão e sua riqueza colossal. Neste capítulo, chegamos ao topo da glória salomônica. Sua sabedoria proverbial transcendente aos limites de Israel e como uma brisa fresca, asperge todos os povos. Seu reino transborda de bens farturosos, e a pompa de seu palácio é motivo de admiração dos mais exigentes visitantes.

Dale Ralph Davis diz que todo o capítulo 10 pode ser dividido em duas seções principais: versículos 1-13, nos quais a rainha de Sabá declara: "isso é incrível!"; e versículos 14-29, em que o narrador exclama: "E preste atenção nisto!". Dentro de cada uma dessas duas divisões primárias, o escritor coloca uma seção de testemunho: os versículos 6-9 contêm o testemunho da rainha de Sabá; e os versículos 23-25, o testemunho do próprio narrador. A realidade que ela vê é ainda mais verdadeira do que todos os relatórios fantásticos que tinha ouvido (10:6,7). Seu elogio chega ao clímax numa nota de louvor a Yahweh (10:9).[210]

Destacaremos, aqui, dois pontos principais: a visita da rainha de Sabá e as glórias do reino de Salomão.

A rainha de Sabá e a sabedoria de Salomão (10:1-13)

John Goldingay diz que Sabá junta-se a Tiro e a Israel como um dos grandes poderes comerciais daquela época. Tiro localiza-se na costa do mar Mediterrâneo, possuindo um grande porto. Assim, coloca-se em uma posição de liderança no controle do comércio marítimo para o Ocidente e do negócio madeireiro libanês. Sabá era tradicionalmente identificado como a Etiópia, outro poder marítimo ao sul, próximo ao mar Vermelho, de onde consegue comercializar ouro, prata e especiarias entre a Ásia e a África, nas direções leste e sul, respectivamente, bem como com os países ao norte. Desse modo, os monarcas de Tiro e Sabá são cuidadosos em manter boas relações mútuas, seladas por "presentes" impressionantes.[211]

Nessa mesma linha de pensamento, Warren Wiersbe destaca que Sabá era uma nação rica e altamente civilizada, situada na região sudoeste da Arábia.[212] A rainha de Sabá era uma das mulheres mais influentes e poderosas do mundo. O que mais distingue essa rainha não é o seu poder nem sua riqueza, mas sua sede de conhecimento. O que a levou a viajar mais de mil e quinhentos quilômetros por desertos tórridos rumo a Jerusalém foi averiguar o "grandíssimo entendimento e larga inteligência como a areia que está na praia do mar" que Deus dera a Salomão (4:29).

Destacamos alguns pontos importantes:

Em primeiro lugar, *uma fama difundida* (10:1,2a). A rainha de Sabá era uma mulher inteligente e douta. Na sua terra, ouve sobre a fama de Salomão a respeito do nome do Senhor, e, com numerosa comitiva, carregando régios presentes em lombos de camelos, atravessa mais de mil quilômetros pelos desertos orientais, rumo a Jerusalém, para prová-lo, com difíceis perguntas. É digno de nota que Jerusalém está situada no topo de uma região montanhosa, e não ao lado de uma rota comercial importante, e não possui recursos naturais. Entretanto, Jerusalém era a capital mais rica e poderosa daquele tempo. Concordo com John Goldingay quando diz que a passagem não sugere uma relação amorosa entre o rei de Israel e a rainha de Sabá; de ambos os lados, as conversações mostram cifrões, não flechas de cupidos flutuando sobre a cabeça dos monarcas.[213]

Em segundo lugar, *uma sabedoria comprovada* (10:2b,3). A rainha de Sabá expôs tudo quanto trazia em sua mente, fazendo-lhe as mais intrigantes e complexas perguntas, ao que Salomão respondeu com desenvoltura singular, não achando nada profundo demais para explicar. Donald Wiseman diz que a sabedoria de Salomão é expressa como o domínio de todo aprendizado e entendimento, bem como de administração civil e militar.[214]

Em quarto lugar, *uma rainha extasiada* (10:4-7). A rainha de Sabá tinha ouvido falar da lendária sabedoria do rei Salomão e queria vê-la com seus próprios olhos. Francamente, ela não acreditava muito nos relatos que ouvira (10:7). Ao ouvir Salomão, ela ficou extasiada e fora de si, não apenas com as palavras sábias que ele proferiu, mas, também, com suas obras exuberantes: o templo, os palácios, a mesa real, o lugar de seus oficiais, o serviço de seus criados, o traje deles, o holocausto que oferecia na casa do Senhor. A glória salomônica tirou o fôlego da rainha de Sabá. Ela confirma a Salomão que a fama que ouvira dele em sua terra, a ponto de não acreditar, em nada transcendia à realidade. Seu testemunho eloquente é que, na verdade, não lhe contaram nem a metade acerca da sabedoria e da riqueza de Salomão. Tony Merida diz que fica claro nessa passagem que Yahweh não é um deus tribal, mas o Deus global.[215]

Donald Wiseman chama a atenção para o fato de que a ostentação de Salomão de seus próprios bens e a confiança nas riquezas serão condenadas, porquanto ele estava confiando mais nas coisas do que somente em Deus (Pv 11:28). O historiador inclui a riqueza como um subproduto da sabedoria, mas posteriormente a rejeita quando a vaidade lhe está associada (como na ostentação de Ezequias aos representantes oficiais da Babilônia, em 2Rs 20:13).[216]

Em quinto lugar, *uma congratulação efusiva* (10:8,9). A rainha de Sabá não guarda apenas para si a extasiada admiração. Ao contrário, desabotoa os lábios para congratular-se com os servos de Salomão, que diariamente podiam ouvir suas palavras sábias. Ela, ainda, mesmo não pertencendo à comunidade da aliança nem fazendo parte da família de Israel, bendiz ao Senhor, Deus de Salomão, que se agradou dele para colocá-lo no trono, com o propósito de exercer juízo e justiça, e isso, como prova de seu amor eterno por Israel.

Maior do que Salomão, Jesus Cristo, deixou as pessoas atônitas por sua sabedoria (Mc 6:1,2). Quando ele nasceu, os sábios do Oriente vieram adorá-lo e presenteá-lo com ouro, incenso e mirra (Mt 2:1-12). Sua fama espalhou-se pela autoridade de seu ensino (Mc 1:27,28). Ele deixava seus interrogadores aturdidos e em total silêncio (Mc 12:34). Philip Grahan Ryken diz, com acerto, que não há nada que Cristo não saiba, pois ele é absolutamente onisciente, sua sabedoria é infinita e "nele todos os tesouros da sabedoria e do conhecimento estão ocultos" (Cl 2:3).[217]

Em sexto lugar, *uma dádiva generosa* (10:10). A visitas diplomáticas incluem trocas de presentes. A rainha de Sabá deu a Salomão cento e vinte talentos de ouro, ou seja, quatro mil e duzentos quilos de ouro, muitíssimas especiarias e pedras preciosas. O escritor chega a afirmar que nunca mais veio a Israel especiaria em tanta abundância, como a que a rainha de Sabá deu a Salomão. Esses presentes caros oferecidos pela rainha de Sabá a Salomão serviam de amostra daquilo que seu país tinha a oferecer (Is 60:6; Jr 6:20; Ez 38:13).

Em sétimo lugar, *uma transação comercial poderosa* (10:11,12). Israel nunca foi um povo especialista em navegação. Salomão supriu essa necessidade, usando as naus de Hirão, rei de Tiro, que singravam as águas, transportando ouro de Ofir e grande quantidade de madeira de sândalo bem como pedras preciosas. Salomão usou essa madeira nobre para fazer balaústres para a Casa do Senhor e para a casa real, bem como, harpas e alaúdes para os cantores.

Em oitavo lugar, *uma admiradora recompensada* (10:13). A rainha de Sabá chegou a Jerusalém com camelos carregados de especiarias e muitíssimo ouro e saiu levando tudo quanto ela desejou e pediu, afora tudo o que lhe deu por sua generosidade real.

Jesus elogiou a rainha de Sabá pelo fato de que ela se esforçou ao máximo, viajando quase dois mil e quinhentos quilômetros para ouvir a sabedoria de Salomão, quando o Filho do Deus, aquele que é "maior do que Salomão" estava no meio dos judeus (Mt 12:39-42) e eles não aproveitaram a oportunidade para conhecê-lo e adorá-lo. Assim como os ninivitas, a rainha de Sabá tinha apenas uma pequena porção da verdade de Deus e respondeu positivamente a ela. Assim Jesus compara a rainha do Sul com os gentios que conhecendo tão pouco respondem positivamente ao seu chamado, enquanto os líderes religiosos judeus o rejeitaram. Jesus diz que aqueles que o rejeitaram serão condenados e que a rainha de Sabá estará lá, no dia do juízo, para apontar-lhes o dedo:

> Ninivitas se levantarão, no Juízo, com esta geração e a condenarão; porque se arrependeram com a pregação de Jonas. E eis aqui quem é maior do que Jonas. A rainha do Sul se levantará, no Juízo, com esta geração e a condenará, porque veio dos confins da terra para ouvir a sabedoria de Salomão. E eis aqui está quem é maior do que Salomão (Mt 12:41,42).

Resta claro afirmar que o privilégio de Israel não assegura sua imunidade; antes, agravará sua responsabilidade. Essa é a nossa condição também. Quanto mais luz temos, mais responsáveis somos. Dale Ralph Davis alerta: "A menos que você se prostre diante do Filho de Deus, você verá a rainha de Sabá marchando para o tribunal e apontando o dedo para você".[218] Philip Graham Ryken corrobora: "Se não dermos a Jesus tanto quanto ele merece, então a rainha de Sabá nos condenará no julgamento final".[219]

O salmo 72 foi escrito por Salomão. Neste salmo messiânico, Salomão previu o futuro do rei da aliança (Sl 72:8-11,15). Isaías afirma o mesmo ao retratar o esplendor de

Sião na era vindoura (Is 60:5-6). Dale Ralph Davis diz, corretamente, que a jornada da rainha de Sabá (10:1-13) e de outros (10:24,25) é uma visualização antecipada do futuro fluxo de gentios para Sião (Is 2:2,3).[220] Apocalipse 11:15 conclui: "O reino do mundo se tornou de nosso Senhor e do seu Cristo, e ele reinará pelos séculos dos séculos".

A riqueza de Salomão e seus empreendimentos (10:14-29)

O esplendor de Salomão tornou-se proverbial (Mt 6:29), como aconteceu também com sua sabedoria (Mt 12:42). Concordo com Warren Wiersbe, quando diz que não é pecado ter nem herdar riquezas. Abraão era um homem extremamente rico que passou seus bens para Isaque, seu filho (Gn 24:34-36). Não há nada de errado em ganhar dinheiro honestamente, mas amar o dinheiro e viver apenas com o propósito de adquirir riquezas é pecado (1Tm 6:7-10).[221] O próprio Salomão diz: "Quem ama o dinheiro jamais se farta; e quem ama a abundância nunca se farta da renda; também isto é vaidade" (Ec 5:10). É bom ter as coisas que o dinheiro pode comprar, desde que não se perca as coisas que o dinheiro não pode adquirir. Há um provérbio romano que diz: "As riquezas são como água salgada: quanto mais você a bebe, mais sedento fica".

Tony Merida chega a dizer que, embora Deus tenha prometido abençoar Salomão com riqueza, o monarca tornou-se um rei tolo, que acumulou riquezas para si mesmo em vez de ser rico para com Deus (Ec 2:1-11; Lc 12:13-21). Jesus alertou: "Tende cuidado e guardai-vos de toda e qualquer avareza; porque a vida de um homem não consiste na abundância dos bens que ele possui" (Lc 12:15). Nessa mesma linha de pensamento, o apóstolo Paulo escreveu:

"Ora os que querem ficar ricos caem em tentação, e cilada, e em muitas concupiscências insensatas e perniciosas, as quais afogam os homens na ruína e perdição. Porque o amor do dinheiro é raiz de todos os males; e alguns, nessa cobiça, se desviaram da fé e a si mesmos se atormentaram com muitas dores" (1Tm 6:9,10). E o apóstolo Paulo conclui: "Exorta aos ricos do presente século que não sejam orgulhosos, nem depositem a sua esperança na instabilidade da riqueza, mas em Deus, que tudo nos proporciona ricamente para nosso aprazimento; que pratiquem o bem, sejam ricos de boas obras, generosos em dar e prontos a repartir; que acumulem para si mesmos tesouros, sólido fundamento para o futuro, a fim de se apoderarem da verdadeira vida" (1Tm 6:17-19).

Destacamos aqui alguns pontos importantes:

Em primeiro lugar, *renda colossal* (10:14,15). A renda anual recebida por Salomão era de 666 talentos de ouro, ou seja, 23.310 quilos, além do que entrava dos vendedores e do tráfico dos negociantes, bem como de todos os reis da Arábia e dos governadores da terra. Nas palavras de Donald Wiseman, "grandes montantes eram facilmente acumulados tanto por receitas anuais de tributos como pela receita do fluxo de outras taxas".[222] Nas palavras de Warren Wiersbe, as riquezas de Salomão eram provenientes de várias fontes: impostos, pedágios, taxas alfandegárias, comércio, tributo de governantes vassalos e presentes.[223]

Em segundo lugar, *escudos de ouro* (10:16,17). Na época de Salomão, Jerusalém era literalmente "a cidade dourada". O ouro era guardado na forma de escudos cerimoniais. Cada escudo valia uma pequena fortuna, e Salomão tinha centenas deles, grandes e pequenos.[224] A exuberância do reino de Salomão chegou a ponto de mandar confeccionar 300 paveses (grandes escudos) de ouro batido e 300 escudos (menores) de ouro batido para serem colocados na casa do bosque do Líbano. Não apenas os adereços eram feitos de ouro, mas também as armas. Esses dois tamanhos de escudos de ouro eram usados pela guarda real nas ocasiões especiais (14:27,28; 2Cr 12:10).

Em terceiro lugar, *trono de marfim* (10:18-20). O trono de Salomão era um colosso de extravagante pompa e beleza. Ele fez um grande trono de marfim e o cobriu de ouro puríssimo. O seu trono era verdadeiramente único. Não havia nada igual em qualquer lugar do mundo. O trono tinha seis degraus e o espaldar do trono arredondado tinha dois braços junto ao assento e dois leões junto aos braços. Os leões no trono de Salomão eram emblemas da tribo de Judá (Gn 49:9,10); portanto, serviam como símbolos reais do poder dado ao rei por Deus. Junto aos seis degraus havia doze leões, um em cada extremo de cada degrau. O trono propriamente ficava no topo dessa escada dourada. O historiador chega a afirmar que nunca se fizera obra semelhante em nenhum outro reino. A ostentação ímpar pode ser vista na beleza do trono e no seu valor material.

Em quarto lugar, *taças de ouro* (10:21). Salomão não só fez o trono de ouro, mas também todas as taças que usava para beber. De igual modo, fez de ouro todas as taças que ficavam na casa do bosque do Líbano. O historiador destaca que no reinado de Salomão a prata era um metal sem qualquer estimação.

Em quinto lugar, *frota marítima* (10:22). O rei Salomão tinha uma frota de Társis, com as naus de Hirão, que de três em três anos, voltava de Társis trazendo ouro, prata, marfim, bugios e pavões.

Em sexto lugar, *distinção singular* (10:23). O escritor registra que Salomão excedeu a todos os reis do mundo, tanto em riqueza quanto em sabedoria. Ele era um homem singular no seu tempo.

Em sétimo lugar, *presentes régios* (10:24,25). Jerusalém era o destino turístico mais disputado nos dias de Salomão. Todo o mundo procurava vir ter com Salomão, não apenas para ver suas exuberantes obras, mas, sobretudo, para ouvir sua proverbial sabedoria, sabedoria essa que Deus pusera em seu coração. Aqueles que vinham, anualmente, traziam presentes de ouro, prata, roupas, armaduras, especiarias, cavalos e mulas. Philip Graham Ryken destaca que essa era dourada foi a resposta de Deus às orações de Salomão. No salmo 72, o rei pediu pelas riquezas das nações – e não apenas para si mesmo, mas para o bem do reino de Deus. O ouro do rei foi uma resposta à oração e, também, o cumprimento de uma promessa (3:13). Devemos, portanto, interpretar todo o ouro de Salomão em resposta às orações reais e em cumprimento de uma promessa divina, para a glória do reino de Deus.[225]

Em oitavo lugar, *cidades, carros e cavalos* (10:26). Contrariando o preceito deuteronômico (Dt 17:14-20), Salomão ajuntou carros e cavaleiros, chegando a ter mil e quatrocentos carros e doze mil cavalarianos, que distribuiu às cidades para os carros e junto ao rei, em Jerusalém. Essa foi uma tentação que Salomão enfrentou, ou seja, confiar no poder militar. Harvey Finley diz que essas cidades eram outro aspecto da grande riqueza e do grande poder de Salomão.[226] Donald Wiseman diz que, assim como os assírios, Salomão distribuía suas forças móveis entre a capital e os lugares distantes, e estabelecia estrategicamente bases militares.[227]

Em nono lugar, *prata e cedros* (10:27). Jerusalém, capital de Israel, não tinha minas nem florestas. Entrementes, Salomão fez Jerusalém ter prata como pedras e cedros em abundância como os sicômoros que estão nas planícies.

Em décimo lugar, *monopólio comercial* (10:28,29). Salomão exercia uma espécie de monopólio comercial no mundo. Os cavalos que comprava vinham do Egito e da Cilícia. Importava do Egito carros e cavalos. Jerusalém tornou-se um centro comercial, aonde chegavam as riquezas do mundo e de onde as riquezas eram distribuídas para todos os reis dos heteus e para os reis da Síria. Donald Wiseman diz que os lucros comerciais de Salomão poderiam ter sido devido à habilidade para controlar as importações de carruagens do Egito e os cavalos da Cilícia, que depois eram exportados aos aliados no Noroeste.[228]

Philip Graham Ryken chega a dizer que Salomão tornou-se um traficante de armas do Oriente Médio. Como intermediário entre os egípcios e os siros – importando e exportando carros, pagando pouco e vendendo por muito – Salomão gerou um grande lucro. No entanto, em longo prazo, isso provou ser muito tolo. Mais tarde, os siros e os egípcios atacaram os israelitas (14:25,26; 20:1-43; 2Rs 5:1,2). Assim, o rei estava fornecendo aos seus inimigos as armas que serviriam para destruir Israel. O que, na verdade, Salomão fez foi uma violação do preceito divino estabelecido em Deuteronômio 17:16. Ao negociar carros e cavalos com o Egito, Salomão estava voltando para aquele lugar que lhe fora proibido. Quando chegarmos ao capítulo 11, Salomão estará espiritualmente falido. No entanto, os sinais de alerta de sua queda são evidentes já no capítulo 10: sua busca equivocada por mais ouro e sua confiança equivocada no poder terreno.[229]

NOTAS

[209] RYKEN, Philip Graham. *1Reis*, p. 243,244.
[210] DAVIS, Dale Ralph. *1-2Reis*, p. 107.
[211] GOLDINGAY, John. *Históricos para todos*: *1-2Reis*, p. 79.
[212] WIERSBE, Warren W. *Comentário bíblico expositivo*. Vol. 2, p. 429.
[213] GOLDINGAY, John. *Históricos para todos*: *1-2Reis*, p. 79.
[214] WISEMAN, Donald J. *1-2Reis: introdução e cementário*, p. 116.
[215] MERIDA, Tony. *Christ-Centered Exposition: 1 & 2 Kings*, p. 59.
[216] WISEMAN, Donald J. *1-2Reis: introdução e comentário*, p. 116.
[217] RYKEN, Philip Graham. *1Reis*, p. 252.
[218] DAVIS, Dale Ralph. *1-2Reis*, p. 113.
[219] RYKEN, Philip Graham. *1Reis*, p. 257.
[220] DAVIS, Dale Ralph. *1-2Reis*, p. 111.
[221] WIERSBE, Warren W. *Comentário bíblico expositivo*. Vol. 2, p. 430.
[222] WISEMAN, Donald J. *1-2Reis: introdução e comentário*, p. 118.
[223] WIERSBE, Warren W. *Comentário bíblico expositivo*. Vol. 2, p. 430.
[224] RYKEN, Philip Graham. *1Reis*, p. 261.
[225] RYKEN, Philip Graham. *1Reis*, p. 263.
[226] FINLEY, Harvey E. *Os livros de Reis*. In: *Comentário bíblico Beacon*. Vol. 2, p. 308.
[227] WISEMAN, Donald J. *1-2Reis: introdução e comentário*, p. 119.
[228] Ibidem, p. 119,120.
[229] RYKEN, Philip Graham. *1Reis*, p. 268, 269.

Capítulo 11

A trágica queda de Salomão

(1Reis 11:1-43)

O SUCESSO DO PASSADO não é garantia de vitória no presente tampouco promessa de triunfo no futuro. Como diz Philip Graham Ryken, "nem toda história tem um final feliz".[230] No capítulo 10, vimos Salomão chegar ao apogeu de seu reinado e, no capítulo 11, deparamos com sua queda vertiginosa. Sendo ele um dos reis mais aclamados da história, fez uma das escolhas mais tolas e com as consequências mais desastrosas para ele mesmo e para o seu reino. As glórias do reinado salomônico são eclipsadas pela sua trágica queda. Nas palavras de Dale Ralph Davis, "o capítulo 11 é o baque sombrio depois das altas esperanças dos capítulos de 1 a 10.[231] Tony Merida diz que, no capítulo 11, os pecados de Salomão estão num telão de LED. Nos versículos 1-10 vemos sua trágica queda, e os versículos seguintes, 11-43, revelam as trágicas consequências de seu fracasso espiritual.[232]

A queda de Salomão foi previsível (11:1)

Salomão foi um dos homens mais privilegiados da história. Filho da nobreza e herdeiro da dinastia mais famosa do mundo. Foi amado por Deus ao nascer. Foi escolhido para ser rei e sucessor de seu pai, Davi, antes de nascer. Foi confirmado no trono por seu pai, estancando um golpe de Estado, quando seria possivelmente morto. Recebeu de Deus sabedoria e riqueza sem precedentes. O reino de Israel alcançou sua maior extensão nos seus dias. Acumulou fortuna colossal. Foi um construtor famoso. Foi um escritor de escol. Um poeta renomado. Um cientista afamado. Um sábio de fama mundial. Um tipo do próprio Messias. Nada disso, entretanto, impediu Salomão de cair e cair vergonhosamente.

As sementes da queda de Salomão podem ser vistas nos seus múltiplos casamentos com mulheres estrangeiras, adoradoras de deuses pagãos. Mesmo conhecendo os preceitos divinos que proibiam aos reis a poligamia e mormente com mulheres pagãs, Salomão, além da filha de Faraó, amou muitas mulheres estrangeiras: moabitas, amonitas, edomitas, sidônias e heteias. Ele se casa com todas essas mulheres para consolidar relacionamentos com os povos dos quais elas são provenientes.

Donald Wiseman diz, corretamente, que esse imenso número de mulheres resultava de alianças políticas, seladas pelo casamento, com nações vizinhas. Moabe, Amom e Edom, ao leste; Sidom, por meio de tratado com Hirão e Síria, ao norte.[233] Isso, porém, estava em flagrante contraste com o que preceituava a lei: "Nem contrairás matrimônio com os filhos dessas nações; não darás tuas filhas a seus filhos, nem tomarás suas filhas para teus filhos; pois elas fariam desviar teus filhos de mim, para que servissem a outros deuses; e a ira do Senhor se acenderia contra vós outros e depressa vos destruiria" (Dt 7:3,4). Além desse princípio geral, havia um mandamento específico ao rei: "Tampouco para si multiplicará mulheres, para que o seu coração se não desvie..." (Dt 17:17). John Goldingay diz que esses casamentos mistos estão fadados ao fracasso, pois é como colocar uma mula e um touro para puxar uma carroça; a parelha não funcionará direito.[234]

Quando Salomão comprou do Egito e da Cilícia cavalos e carros, de igual modo, ele infringiu um preceito claro da lei de Deus: "Porém este não multiplicará para si cavalos, nem fará voltar o povo ao Egito, para multiplicar cavalos; pois o Senhor vos disse: Nunca mais voltareis por este caminho" (Dt 17:16). Moisés já havia afirmado: "Quando saíres à peleja contra os teus inimigos e vires cavalos, e carros, e povo maior em número do que tu, não os temerás; pois o Senhor, teu Deus, que te fez sair da terra do Egito, está contigo" (Dt 20:1). Davi já havia alertado: "Uns confiam em carros, outros, em cavalos; nós, porém, nos gloriaremos em o nome do Senhor, nosso Deus" (Sl 20:7). Outrossim, Salomão desobedece ao preceito divino, pois acumulou ouro, muito ouro, quando a orientação divina para o rei era: "... nem multiplicará muito para si prata ou ouro" (Dt 17:17b). Salomão desobedeceu aos preceitos divinos de várias maneiras.

A desobediência de Salomão a essas três normas explícitas da lei já preanunciava a derrocada de sua vida e de seu reino. Nas palavras de Tony Merida, "Salomão começou a andar pelo caminho errado e jamais fez correção de rota".[235]

A queda de Salomão envolveu deliberada desobediência (11:2)

Salomão jamais poderia inocentar a si mesmo de seus pecados. Ele não pecou por ignorância ou acidente. Ele conhecia a palavra de Deus. Salomão se apegou pelo amor às mulheres moabitas, amonitas, edomitas, sidônias e heteias, mulheres que o Senhor já havia dito a Israel para não se casarem, pois, esses casamentos inter-religiosos perverteriam o coração do povo para seguirem a seus deuses pagãos. Salomão não contrai esses casamentos na ignorância. Ele peca deliberadamente. Têm consciência de que seus interesses políticos suplantaram as orientações divinas. A estabilidade de seu reino ficou acima da palavra de Deus. Fez concessões proibidas por Deus. Para assegurar tempos de paz com os povos vizinhos, entrou em casamentos políticos, mesmo sabendo que essa prática estava em flagrante rebelião contra a expressa vontade de Deus.

O próprio Salomão escreveu três capítulos de Provérbios alertando sobre o perigo de envolvimento com mulheres proibidas (Provérbios 5 a 7). Porém, ele mesmo caiu nessa rede traiçoeira.

A queda de Salomão foi gestada no núcleo central de sua vida (11:3)

O coração do problema de Salomão era o seu próprio coração. Seis vezes, nos nove primeiros versículos do texto em tela, nós lemos sobre o coração de Salomão sendo o terreno escorregadio de sua queda (11:2, 3, 4, 9). As muitas mulheres que Salomão amou perverteram seu coração (11:2). Os desejos do coração do rei o enganaram a ponto do rei se tornar idólatra. Tiago alertou em sua epístola: "Então, a cobiça, depois de haver concebido, dá à luz o pecado; e o pecado, uma vez consumado, gera a morte" (Tg 1:15).

O escritor registra: "... a estas [muitas mulheres] se apegou Salomão pelo amor. Tinha setecentas mulheres, princesas e trezentas concubinas; e suas mulheres lhe perverteram o coração". Philip Graham Ryken tem razão em dizer que em um casamento santo, há espaço para apenas uma conexão emocional principal, para uma única paixão primordial, para um único vínculo sexual".[236]

No começo de seu reinado, Salomão amava o Senhor (3:3), mas agora seu amor mudou de foco, de endereço, de alvo. Ele abandonou seu primeiro amor. O amor pelas mulheres suplantou seu amor por Deus. "Amou Salomão muitas mulheres" (11:1); "... a estas se apegou Salomão pelo amor" (11:2). O coração de Salomão, a sala de comando da sua alma, foi pervertido pelas suas mulheres. A infidelidade de Salomão começou nas profundezas ocultas do seu coração. Como diz Dale Ralph Davis, "muito antes que você perceba uma nova capela para Quemos se erguendo fora de Jerusalém, um coração real se desviou do caminho".[237] Onde estão as nossas afeições? Será que ocorreu algum deslocamento imperceptível nelas ao longo dos anos? Estamos rumando para uma tragédia porque deixamos o nosso primeiro amor?

Tony Merida escreveu: "Salomão ofereceu orações ortodoxas, falou bons provérbios, escreveu maravilhosos poemas, e mesmo assim, seu coração não foi totalmente verdadeiro para com Deus. Ele abandonou o seu primeiro amor (Ap 2:4). O coração de Salomão acabou indo após outros deuses e isso o levou à queda".[238] Dale Ralph Davis enfatiza esse ponto ao escrever: "O capítulo 11 proclama em alta voz que o problema de Salomão não é riqueza, luxo, arrogância, sabedoria, popularidade, renome, esplendor ou realizações, mas sim *outros deuses*. Tem a ver com a transgressão do primeiro mandamento do decálogo".[239]

A queda de Salomão foi gradual e persistente (11:4)

A transigência de Salomão, diz Warren Wiersbe, não apareceu de um dia para o outro, pois o rei foi se entregando aos poucos à idolatria.[240] A poligamia de Salomão o transformou em politeísta.[241] Harvey Finley corrobora, dizendo que nos últimos anos de Salomão, ele gradualmente aceitou e participou daquilo que no início apenas tolerava. Construiu lugares de adoração para as suas mulheres estrangeiras (11:8) para que elas pudessem venerar os seus deuses em Jerusalém; então, ele as acompanhou em sua adoração pagã (11:5,7,8). O seu coração estava dividido em sua lealdade, ele desobedecia em um assunto crucial.[242]

O escritor registra: "Sendo já velho, suas mulheres lhe perverteram o coração para seguir outros deuses; e o seu coração não era de todo fiel para com o Senhor, seu Deus, como fora o de Davi, seu pai" (11:4). Salomão foi se desviando paulatinamente, gradativamente, persistentemente. Ele não deixou de amar ao Senhor de um dia para outro. Foi uma concessão hoje, outro pequeno desvio amanhã, e assim, sucessivamente, ele foi abandonando o seu primeiro amor, e apegando-se às suas mulheres e aos seus deuses. De repente, o coração do rei estava corrompido. Sua fidelidade a Deus já era uma realidade distante, que ficara no passado. Ele que começara tão bem, como seu pai Davi, agora estava longe do Senhor e perto dos deuses pagãos.

Concordo com Dale Ralph Davis, quando diz: "Não se trata de um ataque súbito ou um assalto irresistível que explica a imersão de Salomão no ecumenismo pagão. Não, levou anos – o resultado de um ritmo progressivo de concessões acumuladas, o fruto de uma consciência dessensibilizada por uma permissividade repetida".[243]

Warren Wiersbe diz que o amor de Salomão pelos valores espirituais foi substituído por um amor pelos prazeres físicos e pela riqueza material e, aos poucos, seu coração se distanciou do Senhor. Primeiro, tornou-se amigo do mundo (Tg 4:4); depois, foi contaminado pelo mundo (Tg 1:27), em seguida, passou a amar o mundo (1Jo 2:15-17) e a se conformar com o mundo (Rm 12:2). Infelizmente, o resultado desse declínio pode levar o indivíduo a ser condenado com o mundo e a perder tudo (1Co 11:32).[244]

Tony Merida destaca o fato de que repetidas palavras revelam o persistente desvio de Salomão em seguir ao Senhor. Nos versículos 2 e 4 as mulheres *perverteram* o coração de Salomão. No versículo 9, o coração de Salomão *se desviou* do Senhor. Já nos versículos 5, 6 e 10 Salomão *seguiu a* outros deuses. No versículo 4, "seu coração não era de todo fiel para com o Senhor"; no versículo 6, "Salomão fez o que era mau perante o Senhor e não perseverou em seguir ao Senhor, como Davi, seu pai"; no versículo 10, "Salomão não guardou o que o Senhor lhe ordenara".[245]

Davi caiu em pecado, mas se arrependeu. Confessou o seu pecado e o abandonou e encontrou perdão. Pedro caiu em pecado, mas em lágrimas, voltou-se para o Senhor. Hoje, muitas vezes, os homens negam o pecado, ignoram o pecado, redefinem o pecado para permanecerem nele. Devemos odiar o pecado, arrepender-nos do pecado, confessar o pecado e abandoná-lo. Em tempos de lucidez espiritual, o próprio Salomão escreveu: "O que encobre as suas transgressões jamais prosperará; mas o que as confessa e deixa alcançará misericórdia" (Pv 28:13).

A queda de Salomão foi a porta de entrada para sua apostasia (11:5-8)

De queda em queda, de abismo em abismo, o mesmo Salomão que edificou o templo de Jerusalém, o mesmo homem sábio, que liderou o seu povo na adoração e colocou-se na brecha como intercessor de sua nação, está agora se curvando diante de deuses pagãos. O escritor registra:

> Salomão seguiu a Astarote, deusa dos sidônios, e a Milcom, abominação dos amonitas. Assim, fez Salomão o que era mau perante o Senhor e não perseverou em seguir ao Senhor, como Davi, seu pai. Nesse tempo, edificou Salomão um santuário a Quemos, abominação de Moabe, sobre o monte fronteiro a Jerusalém, e a Moloque, abominação dos filhos de Amom. Assim fez para com todas as suas mulheres estrangeiras, as quais queimavam incenso e sacrificavam a seus deuses (11:5-8).

Salomão fez o que era mau perante o Senhor (11:6). Os seus muitos pecados violaram princípios fundamentais da religião israelita: ele multiplicou o número de mulheres; adorou outros deuses e construiu santuários para divindades pagãs. Salomão abandonou o Senhor e tornou-se um rei idólatra. Ele abandonou o Senhor, a fonte das águas vivas, para cavar cisternas rachadas, que não retém as águas (Jr 2:11-13). Ele virou as costas para o Senhor. Poder e sexo empurraram-no para a idolatria. Astarote, deusa dos sidônios, era a deusa da fertilidade. Essa falsa deusa aparece em vários lugares no Antigo Testamento (Jz 2:13). O culto a essa deusa pagã envolvia promiscuidade sexual. Milcom, também chamado do Moloque, deus amonita, era uma abominação. A adoração a Moloque envolvia o sacrifício de crianças (11:5; Lv 20:2-5; 2Rs 23:10: Jr 32:35). Moloque era uma imagem de bronze incandescente, com os braços estendidos, onde crianças eram sacrificadas e incineradas sob o som alucinante de tambores. Salomão levantou, também, um santuário a Quemos, abominação de Moabe, e a Moloque, no Monte das Oliveiras, fronteiro ao templo, no monte Moriá (11:7). Salomão praticou os rituais grotescos e condenáveis de culto pagão em plena vista do templo sagrado de Deus. Ele atendeu aos desejos de todas as suas mulheres estrangeiras, as quais queimavam incenso e sacrificavam a seus deuses (11:8). Salomão foi o primeiro a ser descrito que "fizera mal aos olhos do Senhor" ao seguir pessoalmente outros deuses.

Destacamos aqui alguns pontos:

Em primeiro lugar, *a idolatria é uma abominação ao Senhor.* Esses deuses pagãos que Salomão seguiu e para os quais edificou santuários eram verdadeiras abominações. A idolatria é um atentado contra a pessoa de Deus e uma perversão do culto a Deus. Salomão insurge-se contra os dois primeiros mandamentos do decálogo, tendo outros deuses e fazendo para eles imagens e santuários. Concordo com Harvey Finley quando diz que a idolatria foi o problema de Salomão, de seu filho Roboão e, também, o pecado crucial dos dois reinos, o do Norte e o do Sul. Da mesma forma como Deus puniu o idólatra Salomão por meio de seus adversários, também castigou os dois reinos idólatras das tribos divididas por meio de adversários estrangeiros – os assírios e os babilônios.[246]

Em segundo lugar, *a idolatria é praticar o mau perante o Senhor.* Salomão, que edificou uma casa para o Senhor para que as nações pudessem vir e reconhecer que só o Senhor é Deus, agora está servindo deuses pagãos e construindo santuários para esses deuses no Monte das Oliveiras, defronte à casa de Deus. Tudo isso foi feito perante o Senhor, afrontando ao Senhor.

Em terceiro lugar, *a idolatria é uma apostasia do culto verdadeiro.* Salomão não perseverou em seguir ao Senhor, como Davi, seu pai. Ele começa bem e termina mal. Ele começa fazendo oferendas ao Senhor e termina servindo a deuses abomináveis. Ele virou as costas para aquele que o colocou no trono e lhe deu sabedoria e riqueza.

Em quarto lugar, *a idolatria é um culto alternativo em oposição ao culto devido ao Senhor.* Salomão erigiu muitos templos pagãos, conforme a crença pagã de suas muitas mulheres estrangeiras. Assim como ele fora zeloso na construção do Templo de Jerusalém, para a adoração do Senhor, ele se presta a levantar santuários pagãos aos deuses de suas mulheres, deuses esses que seduziram também seu coração. Salomão apostatou da fé. Caiu em fracasso e desgraça.

A queda de Salomão suscitou a ira de Deus contra ele (11:9a)

Dale Ralph Davis tem razão em dizer que Salomão não renunciou oficialmente a Yahweh, mas "seu coração não era de todo fiel" (11:4), e ele "não perseverou em seguir Yahweh (11:6). Sua ofensa não se limitou a construir capelas para suas mulheres; o versículo 5 sugere pelo menos algum grau de participação de Salomão. O que acontece quando uma pessoa faz concessões ao primeiro mandamento? Ela encontra a *ira do Senhor* (11:9-13).[247]

O historiador registra: "Pelo que o Senhor se indignou contra Salomão, pois desviara o seu coração do Senhor, Deus de Israel..." (11:9a). A ira de Deus é compatível com sua santidade. Ele, sendo santo, não pode tolerar o imundo; sendo justo, não pode aceitar a injustiça. A ira de Deus é sua santa repulsa ao mal, sua implacável hostilidade a ele, sua recusa em aceitá-lo e seu julgamento dele.

A idolatria de Salomão acendeu a ira de Deus não apenas contra o que ele fez, mas sobretudo, sobre ele próprio. Idolatria é desviar o coração do Senhor. É virar as costas para Deus. É cuspir no rosto do todo-poderoso Deus. Há muitos exemplos nas Escrituras, demonstrando que a idolatria provoca a ira de Deus (Êx 32-34; Nm 20). Deus não é pluralista. Ele requer adoração exclusiva. Não aceita concorrentes. Ninguém pode servir a dois senhores.

A queda de Salomão foi flagrante ingratidão contra Deus (11:9b-13)

O autor sagrado deixa claro que a apostasia de Salomão foi uma demonstração gritante de ingratidão contra Deus. Primeiro, porque Deus amou Salomão. Segundo, porque Deus escolheu Salomão antes de ele nascer para suceder seu pai no trono. Terceiro, porque Deus lhe deu sabedoria sem igual e riqueza abundante. Quarto, porque Deus apareceu para ele duas vezes, advertindo-o (11:9b). Nessas duas aparições, o Senhor tinha ordenado que Salomão não seguisse a outros deuses. Salomão, porém, não obedeceu a ordem do Senhor nem guardou a sua aliança, os seus estatutos e mandamentos.

O Senhor declara a Salomão que vai tirar o seu reino e dar a um de seus servos (11:11). Por amor a Davi e a Jerusalém, vai postergar esse fato e ainda vai preservar a tribo de Judá e Benjamim, a fim de que a linhagem do Messias seja garantida (11:12,13). Nas palavras de Dale Ralph Davis, "quando Deus anunciou seu juízo a Salomão, ele colocou duas restrições nele: não agora (11:12) e não tudo (11:13). O juízo será prorrogado no tempo (nos dias do filho de

Salomão) e restringido em extensão (o filho de Salomão fica com uma tribo)".[248]

A queda de Salomão causou resultados devastadores (11:14-43)

Deus é o Senhor da história. Para ele as nações são como um pingo que cai de um balde, como um grão de pó na balança, como um vácuo, como coisa que não é nada, menos do que nada (Is 40:15-17). A estabilidade do reino de Salomão e a paz nas fronteiras era obra do próprio Deus. Agora, a inquietação que virá e as invasões que acontecerão também serão obras de Deus.

O mapa geopolítico do mundo está nas mãos de Deus. O reino de Salomão sofrerá ataques vindos do Sul, do Norte e, também, do Centro. Hadade, Rezom e Jeroboão serão levantados por Deus para atacar Israel. Dale Ralph Davis tem razão em dizer que Hadade, Rezom e Jeroboão não são bolhas acidentais que surgiram ao acaso na variada mistura histórica; antes, seu lugar, sua época e seu impacto ocorreram pelo mover do dedo soberano de Yahweh.[249]

O Senhor já havia alertado: "Se [qualquer rei da aliança que descenda de Davi] vier a transgredir, castigá-lo-ei com varas de homens e com açoites de filhos de homens" (2Sm 7:14). Philip Graham Ryken tem razão em dizer que as escolhas morais que fazemos têm consequências reais. O que fazemos com o nosso dinheiro, a forma como lidamos com o sexo, como exercemos poder: somos responsáveis diante de Deus por todas as decisões que tomamos. É possível que alguns dos nossos sofrimentos atuais sejam o resultado trágico do nosso próprio pecado? Se assim for, então Deus está nos corrigindo com sua justiça.[250]

A desobediência requer disciplina, e a disciplina, não raro, é um remédio amargo. Divisão, idolatria e exílio esperam Israel. Três inimigos levaram a mão contra o rei Salomão: Enquanto Hadade e Rezom são inimigos externos suscitados por Deus, Jeroboão, efraimita, é um inimigo interno. Vejamos:

Em primeiro lugar, *Hadade, o inimigo que ataca no Sul* (11:14-22). O edomita Hadade não se levanta contra Salomão. É o Senhor quem o levanta como adversário contra Salomão. O edomita, descendente de Esaú, está agora atacando Salomão, o descendente de Jacó, desde o Sul de Israel. No passado, nos dias de Davi, Joabe, o comandante das tropas de Israel, havia ferido e eliminado todos os varões de Edom. Hadade, ainda muito jovem, conseguiu escapar com alguns homens para o Egito e ali, na terra das milenares pirâmides, encontrou a hospitalidade do Faraó, rei do Egito, que lhe deu casa, sustento, terras e a sua própria cunhada, a irmã da rainha Tafnes. A cunhada do Faraó deu a Hadade um filho, Genubate, que foi criado pela rainha Tafnes, na casa de Faraó, entre os próprios filhos de Faraó. Quando Hadade tomou conhecimento da morte de Davi e Joabe, pediu a Faraó a permissão para voltar para sua terra. Faraó tentou demovê-lo, dizendo-lhe que nada lhe faltava no Egito, mas Hadade insistiu em retornar à sua terra.

Em segundo lugar, *Rezom, o inimigo que ataca no Norte* (11:23-25). Deus levantou Rezom, outro adversário contra Salomão, no Norte de Israel. Este havia fugido de Hadadezer, rei de Zobá. Rezom ajuntou homens e se fez capitão de um bando. Depois do morticínio feito por Davi, esse bando foi a Damasco, onde se estabeleceu e constituiu a Rezom como rei. Rezom, rei sobre a Síria, foi adversário de Salomão todos os dias de seu governo. Assim como Hadade, ele fez mal a Salomão, pois detestava Israel.

Em terceiro lugar, *Jeroboão, o inimigo que ataca internamente* (11:26-40). Deus usa o profeta Aías para mostrar que o pujante e majestoso reino de Salomão vai se fragmentar e se enfraquecer. Agora, o inimigo não vem de fora, mas de dentro. O problema não está mais na fronteira sul e norte, mas no coração do reino salomônico. O efraimita Jeroboão, filho de Nebate e Zerua, era servo de Salomão, mas levantou a mão contra ele, pois quando o rei Salomão estava edificando Milo e terraplanando depressões da Cidade de Davi, viu que Jeroboão era um moço laborioso, homem valente e capaz, o pôs sobre todo o trabalho forçado da casa de José. Foi nesse tempo, que saindo um dia Jeroboão de Jerusalém, o profeta Aías saiu ao seu encontro no campo. Jeroboão trajava uma capa nova. Aías pegou a capa e a rasgou em doze pedaços e disse a Jeroboão: "Toma dez pedaços, porque assim diz o Senhor Deus de Israel: Eis que rasgarei o reino da mão de Salomão, e a ti darei dez tribos" (11:31).

Aías coloca um limite nessa divisão das tribos, e no poder que Jeroboão terá, dizendo: "Porém, ele terá uma tribo, por amor de Davi, meu servo, e por amor de Jerusalém, a cidade que escolhi de todas as tribos de Israel" (11:32).

Aías, outrossim, revela o motivo dessa divisão do reino, declarando: "Porque Salomão me deixou e se encurvou a Astarote, deusa dos sidônios, a Quemos, deus de Moabe, e a Milcom, deus dos filhos de Amom; e não andou nos meus caminhos para fazer o que é reto perante mim, a saber, os meus estatutos e os meus juízos, como fez Davi, seu pai" (11:33). Aías reforça o fato de que o Senhor não tomará da mão de Salomão o reino todo, mas o manterá no poder até o fim de seus dias, por amor de Davi (11:34). Porém, dez tribos romperão com o filho de Salomão, seu sucessor, e passarão para as mãos de Jeroboão (11:35). A tribo de Judá, entrementes, será dada a Roboão, filho de Salomão, a fim de que tenha sempre uma lâmpada diante do Senhor em Jerusalém, a cidade escolhida por Deus, para ali pôr o seu nome (11:36). Donald Wiseman diz que a *lâmpada* era um símbolo de vida contínua, sucessão contínua e direção divina.[251] A lâmpada continuaria a brilhar por Davi até a chegada do Messias, o Filho de Davi.

O profeta Aías reforça a Jeroboão que é o Senhor quem o está tomando para reinar sobre Israel (11:37) e o exorta a ouvir e a guardar os mandamentos de Deus, para andar nos caminhos de Deus e fazer o que é reto perante o Senhor. Então, promete-lhe, em nome do Senhor: "Eu serei contigo, e te edificarei uma casa estável, como edifiquei a Davi, e te darei Israel" (11:38).

O Senhor disciplina seu povo, para o curar e não para o destruir. O profeta diz: "Por isso, afligirei a descendência de Davi; todavia, não para sempre" (11:39). Concordo com Dale Ralph Davis quando diz que o versículo 39 sugere implicitamente a restauração da linhagem de Davi à sua força total. Portanto, a promessa de Yahweh pode ser eclipsada, mas não eliminada. O princípio é claro: aflição, mas não abandono. Os raios de esperança cintilam por trás das nuvens do juízo.[252]

Jeroboão, mui provavelmente, deve ter se adiantado no propósito de tomar o poder, o que despertou forte reação de Salomão. O rei procurou matá-lo, mas Jeroboão conseguiu fugir para o Egito, buscando a proteção de Sisaque, rei do Egito. Ali Jeroboão permaneceu até à morte de Salomão (11:40).

Em quarto lugar, *Salomão, o seu maior inimigo* (11:41-43). Salomão não enfrentou inimigos externos nos anos dourados do seu reinado; ele foi o seu próprio inimigo. Ele construiu um grande império, mas lançou as bases de sua própria ruína. Ele começou bem e terminou mal. Warren Wiersbe diz que a avidez de Salomão por riqueza e realizações colocou um grande peso financeiro sobre a nação; depois de sua morte, o povo se revoltou.[253]

O livro de Eclesiastes retrata o seu declínio e suas buscas pelo sentido da vida debaixo do sol. Porém, o que ele encontrou foi neblina, vapor, bolha de sabão, vaidade. 1Reis não nos diz diretamente que Salomão se arrependeu. Para ver isso, precisamos recorrer ao livro de Eclesiastes. Esse livro sapiencial, escrito por Salomão em sua velhice, dá-nos uma réstia de luz, mostrando que Salomão voltou-se para o Senhor no fim de sua vida. Ele diz no final da vida: "De tudo o que se tem ouvido, a suma é: Teme a Deus e guarda os seus mandamentos; porque isto é o dever de todo homem" (Ec 12:13). Salomão nasceu em berço de ouro, viveu cercado de ouro e morreu, em 931 a.C., com aproximadamente sessenta anos, depois de quarenta anos de reinado, e foi sepultado em Jerusalém, na Cidade de Davi. E seu filho, Roboão, reinou em seu lugar. A despeito de sua glória, a majestade política de Salomão selou a condenação do Reino.[254] Tony Merida tem razão em dizer que o reinado de Roboão será debaixo de nuvens escuras, porque seu reino será menor, uma vez que os dias da glória de Israel já haviam passado.[255]

Concluímos este capítulo trazendo duas aplicações oportunas oferecidas por Philip Graham Ryken. A primeira delas é: começamos a cair no pecado muito antes de cairmos em desgraça. A segunda é: nem mesmo os maiores dons espirituais nos manterão longe do pecado se o nosso coração se afastar de Deus.[256] Portanto, acautelemo-nos!

Notas

[230] RYKEN, Philip Graham. *1Reis*, p. 271.
[231] DAVIS, Dale Ralph. *1-2Reis*, p. 114.
[232] MERIDA, Tony. *Christ-Centered Exposition: 1 & 2 Kings*, p. 63.
[233] WISEMAN, Donald J. *1-2Reis: introdução e comentário*, p. 120.
[234] GOLDINGAY, John. *Históricos para todos: 1-2Reis*, p. 84.
[235] MERIDA, Tony. *Christ-Centered Exposition: 1 & 2 Kings*, p. 63.
[236] RYKEN, Philip Graham. *1Reis*, p. 275.
[237] DAVIS, Dale Ralph. *1-2Reis*, p. 116.
[238] MERIDA, Tony. Centered-Christ Exposition: 1 & 2 Kings, p. 65.
[239] DAVIS, Dale Ralph. *1-2Reis*, p. 115.
[240] WIERSBE, Warren W. *Comentário bíblico expositivo*. Vol. 2, p. 433.
[241] RYKEN, Philip Graham. *1Reis*, p. 276.
[242] FINLEY, Harvey E. *Os livros de Reis*. Em *Comentário bíblico Beacon*. Vol. 2, p. 309.
[243] DAVIS, Dale Ralph. *1-2Reis*, p. 116.
[244] WIERSBE, Warren W. *Comentário bíblico expositivo*. Vol. 2, p. 433.
[245] MERIDA, Tony. *Centered-Christ Exposition: 1 & 2 Kings*, p. 65.
[246] FINLEY, Harvey E. *Os livros de Reis*. Em *Comentário bíblico Beacon*. Vol. 2, p. 310.
[247] DAVIS, Dale Ralph. *1-2Reis*, p. 117, 118.
[248] Ibidem, p. 124.
[249] DAVIS, Dale Ralph. *1-2Reis*, p. 120.
[250] RYKEN, Philip Graham. *1Reis*, p. 293.
[251] WISEMAN, Donald J. *1-2Reis: introdução e comentário*, p. 124.
[252] DAVIS, Dale Ralph. *1-2Reis*, p. 125.
[253] WIERSBE, Warren W. *Comentário bíblico expositivo*. Vol. 2, p. 436.
[254] WISEMAN, Donald J. *1-2Reis: introdução e comentário*, p. 124.
[255] MERIDA, Tony. *Christ-Centered Exposition: 1 & 2 Kings*, p. 68,69.
[256] RYKEN, Philip Graham. *1Reis*, p. 278,280.

Capítulo 12

Quando a insensatez se assenta no trono

(1Reis 12:1-33)

Depois de cento e vinte anos de reino unido (quarenta sob Saul, quarenta sob Davi e quarenta sob Salomão), o reino é dividido. Conforme Gordon Fee e Douglas Stuart afirmam, os capítulos de 12 a 14 de 1Reis descrevem a divisão da nação em duas: Israel, politicamente instável e religiosamente rebelde, e Judá, relativamente mais estável, oscilando entre ortodoxia e apostasia. Quatro ênfases são postas: 1) o papel dominante dos profetas, que tanto revelam os planos de Deus como chamam os reis do Norte a prestar contas (12:22-24; 13:1-4; 14:1-18; 16:1-4); 2) a guerra civil que opõe o Norte ao Sul, com alianças estrangeiras (15:6,7,16-22); 3) o compromisso de Deus com Judá por causa de Davi (14:8; 15:4,5,11); 4) a sucessão no Norte ocorre por meio de traições e jogos de poder (16:9-13), não pela vontade de Deus.[257]

Vamos, agora, à exposição do capítulo 12 de 1Reis. Salomão está morto. Roboão, seu filho, com quarenta e um anos de idade (14:21), é o novo rei de Israel. Reinou dezessete anos e morreu com cinquenta e oito anos de idade (14:21). Salomão começou bem e terminou mal. Roboão começou mal, sem jamais fazer correção de rota. Seu governo foi um desastre. Seu reinado foi um fracasso. Sua insensatez foi notória.

O reino de Roboão, a tragédia de um rei insensato (12:1-15)

Destacamos, aqui, cinco pontos importantes:

Em primeiro lugar, *a coroação do rei* (12:1). Roboão já tinha nascido e tinha um ano de idade quando seu pai, Salomão, começou a reinar. Viveu toda a sua vida no palácio. Cresceu cercado de riqueza extrema, de luxo exorbitante e de régias regalias. Agora, ascende ao poder pelos braços do povo. Propositadamente, escolheu Siquém, ao norte, para ser o palco de sua coroação, por aclamação, por todo o povo de Israel.

Roboão entendeu que para governar todo o reino precisava de um consenso mais amplo entre as outras tribos de Israel. Então viajou para Siquém para sua coroação. Esse importante centro israelita, está localizado na passagem que fica entre os montes Gerizim e Ebal, num entroncamento de estradas entre o norte e o sul, leste e oeste. Siquém está associado à renovação da aliança com o Senhor (Js 24:1-33). A cidade se localiza na estrada central da colina, ou na "rotatória", que, nos tempos antigos, ia de Siquém, ao norte, a Hebrom, ao sul. A rota era uma via pública comumente usada desde os tempos dos patriarcas (Gn 35:27).[258]

Siquém era uma cidade de importância histórica. Foi a primeira cidade que Abraão visitou na Terra Prometida (Gn 12:6) – o lugar onde os ossos de José foram enterrados (Js 24:32), onde Josué renovou a aliança de Deus com Israel (Js 24:1) e onde Abimeleque foi coroado rei (Jz 9:6).[259]

Em segundo lugar, *um apelo ao rei* (12:2-5). O esplendor do rei Salomão custou ao povo um alto preço. Como se diz: "Não existe almoço de graça". Para manter todo o luxo do suntuoso palácio de Salomão, o povo precisou pagar a conta. A carga tributária era pesadíssima. O povo gemia sob o jugo de impostos abusivos. O próprio Salomão havia dito que "o amigo de impostos transtorna a terra" (Pv 29:4). O luxo do palácio foi mantido às expensas de trabalhos forçados. À corte, o luxo; ao povo, o trabalho pesado. Aproveitando a transição de governo, o povo liderado por Jeroboão, filho de Nebate, veio a Roboão com uma pauta de reivindicações: "Teu pai fez pesado o nosso jugo; agora, pois, alivia tu a dura servidão de teu pai e o seu pesado jugo que nos impôs, e nós te serviremos" (12:4). O rei ouvindo esses queixumes e promessas do povo, ordenou-o a voltar para casa e retornar em três dias.

Em terceiro lugar, *uma consulta aos assessores* (12:6-11). Nesses três dias, o novel monarca recém-empossado poderia ter refletido sobre o justo apelo do povo e atendido às suas merecidas reivindicações. Porém, o rei buscou dois grupos de assessores para tomar a decisão.

Primeiramente, buscou o conselho dos anciãos, dos homens idosos e experientes que estiveram na presença de Salomão, seu pai. O conselho deles foi sensato, pois recomendaram ao rei atender às demandas do povo. Disseram ao rei que o governante deve servir ao povo e não se servir do povo. As ações e as palavras do governante precisam dar esperança ao povo em vez esmagá-lo com fardos ainda mais pesados. O verdadeiro líder governa pelo serviço ao povo, e não pela força bruta contra o povo. Inspira pelo exemplo, e não pela ameaça.

Warren Wiersbe diz que todos os verdadeiros grandes líderes de Deus haviam sido servos do povo – Moisés, Josué, Samuel e, especialmente, Davi – mas Salomão havia optado por ser uma celebridade em vez de um servo, e Roboão estava seguindo o péssimo exemplo de seu pai. Quando o Filho de Deus veio ao mundo, assumiu a forma de servo (Fp 2:5-8) e ensinou seus discípulos a liderar pelo serviço. Jesus lavou os pés dos discípulos como exemplo de serviço humilde (Jo 13:1-17) e deseja que sigamos o exemplo dele, não que imitemos os grandes líderes do mundo secular (Mt 20:25-28).[260] Roboão, porém, rejeitou o conselho dos anciãos. Está escrito: "Porém ele desprezou o conselho que os anciãos lhe tinham dado..." (12:8a).

Roboão, então, busca conselho com os jovens que haviam crescido com ele e pensavam que os privilégios do rei eram inalienáveis. Estes aconselharam o rei a ser ainda mais rigoroso, impondo ao povo tributos mais pesados, trabalhos mais forçados e cargas mais esmagadoras. Deram ao rei até mesmo o conteúdo do discurso que deveria proferir ao povo: "... assim lhe falarás: Meu dedo mínimo é mais grosso do que os lombos de meu pai. Assim que, se meu pai vos impôs jugo pesado, eu ainda vo-lo aumentarei; meu pai vos castigou com açoites, porém eu vos castigarei com escorpiões" (12:10,11). Castigar com escorpiões era uma referência às bordas em farpas na extremidade de um açoite, uma espécie de flagelo farpado com pregos, um chicote feito de prego em contraste com uma chibata.[261] Essa era uma fala arrogante, que ameaçava o povo com opressão ainda mais severa. Roboão escolheu, tolamente, seguir o curso de um tirano ao invés de caminhar na trilha de um rei-servo.[262] Vale destacar que Roboão não ora para tomar a decisão nem recorre a qualquer orientação da palavra de Deus. Ele dirigiu-se aos anciãos com o pronome "vós". Mas, quando se dirige aos jovens, ele usa o pronome "nós". Já dá para pressentir que ele seguirá o conselho dos jovens e não o dos anciãos.

Concordo com Philip Graham Ryken quando diz que, seja na igreja, em casa ou na vida pública, esse tipo de liderança é sempre absolutamente desastroso. Há um tipo de pessoa que sempre exige que os outros façam o que ele quer. Se necessário, ele recorre a abusos verbais e até mesmo físicos para forçá-los a fazer sua vontade. Há pastores e anciãos que se comportam como senhores sobre sua congregação; maridos e pais que agem como tiranos em sua própria casa; ditadores e déspotas que governam pela força bruta.[263]

Em quarto lugar, *a declaração ao povo* (12:12-14). Vencido o prazo de três dias, Jeroboão e todo o povo veio ao rei Roboão, para saber qual era a sua decisão. O rei, de forma insensata, rejeitando o conselho dos anciãos deu uma resposta dura ao povo, reproduzindo na íntegra o discurso de ameaça ditado pelos jovens.

Em quinto lugar, *a explicação teológica dos fatos* (12:15). Por que o rei tomou essa decisão tão desastrada? O versículo em tela traz a explicação teológica desses acontecimentos: "O rei, pois, não deu ouvido ao povo; porque este acontecimento vinha do Senhor, para confirmar a palavra que o Senhor tinha dito por intermédio de Aías, o silonita, a Jeroboão, filho de Nebate" (12:15). Vemos aqui a soberania de Deus e a responsabilidade humana. Deus não viola a vontade de Roboão, ao mesmo tempo que cumpre o seu propósito (Sl 115:3; Ef 1:11). Concordo com R. C. Sproul quando diz: "A ação de Deus não constitui uma justificativa para a loucura de Roboão. Ao contrário, Deus está usando a ação desorientada de Roboão como instrumento para o cumprimento da profecia de Aías".[264] Fica evidente que a história não está à deriva nem nas mãos dos poderosos. As rédeas da história estão nas mãos de Deus e seus planos não podem ser frustrados (Jó 42:1,2; At 2:23).

As consequências trágicas das decisões insensatas (12:16-24)

A intransigência de Roboão fez cumprir a palavra de Deus que, por intermédio do profeta Aías, havia profetizado, dramaticamente, que Jeroboão governaria sobre dez das doze tribos de Israel como resposta da disciplina de Deus à louca idolatria de Salomão (11:26-40). Destacamos três pontos:

Em primeiro lugar, *a rebelião das dez tribos do Norte* (12:16-20). Percebendo todo o povo de Israel que o rei não lhe dava ouvidos, rompeu com a dinastia de Davi (12:16,19,20) e constituiu Jeroboão como rei sobre todo o Israel (12:20b). Vale destacar que as tribos do Norte rejeitaram a casa de Davi e, com ela, rejeitaram também o caminho da salvação. Uma resposta zangada e impulsiva de Roboão causou uma divisão permanente.[265] Roboão reage a essa debandada das dez tribos do Norte, enviando, insensatamente, Adorão, o chefe dos trabalhos forçados, com a missão de estancar a revolta (4:6; 5:14), e voltar a impor as condições opressivas. O povo, porém, apedrou o emissário do rei e o matou, e Roboão, temendo a revolta popular, fugiu apressadamente para Jerusalém.

Harvey Finley diz, corretamente, que existem inúmeras explicações sobre a divisão do reino, mas nenhuma pode esconder o fato de ela ter ocorrido como um castigo divino que caiu sobre a "casa de Davi" como consequência da apostasia de Salomão.[266] Warren Wiersbe diz que, durante séculos, o povo de Israel considerou a divisão do reino a maior tragédia de sua história e o parâmetro usado para medir todas as outras calamidades (Is 7:17).[267] Tony Merida ainda enfatiza que as tribos do Norte e do Sul viveram em constantes conflitos (14:30; 15:6; 16:1-34). A divisão ocorrida aqui no capítulo 12 teve um efeito ondulatório nos anos seguintes.[268]

Em segundo lugar, *a repressão, a imposição da submissão pela força* (12:21). Uma vez que a diplomacia falhou, Roboão recorreu ao uso de força militar. Vendo o povo de Israel escapulir de suas mãos e rebelar-se contra sua autoridade real, deu início ao recrutamento de um exército a fim de obrigar as tribos do Norte a voltarem ao seu domínio. Ele convoca cento e oitenta mil guerreiros das tribos de Judá e Benjamim para impor à força o seu governo sobre as tribos dissidentes. Concordo com Warren Wiersbe quando diz que Roboão havia seguido o conselho errado, usado a abordagem errada, escolhido o mediador errado e recorrido a uma guerra errada.[269]

Em terceiro lugar, *a obediência, a humildade diante da palavra de Deus* (12:22-24). Antes que os soldados de Roboão saíssem à peleja, a palavra de Deus veio ao profeta Semaías, homem de Deus, e este ordenou ao rei, aos soldados e ao resto do povo a não subirem nem pelejarem contra os seus irmãos. Ao contrário, deveriam voltar imediatamente para a sua casa, pois era o próprio Deus quem estava por trás desses acontecimentos. O resultado da intervenção profética logrou êxito, pois está escrito: "... e obedecendo eles à palavra do Senhor, voltaram como este lhes ordenara" (12:24b). É digno de nota que ao impedir a guerra, o profeta não dá suporte ao novo rei, mas assegura que a palavra de Deus seja ouvida e obedecida.[270]

O reino de Jeroboão, a tragédia de uma falsa religião (12:25-33)

Jeroboão era homem valente e capaz, moço laborioso, a quem Salomão colocou sobre todo o trabalho forçado da casa de José (11:28). Ele foi escolhido por Deus para ser rei sobre Israel (11:37). Foi conclamado a ouvir a palavra de Deus, como fizera Davi, com a promessa de que o Senhor seria com ele e lhe edificaria uma dinastia estável (11:38). Tomando conhecimento desse episódio, Salomão procurou matar Jeroboão, que precisou fugir para o Egito, buscando asilo político sob as asas de Sisaque, rei do Egito (11:40).

Jeroboão tornou-se o rei das dez tribos do Norte. Esse reino foi chamado de "Israel" em oposição a "Judá", o Reino do Sul. A princípio, ele reedificou e escolheu Siquém como primeira capital (12:25). Jeroboão queria que essa cidade substituísse Jerusalém no coração do povo. Depois, Tirza tornou-se a capital (14:17). Só mais tarde, Onri, pai de Acabe, escolheu Samaria como capital do Reino do Norte (16:24).

É digno de destaque que Jeroboão não seguiu os conselhos do profeta Aías. Ao contrário, desviou-se de Deus, criando uma falsa religião, desencaminhando, assim, toda a nação para a idolatria. Jeroboão pensou que, se quisesse cativar o coração das pessoas, precisaria controlar também a adoração delas. Assim, tanto Roboão quanto Jeroboão foram líderes que queriam dominar os outros em vez de servi-los. Jesus, entrementes, chamou os seus discípulos para uma vida diferente: "Mas entre vós não será assim: quem quiser tornar-se grande entre vós, será esse o que vos sirva; e quem quiser ser o primeiro entre vós será servo de todos" (Mc 10:43,44). Destacamos, aqui, três pontos:

Em primeiro lugar, *um rei inseguro blinda a si mesmo com uma religião falsa* (12:25-27). Jeroboão não confiava em ninguém. Não confiava em Deus, não confiava em Roboão nem na lealdade de seu próprio povo. Por isso, ele entrou para a história dos reis de Israel como o homem manipulador que usou a religião para garantir sua segurança e servir aos seus interesses políticos, abrindo aos dezenove reis sucessores, das oito dinastias diferentes, o caminho de gritante apostasia.

A sua segurança era o seu próprio deus. O rei ficou com medo de perder seus súditos, e a própria vida, para a casa de Davi, caso eles voltassem para Jerusalém para adorar no templo. Então, consultando seu próprio coração enganoso, criou em seu reino uma falsa religião.

John Goldingay tem razão em dizer que no reinado de todos os reis do Reino do Norte, a religião se tornou servil ao Estado, atuando para fortalecer a posição governamental. Há muito a ser dito sobre a separação entre Igreja e Estado; não para proteger o Estado, mas para proteger a Igreja.[271]

Philip Graham Ryken diz que hoje as pessoas continuam a usar os mesmos argumentos que Jeroboão usou para justificar a idolatria. Há um apelo à diversidade religiosa. Há um apelo à cronologia: vamos tirar o velho e introduzir o novo. Há um apelo à conveniência: para que ir até Jerusalém, se você pode adorar muito mais perto de casa, em lugares como Betel e Dã?[272] Todas essas inovações religiosas tinham um propósito principal, proteger os interesses do rei. A religião de Jeroboão foi criada para servir à política. O Estado manipulava a religião.

Em segundo lugar, *as inovações religiosas do rei mostram a sutileza de uma falsa religião* (12:28-30). Jeroboão fez novos deuses, novos santuários, em novos lugares, com nova liturgia, com novos sacerdotes e novo calendário religioso. Sua religião não estava pautada pela verdade, mas pela conveniência. Arrancou os marcos antigos e lançou novas bases. Sua religião era uma nova proposta, para um novo povo, numa nova época. Era, outrossim, a religião da conveniência e do comodismo. Seu povo não precisaria mais fazer viagens longas e sacrificiais para Jerusalém, podiam adorar a Deus dentro de seu território.

Assim, Jeroboão pôs um bezerro de ouro em Betel ao sul e outro em Dã, ao norte. Harvey Finley diz que, agindo assim, Jeroboão imitou o culto prestado aos touros no Egito. Suas razões são óbvias: em primeiro lugar, ele havia passado um tempo considerável no Egito como refugiado político e, em segundo lugar, sua declaração a respeito de seus touros representava uma clara lembrança do bezerro de ouro de Arão (Êx 32:1-6), que tinha um antecedente egípcio bastante claro. Aparentemente, esta era uma tentativa de fazer a representação visível de Deus através da apropriação de uma forma egípcia.[273]

A inovação de Jeroboão, outrossim, era um convite às práticas religiosas cananeias que se expandiram para o Reino do Norte. Sendo ele um novo Moisés, que libertaria o povo do jugo pesado de Salomão, transformou-se num novo Arão, que fabricou dois bezerros de ouro e conclamou o povo a adorá-los, afirmando que foram essas novas divindades que arrancaram o povo da servidão no Egito.

O culto proposto por Jeroboão é um culto sincrético e pecaminoso, que foi copiado pelos outros reis que vieram na esteira do tempo. Concordo com R. C. Sproul quando diz que o estabelecimento de centros religiosos nacionais em competição com o de Jerusalém refere-se reiteradamente, nos livros de Reis, ao pecado de Jeroboão (13:34; 14:16; 15:26,30; 16:2; 2Rs 3:3; 10:29; 13:2; 17:22). Infelizmente, cada rei do Norte segue a vereda trilhada por Jeroboão. Nenhum deles tenta instituir uma reforma radical. Sem uma oposição determinada, o pecado de Jeroboão traz deterioração e declínio para Israel (2Rs 17:22,23).[274]

Em terceiro lugar, *as invenções religiosas do rei revelam a estupidez de uma falsa religião* (12:31-33). Jeroboão foi o rei da inovação litúrgica. Ele fez santuários nos altos, voltando às práticas do culto pagão canaanita. Também constituiu sacerdotes dentre o povo e não dos filhos de Levi, o que era expressamente proibido pela lei. Mudou o calendário religioso. Ele transferiu a Festa dos Tabernáculos, que deveria ser comemorada no sétimo mês, para o décimo quinto dia do oitavo mês, segundo o seu bel-prazer, e não conforme a lei divina. Todos esses desvios vão de encontro à comissão de Jeroboão por Deus, tal como descrita em 1Reis 11:36-39 e 12:15, cujo mandato era político, e não uma separação religiosa entre Israel e Judá.

A lealdade à aliança (11:38) requer lealdade ao templo estabelecido para a honra de Deus, bem como lealdade a seus sacerdotes, festas e sacrifícios.[275] Concordo com Tony Merida quando diz que Jeroboão viveu sem qualquer temor a Deus. Ele pensou que podia desonrar a Deus impunemente. Considerou a política mais importante do que a adoração. Pensou que sua segurança dependia mais dele do que de Deus.[276]

Harvey Finley diz que a religião de Israel se torna subordinada ao rei, pois se origina de interesses egoístas (12:26,27); é justificada pelo subterfúgio e pela falsidade (12:28); o afastamento de Deus torna-se cada vez mais acentuado (12:29-33); e Deus se recusa a aceitar um lugar tão desprezível (13:1-3).[277]

Donald Wiseman elenca sete aspectos do pecado de Jeroboão, repetido vinte outras vezes nos livros de reis: 1) cisão da unidade do povo de Deus, tanto fisicamente (12:25,26) quanto espiritualmente (12:26,27); 2) criação de ídolos feitos pelo homem para serem cultuados como deuses nacionais (12:28-30); 3) intensificação da função dos santuários israelitas (13:32; 2Rs 17:29); 4) desvio do culto devido ao Senhor e de sua casa em Jerusalém, onde a presença era comprovada e declarada; 5) possivelmente tomou sobre si a função de sacerdote (12:32,33); 6) introdução de sacerdotes não levíticos procedentes de "toda classe de pessoas" (12:31), contrariando os preceitos divinos (Dt 18:1-8); 7) reorganização das festas e do calendário religioso (12:32,33). Cada uma dessas ações desafiou e anulou os requerimentos dados por Deus em sua lei e implicou que os assuntos civis eram considerados mais importantes do que a prática e os princípios religiosos. Tal experiência negligenciava diretamente a promessa de Deus (11:38) e trazia punição sobre o pecador, que era autoinfligida e divinamente permitida.[278]

Concluo este capítulo fazendo uma recapitulação sobre a estupidez da falsa religião. A falsa religião é engendrada no laboratório do enganoso coração humano. Como declarou João Calvino, nas Institutas da Religião Cristã, o coração do homem é uma fábrica de ídolos. Como vimos, um exemplo clássico dessa triste realidade é o rei Jeroboão. Ele foi escolhido por Deus para ser o agente da disciplina divina ao rei Salomão. Este, a despeito de sua notória sabedoria e afamada riqueza, e embora tenha construído o templo de Jerusalém e liderado o povo na adoração a Deus, deixou o seu coração se corromper e acabou erigindo capelas aos deuses de suas mulheres estrangeiras, e ele mesmo se prostrou diante de divindades pagãs.

O profeta Aías encontra o jovem Jeroboão, servo de Salomão, e revela a ele que Deus lhe daria dez das doze tribos de Israel. Exortou-o a ser fiel a Deus e à sua aliança, com garantia de que Deus lhe daria uma casa segura, uma dinastia sucessória bem-sucedida. Ao saber dessa profecia, Salomão tentou matar Jeroboão, que precisou buscar asilo político sob as asas de Sisaque, rei do Egito. Ao tomar conhecimento da morte de Salomão e coroação de seu filho Roboão, Jeroboão retorna a Israel e lidera as dez tribos do Norte, com reivindicações ao novo monarca. Queriam alívio dos pesados tributos e a suspensão de trabalhos forçados. Prometeram em contrapartida que se submeteriam ao rei. Roboão, entrementes, seguindo a inclinação de seu coração soberbo, não apenas deixou de atender aos rogos do povo, mas prometeu ser ainda mais severo de que seu pai. Essa foi a gota d'água para o rompimento das dez tribos do Norte com a dinastia davídica e para a consequente coroação de Jeroboão como rei sobre eles.

Ao assumir o governo, Jeroboão, com medo de seus súditos voltarem a Jerusalém para adorar e temendo pela sua própria sobrevivência caso seu povo se voltasse para a dinastia davídica, instituiu em Israel uma nova religião, com uma nova divindade (bezerros de ouro), com novos templos, novos locais de adoração (Betel e Dã), novos sacerdotes, nova liturgia e novo calendário religioso. Essa inovação foi feita segundo o bel-prazer do rei. Era a religião da conveniência, para garantir os interesses políticos do monarca. Essa falsa religião inventada por Jeroboão foi a estrada escorregadia por onde todos os demais reis do Reino do Norte caminharam e caíram. Todos eles andaram nos caminhos de Jeroboão. Todos se tornaram idólatras e jamais se voltaram para o Senhor. Essa falsa religião idólatra e sincrética foi a causa principal do declínio vertiginoso desse reino e a razão determinante de sua queda em 722 a.C., nas mãos do Império Assírio. Jeroboão tornou-se o patrono dos políticos que usam a religião para se beneficiarem e alcançar seus interesses inconfessos.

A falsa religião é, ainda hoje, uma ameaça aos governantes e aos governados; é a causa da decadência dos povos e a da manifestação da justa ira de Deus. Falsos deuses, falsos templos, falsos cultos, falsos sacerdotes, falsas liturgias, falsos calendários religiosos produzem falsos adoradores. A falsa religião é uma religião humanista, inventada pelo homem e não revelada por Deus; procede do coração humano, e não das Escrituras Sagradas; produz idolatria e depravação moral, e não santidade; provoca a ira de Deus, e não o seu agrado. A falsa religião pode ser popular, mas jamais verdadeira; pode ser funcional, mas jamais agradável a Deus; pode reunir multidões, mas jamais oferecerá esperança. Henrietta Mears tem razão em dizer: "A apostasia religiosa era como um verme mortal corroendo a raiz da vida de Israel. Um dia a árvore caiu. Nada destrói mais a vida de uma nação do que o declínio religioso. Retire o sol do firmamento, e já não haverá erva, flores ou pomares. Retire Deus do nosso firmamento, e não haverá lares, escolas ou vida social".[279]

A verdadeira religião não é criada pelo homem, mas revelada por Deus. O verdadeiro Deus não é feito pelas mãos humanas, mas é o criador, provedor e redentor. O verdadeiro culto não é mediado por imagens fabricadas pelo engenho humano, mas oferecido a Deus em espírito e em verdade. Os verdadeiros sacerdotes não são constituídos por vontade humana, mas separados por Deus para essa sacrossanta vocação. A liturgia do culto não é realizada segundo a criatividade do homem, mas conforme as prescrições da palavra de Deus. O calendário religioso não é alterado segundo a conveniência humana, mas determinado pelo próprio Deus. A falsa religião é uma estupidez. Dela devemos fugir para adorar ao único Deus vivo e verdadeiro, digno de toda adoração e louvor.

Notas

[257] FEE, Gordon e STUART, Douglas. *Como ler a Bíblia livro por livro*, p. 113.

[258] SPROUL, R. C. *Bíblia de estudo da fé reformada*, p. 521.

[259] RYKEN, Philip Graham. *1Reis*, p. 314.

[260] WIERSBE, Warren W. *Comentário bíblico expositivo*. Vol. 2, p. 439.

[261] WISEMAN, Donald J. *1-2Reis: introdução e comentário*, p. 126.

[262] FINLEY, Harvey E. *Os livros de Reis*. In: *Comentário bíblico Beacon*. Vol. 2, p. 315.

[263] RYKEN, Philip Graham. *1Reis*, p. 318,319.

[264] SPROUL, R. C. *Bíblia de Estudo da Fé Reformada*, p. 522.

[265] RYKEN, Philip Graham. *1Reis*, p. 320.

[266] FINLEY, Harvey E. *Os livros de Reis*. In: *Comentário bíblico Beacon*. Vol. 2, p. 314.

[267] WIERSBE, Warren W. *Comentário bíblico expositivo*. Vol. 2, p. 441.

[268] MERIDA, Tony. *Christ-Centered Exposition: 1 & 2 Kings*, p. 75.

[269] WIERSBE, Warren W. *Comentário bíblico expositivo*. Vol. 2, p. 441.

[270] WISEMAN, Donald J. *1-2Reis: introdução e comentário*, p. 127.
[271] GOLDINGAY, John. *Históricos para todos: 1-2Reis*, p. 91.
[272] RYKEN, Philip Graham. *1Reis*, p. 329.
[273] FINLEY, Harvey E. *Os livros de Reis*. In: *Comentário bíblico Beacon*. Vol. 2, p. 318.
[274] SPROUL, R. C. *Bíblia de estudo da Fé Reformada*, p. 524.
[275] Ibidem.
[276] MERIDA, Tony. Christ-Centered Exposition: 1 e 2 Kings, p. 77.
[277] FINLEY, Harvey E. *Os livros de Reis*. In: *Comentário bíblico Beacon*. Vol. 2, p. 318.
[278] WISEMAN, Donald J. *1-2Reis: introdução e comentário*, p. 128, 129.
[279] MEARS, Henrietta. *Estudo panorâmico da Bíblia*, p. 153.

Capítulo 13

Deus requer obediência inegociável à sua palavra

(1Reis 13:1-34)

O TEXTO EM TELA é uma das passagens mais intrigantes da Bíblia. Enseja mais perguntas do que respostas. Há muitos mistérios indecifráveis que ainda nos deixam aturdidos. Dale Ralph Davis levanta no texto várias perguntas: por que o homem de Deus deveria recusar toda a hospitalidade (13:8-10)? O que os filhos do estranho profeta estavam fazendo no culto da igreja de Jeroboão (13:11)? Eram simpatizantes do culto ao bezerro de ouro instituído pelo rei? Ou apenas curiosos? Por que o homem de Deus estava sentado debaixo de uma árvore ainda a norte da fronteira (13:14)? Estamos errados em inferir que havia certa urgência no seu retorno a Judá? Como a fronteira não era longe de Betel, esse descanso era realmente necessário? E o que devemos pensar desse velho profeta? Por que ele é tão estranho? Por que ele mentiu ao homem de Deus (13:18)? Qual pode ter sido o seu motivo? Será que ele foi movido pela culpa, sentindo que ele mesmo devia ter tido a iniciativa de denunciar o culto de Jeroboão? Por que o homem de Deus, embora tivesse ordens claras (13:8,9,16,17), voltou com o velho profeta sem entrar em debate ou registrar alguma suspeita (13:19)? Como é que uma palavra verdadeira de Deus vem a um profeta que mente (13:18,20)? Por que não há protesto registrado pelo homem de Deus a respeito de sua condenação? Por que ele não ofende verbalmente o velho profeta por ter sido um patife ao enganá-lo? Por que ele fica calado? Por que sua punição foi tão severa?[280] Se as muitas perguntas não têm respostas claras, a mensagem central é clara. Deus está reprovando, de forma peremptória, o culto falso instituído pelo rei Jeroboão e ao mesmo tempo mostrando a integridade inegociável de sua Palavra.

O texto destaca três personagens: Jeroboão, o profeta de Judá e o velho profeta de Betel. Um rei ímpio, um homem de Deus e um falso profeta. O rei, mesmo depois de confrontado, não se arrepende. O homem de Deus, mesmo depois de demonstrar fidelidade inegociável, é enganado por um falso profeta. O velho profeta de Betel, mesmo usando a mentira para enganar o homem de Deus, traz-lhe, da parte de Deus, uma palavra de juízo.

O texto apresenta uma profecia comprovada por vários milagres. A profecia é que a falsa religião seria julgada e condenada por Deus nos dias do rei Josias, futuro descendente de Davi, o que de fato ocorreu cerca de trezentos anos mais tarde. Os milagres que confirmaram a profecia podem ser vistos no fato de que o altar onde Jeroboão fazia seus sacrifícios fendeu-se, e as cinzas foram espalhadas diante dos olhos do rei e dos demais adoradores. Quando o rei, furioso, com o dedo em riste, mandou prender o homem de Deus, a mão que estendera contra o profeta de Judá secou e não a podia recolher. Então, o rei pediu ao homem de Deus para implorar ao Senhor, seu Deus, para que pudesse recolher a mão. O homem de Deus implorou o favor do Senhor, e a mão do rei se recolheu e ficou como antes. Outro milagre, na sequência dos fatos, é que um leão atacou e matou o profeta de Judá, o homem de Deus, por ter dado ouvidos a um falso profeta, mas o leão, contra a sua natureza, não devorou o corpo do profeta nem o animal que o transportava.

Vamos, então, à análise do texto.

Jeroboão, um rei confrontado pelo profeta de Deus, mas que desprezou a palavra de Deus (13:1-10,33,34)

Jeroboão foi apontado por Deus para governar sobre as dez tribos do Norte, mas ele não honrou ao Senhor. Ao contrário, criou uma religião concorrente, com novos deuses, uma nova liturgia, constituindo novos sacerdotes, erigindo novos templos e adotando um novo calendário religioso. O rei usou a religião para seus interesses políticos e desviou a nação para o abismo da idolatria. Destacamos, aqui, alguns pontos importantes:

Em primeiro lugar, *uma ordem expressa de Deus* (13:1,2a). Por ordem do Senhor, um profeta de Judá foi a Betel, para clamar contra o altar e trazer uma palavra de juízo à falsa religião instituída pelo rei Jeroboão. O próprio rei, exercendo de forma espúria o papel de sacerdote, estava junto ao altar. A lei mosaica não permitia que os reis servissem como sacerdotes (2Cr 26:16-23). Warren Wiersbe destaca que o profeta falou ao altar, e não ao rei, como se Deus não quisesse mais se dirigir a Jeroboão, um homem tão cheio de si e ocupado com seus planos, a ponto de não ter tempo para ouvir a Deus.[281]

Em segundo lugar, *uma condenação firme de Deus* (13:2b). O homem de Deus profetiza que um descendente da casa de Davi, Josias, profanará o falso altar de Betel, sacrificando sobre ele os falsos sacerdotes que queimavam incenso nos altos bem como queimando sobre ele ossos humanos. O altar ímpio seria profanado, e seus sacerdotes ímpios, destruídos. Philip Graham Ryken diz que isso não foi o pior. Esses atos devastadores do julgamento seriam realizados por um rei da casa de Davi, o que significava que a dinastia de Jeroboão não perduraria. O homem de Deus profetizou, assim, a queda da casa de Jeroboão (13:34).[282] Essa profecia cumpriu-se completamente cerca de trezentos anos depois, como está escrito:

> Também o altar que estava em Betel e o alto que fez Jeroboão, filho de Nebate, que tinha feito pecar a Israel, esse altar junto com o alto o rei derribou; destruiu o alto, reduziu a pó o seu altar e queimou o poste-ídolo. Olhando Josias ao seu redor, viu as sepulturas que estavam ali no monte; mandou tirar delas os ossos, e os queimou sobre o altar, e assim o profanou, segundo a palavra do Senhor, que apregoara o homem de Deus que havia anunciado estas coisas (2Rs 23:15,16).

A mensagem do profeta olhou adiante trezentos anos e viu o reinado de Josias (640-609 a.C.), um rei piedoso que erradicou a idolatria da terra, inclusive o santuário do rei em Betel. Josias profanou o altar queimando ossos humanos sobre ele e, depois demoliu o altar, reduzindo-o a pó.

Em terceiro lugar, *um sinal evidente de Deus* (13:3). A mensagem do profeta é confirmada por um sinal da parte de Deus. Disse o profeta: "Este é o sinal de que o Senhor falou: Eis que o altar se fenderá, e se derramará a cinza que há sobre ele" (13:3b). Na verdade, o rei foi testemunha de três milagres em apenas alguns minutos e, no entanto, não há evidência alguma de que tenha se convencido da culpa de seus pecados. Concordo com Warren Wiersbe, quando diz: "Os milagres, por si mesmos, não convencem da culpa nem produzem fé salvadora, mas chamam a atenção para a palavra de Deus".[283]

Em quarto lugar, *uma reação furiosa do rei* (13:4a). Tendo Jeroboão ouvido as palavras do homem de Deus contra o altar de Betel, levantou a mão e deu ordem aos seus lacaios para prendê-lo. Jeroboão tentou impedir o homem de Deus pelo uso da força. Esse mesmo expediente é usado ainda hoje em países comunistas, com regimes totalitários, onde os cristãos são proibidos de pregar o evangelho. Os poderosos deste mundo podem até algemar os cristãos, mas não podem algemar a palavra de Deus. Os pregadores podem ser presos, mas a palavra de Deus não pode ser algemada (2Tm 2:9).

Em quinto lugar, *um juízo imediato de Deus* (13:4b,5). Antes que seus capatazes e serviçais pudessem lançar mão contra o homem de Deus, duas coisas aconteceram: a mão do rei secou, o altar se fendeu e a cinza se derramou do altar. Dale Ralph Davis diz que um manto rasgado significaria um reino dividido, um reino sob juízo. Portanto, em Betel, um altar partido significava uma religião dividida, uma religião sob juízo.[284] A ira do rei se transformou em confusão e medo. Os deuses de Jeroboão não puderam protegê-lo. A falsa religião é ineficaz. Concordo com

Philip Graham Ryken quando diz: "A palavra de Deus é mais poderosa do que reis poderosos e do que todos os inimigos do seu reino (Hb 4:12,13). É mais poderosa do que os adoradores caídos que servem aos deuses fracassados das religiões falsas".[285]

Em sexto lugar, *um ato misericordioso de Deus* (13:6). Deus deu a Jeroboão um bombardeio de sinais. Percebendo o rei que estava lidando com uma força maior do que a sua, abandona o furor contra o homem de Deus e pede a ele para implorar ao Senhor por sua cura. Ele não apelou a seu próprio mérito, mas pediu o favor do Senhor. Ele mesmo não orou, mas pediu oração ao profeta de Deus. O homem de Deus intercedeu ao Senhor pelo rei e a mão de Jeroboão voltou ao normal. A profecia é confirmada por sinais evidentes e irrefutáveis. Jeroboão recebe uma oportunidade para arrepender-se e emendar os seus caminhos. Ele tem uma demonstração eloquente do poder de Deus, mesmo assim, não se humilha sob a poderosa mão de Deus. Ele não queria se livrar de seus pecados, apenas de suas consequências.

Em sétimo lugar, *uma manobra sutil do rei* (13:7). O rei astuto passa da ameaça à diplomacia, imaginando que a diplomacia poderia domar o vigor profético.[286] Não podendo intimidar o homem de Deus, convida-o para sua casa, prometendo-lhe provisão e régia recompensa. Tentou armar uma cilada para o profeta convidando-o para uma refeição no palácio. É digno de destaque que a amizade do mundo é pior do que a espada do mundo. A sagacidade da serpente é mais perigosa do que o rugido do leão. Nas palavras de Philip Graham Ryken, "Jeroboão ainda pensava em religião como algo que ele podia manipular para seus próprios fins, como algo que podia comprar e vender. Com isso, ele estava tentando subornar o profeta de Deus, comprando sua lealdade [...]. Da mesma maneira que tentou impedir que seu povo fosse para Jerusalém, Jeroboão tentou impedir que o homem de Deus voltasse para Judá. No entanto, o homem de Deus não estava à venda".[287]

Em oitavo lugar, *uma recusa firme do homem de Deus* (13:8-10). O homem de Deus não se deixou seduzir pelos favores do rei. Disse ao monarca que não iria com ele, não comeria pão, nem beberia água naquele lugar, ainda que o rei lhe desse metade de sua casa. Assim como Daniel, ele disse: "Os teus presentes fiquem contigo, e dá os teus prêmios a outrem" (Dn 5:17). Disse ainda, que essas prescrições foram ditadas pelo próprio Deus e que não voltaria à sua terra pelo mesmo caminho que viera. O homem de Deus, tendo cumprido sua missão, voltou a Judá por outro caminho, conforme o Senhor lhe orientara. Dale Ralph Davis diz que sair de Betel sem compartilhar a refeição com o rei foi um tipo de excomunhão encenada – o verdadeiro homem de Deus não devia ter nenhum negócio, não devia desfrutar nenhuma comunhão, não devia concretizar nenhuma relação com o regime apóstata. Jeroboão e companhia foram cortados do verdadeiro povo de Deus. O sermão encenado foi tão claro quanto o falado.[288]

Em nono lugar, *uma rebeldia contumaz do rei* (13:33). Mesmo diante de tantas evidências acerca do desgosto de Deus com a falsa religião instituída nas tribos do Norte, e mesmo diante de milagres tão contundentes confirmando a palavra do Senhor, Jeroboão, rebeldemente, não deixou o seu mau caminho, pelo contrário, tornou a constituir e consagrar sacerdotes para os lugares altos, dentre o povo, a quem queria. Ele mandou consertar o altar partido e continuou a adorar ali. Ele desprezou a palavra de Deus.

Em décimo lugar, *uma condenação inevitável ao rei* (13:34). "Isso se tornou em pecado à casa de Jeroboão, para destruí-la e extingui-la da terra". O rei pensou que estivesse protegendo a si mesmo e ao seu reino, ao instituir uma nova religião em Israel, porém, estava cavando a sua própria ruína. O pecado é uma cilada. O diabo é um falsário. Não há segurança no pecado. Não há futuro promissor na transgressão. A atitude de Jeroboão transformou a sua casa em uma casa pecaminosa. A família de Jeroboão foi exterminada (15:29), mas a memória de sua vida pecaminosa nunca foi esquecida.

O profeta de Judá, o homem de Deus que não permaneceu fiel à palavra de Deus (13:11-24)

Philip Graham Ryken diz, com razão, que esta é uma das histórias mais estranhas da Bíblia. Um profeta corajoso obedece a ordem do Senhor e, em seguida, dá meia-volta e desobedece a mesma ordem. Outro profeta já idoso conta uma mentira ardilosa, só para, mais tarde, dizer a verdade. Um leão feroz mata um profeta, mas se recusa a comê-lo, mansamente esperando para que o homem seja enterrado. No final da história, um homem pede para ser enterrado com os ossos de outro homem que ele destruíra com uma mentira.[289]

Nunca é demais enfatizar que as vitórias do passado não são garantias de vitória no presente. O preço da liberdade é a constante vigilância. O diabo é astuto e tem um arsenal variado. Usa muitos estratagemas. O mesmo homem de Deus, que foi radicalmente firme com o rei Jeroboão, caiu na armadilha de um falso profeta. Concordo com Warren Wiersbe quando diz que, com frequência, os servos de

Deus, enfrentam tentações depois de momentos de grande sucesso e empolgação (1Rs 18-19).[290] Vejamos:

Em primeiro lugar, *a fidelidade do passado não isenta de vigilância no presente* (13:11-19). O homem de Deus cumpriu fielmente sua missão em Betel. Entregou a mensagem e já estava de volta para sua terra, sem sentar-se à mesa dos betelitas, mostrando que não tinha qualquer comunhão com o Reino do Norte e sua adoração pecaminosa. Concordo com E. M. Bounds quando diz:

> Nosso chamado é fazer o que Deus manda. Obediência completa é necessária. Deus não precisa de grandes talentos, ou de grandes aprendizados, ou de grandes pregadores, mas de homens grandes em santidade, grandes na fé, grandes no amor, grandes em fidelidade, grandes para Deus – de homens que sempre pregam por meio de sermões santos no púlpito, por meio de vidas santas longe dele. Homens assim podem moldar uma geração para Deus.[291]

Lamentavelmente, o homem de Deus, o profeta de Judá, não perseverou no caminho da fidelidade a Deus. Depois de ter enfrentado o rei Jeroboão com galhardia pétrea e recusado suas propostas sedutoras, sucumbiu à tentação para transigir com a palavra de Deus. John Goldingay diz que o profeta de Judá arrisca a sua vida para confrontar Jeroboão e, não obstante, a perde por relaxar e não duvidar o suficiente de alguém que diz possuir uma palavra de Deus, afirmando que um anjo lhe apareceu.[292]

Dessa vez a tentação veio justo por meio de outro profeta. No começo ele resistiu à tentação, mas depois, acabou cedendo e caindo na armadilha de uma nova revelação, de uma falsa profecia, de uma mentira deslavada. Um falso profeta o pressionou a acreditar que o pecado era a vontade de Deus para a sua vida.

Philip Graham Ryken alerta para o fato de que essa é a forma como alguns pregadores conseguem adquirir controle sobre suas congregações e como alguns cristãos tentam manipular outras pessoas.[293] Podemos saber quando uma profecia é falsa: quando ela contradiz uma ordem clara de Deus, que nunca revoga a sua palavra. Uma nova palavra de Deus ou uma interpretação da palavra de Deus jamais pode contradizer a mesma palavra de Deus já recebida.

Deuteronômio 13:1-3 alerta sobre o risco de atender ao convite de um falso profeta. O apóstolo João alertou os cristãos a não dar crédito a qualquer espírito; antes ordenou-os a provar os espíritos para saber se procedem de Deus (1Jo 4:1). Faltou ao profeta de Judá discernimento espiritual. Ele deixou de acreditar na palavra de Deus para crer nas palavras de um falso profeta. Warren Wiersbe comenta: "Ao contar uma mentira, o profeta velho tentou o homem de Deus, mas ao voltar para Betel, o profeta mais jovem tentou a si mesmo e ao Senhor".[294]

No caminho de volta para casa, o homem de Deus parou debaixo de um carvalho, quando foi abordado por um velho profeta de Betel: "És tu o homem de Deus que vieste de Judá?". Ele respondeu: "Eu mesmo" (13:14). O velho profeta o convidou-o a ir com ele à sua casa para comer pão e beber água. O profeta de Judá repetiu o mesmo discurso que proferira ao rei: "Não posso voltar contigo, nem entrarei contigo; não comerei pão, nem beberei água contigo neste lugar" (13:16), argumentando que isso não era capricho pessoal, mas uma ordenança do próprio Deus (13:17). O falso profeta de Betel rebateu a palavra do homem de Deus, trazendo-lhe uma nova revelação: "Também sou profeta como tu, e um anjo me falou por ordem do Senhor, dizendo: Faze-o voltar contigo a tua casa, para que coma pão e beba água. (Porém mentiu-lhe)" (13:18). O falso profeta, usando uma falsa profecia, enganou o homem de Deus de tal modo que "voltou ele, e comeu pão em sua casa, e bebeu água" (13:19).

Em segundo lugar, *a credulidade sem questionamento pode ser o caminho da queda* (13:11-19). O homem de Deus, em momento algum, questionou a nova revelação, supostamente entregue por um anjo da parte do Senhor ao velho profeta de Betel. O homem de Deus desprezou a palavra de Deus para dar crédito a uma falsa profecia. Sua credulidade levou-o ao caminho da desobediência e isso custou-lhe a própria vida. Mesmo tendo uma revelação divina oposta àquela dada pelo profeta de Betel, ele o segue como uma ovelha ao matadouro (13:19). Sem protesto, sem debate, sem perguntas, sem suspeita. Nas palavras de Dale Ralph Davis: "O homem de Deus engoliu uma reivindicação de revelação contrária em oposição à clara palavra já recebida. Esse é o problema essencial. E essa é uma receita para desastres".[295]

Em terceiro lugar, *aceitar uma nova revelação em substituição ou adendo à palavra revelada é desastroso* (13:18). O homem de Deus aceitou uma nova revelação em substituição à palavra de Deus revelada a ele. Deu ouvidos a uma mentira. Deixou-se enganar por um falso profeta. Concordo com Dale Ralph Davis quando diz que 1Reis 13 ensina que a palavra de Deus que foi dada é perfeita para seus servos e que não é seguro receber nada além ou em adição a essa palavra.[296]

Em quarto lugar, *a desobediência à palavra de Deus traz juízo inevitável* (13:19-24). Ao entrar na casa do velho profeta de Betel, e ao comer pão e beber água no lugar que Deus havia proibido, o Senhor manifestou-se através do próprio profeta velho, para repreender a rebeldia do homem de Deus. A sentença foi duríssima. O homem de Deus morreria e seu cadáver não entraria no sepulcro de seus pais. Os homens de Deus não têm licença para pecar. O juízo de Deus começa pela casa de Deus. O pecado é maligníssimo, e seu salário é a morte. Essa era a solene advertência ao rei Jeroboão e a todo o seu reino. Se Deus não poupa nem mesmo os seus servos quando se rebelam contra sua palavra, o que não sucederia com uma nação inteira que estava marchando célere para o abismo da idolatria?

O velho profeta de Betel, um profissional da religião que abusou da palavra de Deus (13:11-32)

O historiador não fala sobre o envolvimento direto do velho profeta de Betel com o culto sincrético instituído pelo rei Jeroboão. Que posição, porém, ele tem adotado em relação a Jeroboão e seus atos? Ele tem apoiado o regime ou, pelo menos, é conivente com suas políticas? Será este o motivo pelo qual Deus envia um profeta de Judá? Seus filhos estavam presentes no culto pagão, em Betel, onde o próprio rei estava diante do altar. Eles foram testemunhas oculares da palavra de juízo que o homem de Deus proferira ao rei no santuário de Betel. Destacamos seis fatos importantes acerca desse falso profeta de Betel:

Em primeiro lugar, *demonstra pressa para enganar* (13:11-17). Como o rei não conseguiu convencer o homem de Deus a entrar em sua casa, mesmo com ofertas tão vantajosas, o velho profeta, informado pelos seus filhos, sobre o caminho que ele tomara de volta a Judá, albarda um jumento e sai à sua procura. Ele tem pressa para mentir.

Pressa para enganar. Pressa para contrariar a palavra de Deus. Pressa para destruir o homem de Deus por intermédio de uma falsa profecia.

Em segundo lugar, *apresenta falsas credenciais* (13:18). O velho profeta é embusteiro. O historiador registra: "Tornou-lhe ele: Também eu sou profeta como tu, e um anjo me falou por ordem do Senhor, dizendo: Faze-o voltar contigo a tua casa, para que coma pão e beba água. (Porém mentiu-lhe)" (13:18). O velho não era profeta como o homem de Deus. Este era, de fato, um verdadeiro profeta, mas o profeta belemita era um falso profeta. Baseou sua profecia na revelação de um suposto anjo, que falou supostamente por ordem do Senhor, mas o Senhor não anula a sua palavra. O próprio texto diz que ele estava mentindo, mas o homem de Deus acreditou na mentira. O apóstolo Paulo foi enfático: "Mas, ainda que nós ou mesmo um anjo vindo do céu vos pregue evangelho que vá além do que vos temos pregado, seja anátema. Assim, como já dissemos, e agora repito, se alguém vos prega evangelho que vá além daquele que recebestes, seja anátema" (Gl 1:8,9).

Em terceiro lugar, *é usado pelo Senhor para reprovar a rebeldia do homem de Deus* (13:19-22). Deus é poderoso para usar quem ele quer, da forma que quer, para cumprir seus propósitos. "A palavra do Senhor veio ao profeta que o tinha feito voltar" (13:20). Essa palavra distingue a profecia verdadeira da falsa profecia, que procede da imaginação (13:18; Jr 23:16).[297] O profeta mentiroso recebe, agora, a verdadeira palavra do Senhor para repreender o homem de Deus, por ter dado crédito à uma nova revelação, a uma falsa profecia, a ponto de desprezar a palavra que o Senhor lhe dera. Dale Ralph Davis tem razão em dizer que o ministério de proclamar a palavra não nos isenta do dever de obedecer a essa palavra. Nunca é seguro se aventurar fora da proteção da palavra explícita do Senhor.[298]

O mesmo homem que não sucumbiu à intimidação e à sedução do rei Jeroboão caiu ao se deparar com a conversa fiada de um enganador religioso. Dale Ralph Davis alerta: "Às vezes, temos coragem de enfrentar grandes crises, mas não demonstramos bom-senso nos dilemas mais sutis".[299] Concordo com Tony Merida quando diz que o profeta de Judá serve como uma advertência para nós. Nossa vida pessoal e nosso ministério público precisam andar em harmonia, e não em conflito.[300]

O juízo sobre o profeta de Judá incluiu sua morte e seu cadáver insepulto. Ele morreria longe de casa, sofrendo a maior desgraça de não ser enterrado com seu próprio povo. Como diz Donald Wiseman, "era uma maldição um corpo permanecer insepulto. Era uma desgraça ser sepultado distante da família entre estranhos" (13:21,22).[301]

Em quarto lugar, *é testemunha do milagre da preservação do corpo do homem de Deus* (13:23-28). O homem de Deus tendo acabado de ouvir a repreensão da parte do Senhor, partiu de Betel para Judá, e, no caminho, um leão o encontrou e o matou. O leão, porém, não devorou o corpo do homem de Deus nem atacou o jumento que o transportava. Ao contrário, ficou parado ao lado do jumento, junto ao cadáver. O leão estava apático; não atacou o jumento nem devastou o cadáver. O estranho leão era uma assinatura de Deus, pois estava sob o controle de Deus. Esse fato miraculoso foi anunciado ao velho profeta, que reconheceu que o Senhor o havia entregado ao leão. Ao chegar no local, viu um milagre: o leão não tinha devorado o corpo, nem despedaçado o jumento. Nas palavras de Philip Graham Ryken: "Por alguma razão estranha, o leão parecia ter perdido o apetite. Ele não devorou sua vítima, como leões normalmente fazem. Também não demonstrou qualquer interesse pelo jumento saboroso que estava parado próximo dali. Esse leão estava "na coleira do Senhor". O leão de Deus ainda estava vigiando o corpo do homem morto, demarcando o local, esperando pacientemente pelo último ato desse drama bíblico, o enterro decente do homem de Deus.[302]

Em quinto lugar, *realiza o sepultamento do homem de Deus* (13:29-32). O profeta velho colocou o cadáver do homem de Deus sobre o jumento e o levou à cidade, onde chorou e enterrou-o no seu próprio sepulcro, lamentando e dizendo: "Ah! Irmão meu!" (13:30). Certamente esse foi um funeral triste, com lágrimas de remorso pessoal.

Em sexto lugar, *tem expectativas equivocadas sobre o poder inerente do homem de Deus* (13:32). Depois de haver sepultado o homem de Deus, o velho profeta pediu a seus filhos, para que, quando morresse, o sepultassem no mesmo sepulcro do homem de Deus, a fim de que seus ossos estivessem junto aos ossos do homem de Deus, porque certamente a profecia dada por ele, cumprir-se-ia. Esperava encontrar segurança ao lado dos ossos de um verdadeiro profeta. Os ossos do homem de Deus, entrementes, não poderiam livrar esse falso profeta das consequências de seus pecados. Dale Ralph Davis tem razão em dizer: "O fato de o homem de Deus de Judá ser tolo não significa que o velho profeta não teve culpa".[303]

São oportunas as palavras de Philip Graham Ryken ao dizer que essa história pretendia servir como advertência. Ao povo de Judá, ela dizia: "Não se deixe enganar! A adoração de Israel é falsa, e se você se desviar do chamado de Deus, você morrerá". Ao povo de Israel, a história dizia:

"Ouça a palavra salvífica de Deus que vem através da tribo de Judá". Infelizmente, Israel se recusou a ouvir a advertência de Deus.[304] Agora, se o homem de Deus foi morto por um leão da justiça de Deus, como poderia um rei ímpio escapar do julgamento vindouro? Tanto Judá quanto Israel estavam sendo chamados ao arrependimento. A ordem naquele tempo era a mesma dos tempos do apóstolo João: "Quem tem ouvidos, ouça o que o Espírito diz às igrejas" (Ap 2:7). Todos precisam obedecer à palavra de Deus — profetas, reis e os demais entre essas autoridades religiosas e políticas.

Harvey Finley é oportuno quando diz que Deus espera por uma indiscutível obediência, reconhecendo que, 1) a obediência pode levar as pessoas a situações difíceis; 2) a obediência leva as pessoas a enfrentarem situações nas quais é difícil tomar decisões adequadas; 3) a obediência pode rapidamente se transformar em desobediência quando as pessoas descuidam da vigilância; 4) a desobediência leva ao castigo, independente da fidelidade e dos serviços prestados no passado.[305]

Concluo este capítulo com dois alertas. *Primeiro*: "Através de todo este capítulo (1Rs 13), a palavra de Deus é tema primário (13:9,17,20,21,26,32). Jeroboão rejeitou-a. O homem de Deus, profeta de Judá, seguiu-a e depois a abandonou. O profeta de Betel abusou dela".[306] *Segundo*: "Não rejeite a palavra de Deus, como Jeroboão fez, nem a abandone, como o homem de Judá fez. Não afirme que a sua palavra é realmente a palavra de Deus, como fez o velho profeta de Betel. Basta crer no que Deus disse na Bíblia, e você descansará na paz da vida eterna".[307]

Notas

280 DAVIS, Dale Ralph. *1Reis*, p. 149,150.
281 WIERSBE, Warren W. *Comentário bíblico expositivo*. Vol. 2, p. 450.
282 RYKEN, Philip Graham. *1Reis*, p. 332.
283 WIERSBE, Warren W. *Comentário bíblico expositivo*. Vol. 2, p. 450.
284 DAVIS, Dale Ralph. *1Reis*, p. 152.
285 RYKEN, Philip Graham. *1Reis*, p. 333,334.
286 DAVIS, Dale Ralph. *1Reis*, p. 148.
287 RYKEN, Philip Graham. *1Reis*, p. 334, 335.
288 DAVIS, Dale Ralph. *1Reis*, p. 153.
289 RYKEN, Philip Graham. *1Reis*, p. 337.
290 WIERSBE, Warren W. *Comentário bíblico expositivo*. Vol. 2, p. 451.
291 BOUNDS, E. M. *Power through Prayer*, p. 13, 14.
292 GOLDINGAY, John. *Históricos para todos*: *1-2Reis*, p. 96.
293 RIKEN, Philip Graham. *1Reis*, p. 340.
294 WIERSBE, Warren W. *Comentário bíblico expositivo*. Vol. 2, p. 452.
295 DAVIS, Dale Ralph. *1Reis*, p. 155.
296 Ibidem, p. 156.
297 WISEMAN, Donald J. *1-2Reis: introdução e comentário*, p. 131.
298 DAVIS, Dale Ralph. *1Reis*, p. 156.
299 Ibidem.
300 MERIDA, Tony. *Christ-Centered Expositon: 1 & 2 Kings*, p. 81.
301 WISEMAN, Donald J. *1-2Reis: introdução e comentário*, p. 131.
302 RYKEN, Philip Graham. *1Reis*, p. 343.
303 DAVIS, Dale Ralph. *1Reis*, p. 158.
304 RYKEN, Philip Graham. *1Reis*, p. 345.
305 FINLEY, Harvey E. *Os livros de Reis*. In: *Comentário bíblico Beacon*. Vol. 2, p. 319,320.
306 MERIDA, Tony. *Christ-Centered Exposition: 1 & 2 Kings*, p. 79.
307 RYKEN, Philip Graham. *1Reis*, p. 347.

Capítulo 14

O julgamento da Palavra de Deus

(1Reis 14:1-31)

DEUS JÁ HAVIA ALERTADO o rei Jeroboão de três maneiras no capítulo anterior: sua mão paralisou e, pela intercessão do profeta de Judá, foi curada; o altar se fendeu ao meio, e as cinzas se espalharam; o profeta de Judá, por acreditar num falso profeta e desobedecer a uma ordem expressa de Deus, morreu; agora, Deus alerta mais uma vez o rei, por intermédio da doença de Abias, seu filho. Concordo com Philip Graham Ryken quando diz que a doença de Abias teria sido uma oportunidade graciosa para o rei retornar para Deus.[308]

O poder da palavra remove as máscaras da mulher de Jeroboão (14:1-6)

A doença de Abias provou que os deuses que Jeroboão havia adotado eram impotentes. Os bezerros de ouro de Dã e Betel nada puderam fazer para curar o príncipe, o futuro herdeiro do trono. Jeroboão tinha uma religião de araque, um simulacro da divindade. Ele mesmo sabia que os seus deuses eram incapazes de socorrê-lo. Por isso, recorre ao profeta Aías, o homem que havia profetizado a sua ascensão ao poder. Como diz Dale Ralph Davis, "aqui o escorregadio Jeroboão encontra a palavra de Deus, a palavra que expõe os homens e governa a história".[309] Na verdade, o Senhor nunca está separado de sua palavra. Rejeitar a palavra é rejeitar o Deus da palavra. Destacaremos três pontos importantes:

Em primeiro lugar, *a doença do filho do rei* (14:1). "Naquele tempo, adoeceu Abias, filho de Jeroboão...". O nome *Abias* significa "o Senhor é meu pai". A doença de Abias era mais um solene aviso de Deus ao rebelde rei Jeroboão. Era mais uma voz altissonante ecoando em seu coração. Era mais uma oportunidade para esse monarca voltar-se para Deus. A doença chega a jovens e velhos, reis e vassalos. A doença entra nos palácios e nas choupanas. A doença revela a fragilidade humana e a proximidade da morte. Philip Graham Ryken diz que a doença de Abias era uma crise médica e política, pois não era só a vida do menino que estava em perigo, mas toda a dinastia real.[310]

Em segundo lugar, *a tentativa do rei em enganar a Deus* (14:2-4). Por que Jeroboão não vai pessoalmente a Aías, em Siló? Por que envia sua mulher, em seu lugar? Por que ele dá ordens a ela para se disfarçar? O que temia o rei? Certamente ele sabe que está agindo na contramão da orientação dada pelo profeta. Ao impor o "neobovinismo" e estabelecer inovações religiosas, tinha consciência de que estava sendo rebelde às instruções divinas. Em vez, porém, de orar por misericórdia e confiar no Senhor, Jeroboão tentou manipular o sistema religioso. Ele tentou enganar a Deus com seu ardil astuto. Certamente, ele sabia que o profeta Aías, que o apontara como rei, não apoiava sua tresloucada decisão de criar uma religião rival no reino de Israel. Nas palavras de John Goldingay, "o profeta Aías sabe quão profunda, abrangente e desastrosa é a resposta à questão daquele casal. O fato de Aías ser o meio pelo qual Deus designou Jeroboão governante de Israel, como parte do juízo divino sobre Salomão, não significa que ele é obrigado a apoiar Jeroboão. Deus é o único com quem ele é comprometido".[311]

Nas palavras de Philip Graham Ryken, "Jeroboão quer de Deus não a verdade que precisa ouvir, mas a ajuda imediata que equivocadamente acredita merecer.[312] Dale Ralph Davis é esclarecedor nesse ponto:

> Quando é que Jeroboão busca a palavra de Deus? Quando ele está em apuros. Nada errado nisso em si (Sl 50:15). Todavia, Jeroboão resolveu ignorar a palavra de Deus no capítulo 13; mas, então, quando chegaram os dias sombrios, ele busca o que havia desprezado. Jeroboão quer a ajuda da palavra nas emergências da vida, mas não o governo da palavra sobre o curso da vida. Ele deseja apenas a palavra ocasional de Deus. Ele quer a palavra de Deus para sua crise, mas não para sua rotina ou sua prática. Ele anseia por luz para seu problema, mas não para seu caminho. Ele não quer viver com a palavra, mas apenas visitá-la.[313]

Jeroboão menosprezou o profeta de Deus e, sobretudo, o Deus do profeta, pois tentou ludibriar o profeta, enganar e manipular Deus. Jeroboão tinha usado a religião para seus interesses políticos, mas esqueceu-se de que Deus não pode ser manipulado nem enganado. Os disfarces da sua mulher foram vistos pelos olhos oniscientes de Deus, que avisou ao profeta já deficiente visual. Concordo com Donald Wiseman quando diz que o disfarce é sempre considerado errado e ineficaz, como no caso de Saul (1Sm 28:8), Acabe (1Rs 22:30) ou Josias (2Cr 35:22).[314] Os presentes que a mulher levou não compraram o profeta nem amenizaram a mensagem de juízo que ele entregou a ela. Warren Wiersbe diz que, em sua cegueira, Aías podia ver mais do que Jeroboão e sua mulher com seus olhos saudáveis.[315]

Em terceiro lugar, *Deus revela ao profeta a trapaça da rainha* (14:5,6). Deus revelou ao profeta Aías que a mulher de Jeroboão estava chegando, disfarçadamente, para consultá-lo acerca de Abias, seu filho enfermo. Deus entregou ao profeta a mensagem de juízo que ela deveria ouvir, ou seja, duras novas. Nas palavras de Warren Wiersbe, "o profeta idoso sabia *quem* estava vindo, *o motivo* de sua vinda e *o que* deveria dizer à mulher".[316] O profeta Amós escreveu: "Certamente o Senhor não fará coisa alguma, sem primeiro revelar o seu segredo aos seus servos, os profetas" (Am 3:7).

O julgamento da palavra condena a idolatria de Jeroboão (14:7-11)

Assim como o profeta de Judá não se deixou seduzir pelo convite do rei nem aceitou as recompensas do rei (13:7,8), o profeta Aías não poupou a mulher de Jeroboão, entregando-lhe fielmente uma palavra de condenação à abominável idolatria adotada em Israel. Destacamos, aqui, três pontos importantes:

Em primeiro lugar, *o profeta olha para o passado para destacar os privilégios perdidos* (14:7-8a). O profeta lembrou Jeroboão acerca da graça de Deus no passado. A idolatria implantada por Jeroboão era, essencialmente, um ato de ingratidão ao Deus que o escolhera e o colocara no trono com o propósito de reprovar a idolatria de Salomão. Jeroboão recebeu dez tribos para governar e foi conclamado a ser fiel ao Senhor, como fora Davi. Porém, em vez de obedecer aos preceitos de Deus, Jeroboão virou as costas para o Senhor e rejeitou sua aliança.

Em segundo lugar, *o profeta olha para o presente para destacar a rebeldia do rei Jeroboão* (14:8b,9). Em seguida, Aías revelou os pecados de Jeroboão no presente. O profeta denuncia o fato de Jeroboão não ter sido como Davi, que guardou os mandamentos do Senhor e andou após ele, de todo o seu coração, para fazer somente o que parecia ser reto aos seus olhos. Antes, fez o mal, pior do que todos os que foram antes dele, fazendo outros deuses e imagens de fundição, para provocar o Senhor à ira, virando-lhe as costas. Jeroboão organizou uma religião falsa, induziu seu povo à idolatria, provocou a ira do Senhor e se recusou a ouvir os profetas enviados para adverti-lo. O cerne da acusação de Aías está no versículo 9: "Fizeste outros deuses e imagens de fundição, para provocar-me à ira, e me viraste as costas". Como diz Dale Ralph Davis, "isso não soa como se o Senhor considerasse as imagens reais dos bezerros como auxílios litúrgicos relativamente inofensivos. Elas são *outros deuses*, e provocam o Senhor à ira".[317]

Em terceiro lugar, *o profeta olha para o futuro para destacar o fim da dinastia de Jeroboão* (14:10,11). Finalmente, o profeta fala sobre o futuro de Jeroboão. Como consequência da idolatria instaurada por ele em seu reino, Deus adverte que trará o mal sobre a casa de Jeroboão e eliminará de sua casa todo e qualquer do sexo masculino, tanto escravo como livre, lançando fora a dinastia de Jeroboão como esterco. Os membros da família de Jeroboão morrerão e ficarão insepultos. Seus cadáveres serão devorados pelos cães e pelas aves dos céus. O Senhor faria uma limpeza na família de Jeroboão e eliminaria todos os possíveis herdeiros, da mesma forma que os servos removiam o esterco de uma casa.

O juízo da palavra aponta o julgamento divino (14:12-18)

Desfeitas as trapaças da mulher de Jeroboão, e depois de entregar a ela as más novas, contendo o justo juízo de Deus sobre sua casa, o profeta a envia de volta à sua casa, para ver o cumprimento de sua palavra. O juízo de Deus sobre Jeroboão era tríplice: a morte do filho (14:12,13); a derrocada da dinastia (14:14); o exílio da terra (14:15,16). Todos os três vaticínios se cumprem: o filho morre (14:17,18); a dinastia de Jeroboão é destruída (15:25-30); Israel, as dez tribos do Norte, são expulsas da terra (2Rs 17:21-23). Destacamos, aqui, cinco pontos:

Em primeiro lugar, *o profeta anuncia a morte do filho do rei* (14:12,13). Despedindo a mulher, o profeta Aías alertou-a de que ao chegar em Tirza, a capital de Israel, seu filho morreria. Pondo a mulher de Jeroboão os pés na cidade (14:12), ou seja, no limiar da casa, em Tirza, morreu o menino (14:17). É provável que Abias não era uma criança, uma vez que a expressão "achou nele coisa boa" é usada no sentido de avaliar sua conduta consciente para com o Senhor, Deus de Israel (14:13). Abias era amado pelo povo, pois, após sua morte, o povo o pranteou e o sepultou, fato que não ocorreu com os demais membros da família real. A morte de Abias seria, assim, para ele mesmo, uma espécie de livramento de todas as tragédias que se avizinhavam à sua família. O profeta Isaías escreveu: "Perece o justo, e não há quem se impressione com isso; e os homens piedosos são arrebatados sem que alguém considere nesse fato; pois o justo é levado antes que venha o mal" (Is 57:1). Corrobora com esse pensamento Donald Wiseman, quando escreve: "A morte de Abias poderia também ser vista como um ato de misericórdia para poupá-lo da desonra e catástrofe que adviriam ao reino de Jeroboão".[318]

Em segundo lugar, *o profeta anuncia a chegada do rei que exterminará a família de Jeroboão* (14:14). O profeta Aías, sem mencionar o nome, vaticina que Deus levantará um rei sobre Israel, que eliminará, no seu dia, a casa de Jeroboão. Os pecados de Jeroboão atingiram não apenas a sua vida, mas toda a sua dinastia.

Em terceiro lugar, *o profeta anuncia o exílio do Reino do Norte* (14:15). Os pecados de Jeroboão atingiram não apenas a sua família, mas, também, todo o reino de Israel. O exílio é anunciado. Deus arrancará Israel da boa terra que dera a seus pais e o espalhará para além do Eufrates, porquanto fez os seus postes-ídolos, provocando o Senhor à ira. O profeta cego viu todo o reino de Israel derrotado pelo exército assírio, arrancado de sua terra e disperso entre as nações, o que, de fato, ocorreu em 722 a.C.

Em quarto lugar, *o profeta anuncia a causa do exílio do Reino do Norte* (14:16). A causa do exílio é mencionada com todas as letras: "Abandonará a Israel por causa dos pecados que Jeroboão cometeu e pelos que fez Israel cometer". Jeroboão era o autor e o promotor dos pecados de Israel. Ele pecou e induziu o povo a pecar. Ele liderou o seu povo para a sua própria ruína. Warren Wiersbe destaca que, assim como Davi foi o parâmetro de Deus para medir os reis bons, Jeroboão foi o exemplo de Deus para o que houve de pior entre os reis maus (15:34; 16:2,3,7,19,26,31; 22:52;

2Rs 3:3; 9:9; 10:29,31; 13:2,6,11; 14:24; 15:9,18,24,28; 17:21,22).[319] Dale Ralph Davis é enfático quando diz que o primeiro rei das dez tribos acabou com a nação. O início foi o começo do fim. Jeroboão escolheu os bezerros e condenou todo um povo. A maldição da palavra de Aías paira sobre os cento e oitenta anos seguintes.[320] Harvey Finley alerta: "Nenhum homem pode restringir a si mesmo as consequências de seus atos iníquos".[321] Uma única decisão errada pode ter um impacto absurdo sobre muitos e por muito tempo.

Em quinto lugar, *a profecia se cumpre cabalmente* (14:17,18). A profecia da morte de Abias cumpriu-se literalmente. Quando sua mãe pôs os pés no limiar da casa, ele morreu e foi sepultado conforme a palavra de Aías, servo do Senhor. Certamente, esse fato era uma comprovação de que a destruição da dinastia de Jeroboão e o exílio de Israel também se cumpririam no seu tempo oportuno. É digno de destaque que a mulher de Jeroboão nunca se arrependeu. Embora ela tenha voltado para casa, nunca mais voltou para Deus.[322]

O foco da palavra enfatiza o que é prioridade (14:19,20)

O historiador não deu ênfase aos atos de Jeroboão nos seus vinte e dois anos de governo, nem mesmo carregou as tintas para falar de suas guerras. Vejamos:

Em primeiro lugar, *o historiador não enfatiza as realizações de Jeroboão, mas destaca sua infidelidade à aliança* (14:19). Jeroboão governou vinte e dois anos. Seus atos, bem como suas guerras, estão escritos no Livro da História dos Reis de Israel. Ou seja, esses acontecimentos não foram o foco do historiador. O que de fato importava era a fidelidade do rei, e nisso ele fracassou rotundamente. Dale Ralph Davis comenta: "O escritor tem pouco interesse pelos sucessos militares e políticos de Jeroboão, mas gastou toda a sua tinta em como o rei reagiu às exigências básicas da aliança. Realizações não importam; a fidelidade, sim".[323]

Em segundo lugar, *o historiador menciona sua morte e sucessor* (14:20). De forma sucinta, o historiador menciona a morte de Jeroboão, depois de vinte e dois de governo, tendo Nadabe, seu filho, reinado em seu lugar, para um breve reinado de apenas dois anos, sendo assassinado por Baasa, que ocupou o trono. Durante os vinte e dois anos em que reinou sobre Israel, Jeroboão levou a família e a nação à ruína. Deus é justo e sua justiça não pode dormir para sempre.

A condenação da palavra ao rei e ao reino do Judá (14:21-31)

Tendo tratado do rei Jeroboão nos versículos 1 a 20, agora, dos versículos 21 a 31, trataremos do rei Roboão, filho de Salomão. É digno de nota que, de agora em diante, *Judá* é usado para se referir ao Reino do Sul e *Israel* para se referir ao Reino do Norte. Philip Graham Ryken diz, acertadamente, que do ponto de vista espiritual, o reinado de Roboão foi uma enorme decepção. Lá atrás, no capítulo 12, vimos como ele ignorou os anciãos e dividiu o reino. Aqui, no capítulo 14, vemos o seu pecado de adoração falsa – um fracasso espiritual que levou à perda de sua paz e prosperidade. Não foi um pecado apenas de Roboão, foi também o pecado de seu povo.[324]

Vejamos:

Em primeiro lugar, *Roboão, um rei influenciado pela religião de sua mãe* (14:21). Roboão nasceu um ano antes de

Salomão ser coroado rei, pois tinha quarenta e um anos quando começou a reinar em Judá. Somos informados que ele reinou dezessete anos em Jerusalém, na cidade que o Senhor escolhera de todas as tribos de Israel, para estabelecer ali o seu nome. Por duas vezes, o historiador menciona o nome de Naamá, sua mãe, destacando que ela era amonita (14:21,31). Isso é muito sugestivo, porque explica a influência que sua mãe exerceu sobre ele, em sua apostasia religiosa. Dale Ralph Davis pergunta: "Que bem pode advir de uma influência pagã como essa por trás do trono?".[325]

Em segundo lugar, *o reino de Judá rendido à idolatria* (14:22-24). A acusação vem endereçada não ao rei, mas a Judá. O Reino do Sul fez o que era mal perante o Senhor, mais do que seus pais, provocando a ira de Deus. O que eles fizeram?

Porque também os de Judá edificaram altos, estátuas, colunas e postes-ídolos no alto de todos os elevados outeiros e debaixo de todas as árvores verdes. Havia também na terra prostitutos cultuais; fizeram segundo todas as coisas abomináveis das nações que o Senhor expulsara de diante dos filhos de Israel (14:23,24).

John Goldingay tem razão em dizer que as sementes plantadas por Salomão e regadas por Roboão estão produzindo frutos amargos. Expressando de outra maneira, a religião nativa da terra (a religião dos cananeus) prosseguiu sendo um fator dominante tanto na vida de Judá quanto na de Israel.[326] Visto que o povo de Judá se empolgou em imitar a religião cananeia, ele sofrerá o destino cananeu – despojado do seu lugar na terra.

Em terceiro lugar, *o reino de Judá é saqueado pelo rei do Egito* (14:25,26). Como consequência da rendição de Judá à idolatria, Roboão enfrenta, no quinto ano de seu governo, a invasão política e militar de Sisaque, rei do Egito, que sobe contra Jerusalém, numa expedição de pilhagem, tomando todos os tesouros da Casa do Senhor e os tesouros da casa do rei. Além de levar todos os escudos de ouro que Salomão tinha feito. Como diz Philip Graham Ryken, "vemos aqui uma inversão do êxodo: os despojos voltaram ao Egito".[327] Essa apropriação egípcia dos tesouros do templo e do palácio era um golpe inicial do juízo de Deus contra a infidelidade de Judá. Faraó é o instrumento do juízo de Deus contra o seu próprio povo. Faraó está a serviço de Deus na execução do seu julgamento ao seu povo.

Em quarto lugar, *o reino de Judá perde seu esplendor* (14:27,28). O reino de Roboão é de uma glória desvanecente. Desprovido da era dourada de Salomão, seu pai, Roboão manda fazer novos escudos, de bronze, para serem usados pela guarda na ocasião que o rei entrava da Casa do Senhor. A era dourada havia terminado para dar lugar à era do latão. Era um sinal visível do empobrecimento do reino e de sua inevitável decadência. Nessa mesma linha de pensamento, Donald Wiseman escreve: "A substituição dos escudos de ouro de Salomão por escudos de bronze mostra o declínio econômico de Judá nesse tempo".[328] Harvey Finley é oportuno quando alerta: "A imitação é tão inferior à verdade como o latão é inferior ao ouro puro".[329] Roboão tentou desesperadamente manter as aparências. A corte real ainda cumpria os antigos rituais, mas agora Judá já não pertencia mais à categoria de ouro. Dale Ralph Davis declara:

> O esplendor está se desvanecendo. Mas a pompa e a cerimônia devem continuar. E se não podemos ter escudos de boa qualidade, ficamos com a variedade encontrada em lojas de desconto. O *show* precisa continuar. Podemos sacrificar voluntariamente

> a pura adoração a Deus (14:22-24), mas não devemos abandonar nossas tentativas miseráveis de imitar a antiga glória com nossas bugigangas e lantejoulas.[330]

Concordo com Philip Graham Ryken quando afirma que o declínio econômico de Judá "era um presságio do juízo vindouro, um sinal claro do início da ira de Deus. A menos que o povo se arrependesse, toda a sua glória desvaneceria. Finalmente, um inimigo viria e levaria consigo tudo, inclusive as próprias pessoas".[331]

Em quinto lugar, *o reino de Judá perde sua paz* (14:29-31). Roboão reinou dezessete anos e morreu aos cinquenta e oito. Porém, houve guerra entre ele e Jeroboão todos os seus dias. Ele não teve paz. Ele perdeu a prosperidade e a paz. Houve um estado de guerra contínuo entre Judá e Israel, quer este fosse um "estado de hostilidade" ou frequentes conflitos de fronteira.[332]

Concluo este capítulo com as esperançosas palavras de Tony Merida,

> A boa nova do evangelho é que Deus é misericordioso para com os pecadores. Ele perdoa idólatras, adúlteros e mentirosos. Ele oferece vida eterna a um povo que está à beira da morte. Esta salvação é possível através da obra do Rei que tomou sobre si o nosso pecado e o levou à cruz. Ele morreu pelos nossos pecados e levantou-se dos mortos, abrindo o caminho da salvação para todos os que atendem ao chamado de Deus para se arrependerem e crerem em Cristo. Não persista no pecado. Arrependa-se. Olhe para Jesus como seu substituto e tome posse da salvação. Então, você terá assegurado um lugar em seu Reino. Regozije-se nele agora. Viva este dia como um cidadão do Reino.[333]

Notas

[308] RYKEN, Philip Graham. *1Reis*, p. 350.
[309] DAVIS, Dale Ralph. *1-2Reis*, p. 159.
[310] RYKEN, Philip Graham. *1Reis*, p. 350.
[311] GOLDINGAY, John. *Históricos para todos*: *1-2Reis*, p. 100.
[312] RYKEN, Philip Graham. *1Reis*, p. 352.
[313] DAVIS, Dale Ralph. *1-2Reis*, p. 162.
[314] WISEMAN, Donald J. *1-2Reis: introdução e comentário*, p. 132.
[315] WIERSBE, Warren W. *Comentário bíblico expositivo*. Vol. 2, p. 452.
[316] Ibidem, p. 453.
[317] DAVIS, Dale Ralph. *1-2Reis*, p. 163.
[318] WISEMAN, Donald J. *1-2Reis: introdução e comentário*, p. 133.
[319] WIERSBE, Warren W. *Comentário bíblico expositivo*. Vol. 2, p. 453.
[320] DAVIS, Dale Ralph. *1-2Reis*, p. 166.
[321] FINLEY, Harvey E. *Os livros dos Reis*. In: *Comentário bíblico Beacon*. Vol. 2, p. 321.
[322] RYKEN, Philip Graham. *1Reis*, p. 359.
[323] DAVIS, Dale Ralph. *1-2Reis*, p. 167.
[324] RYKEN, Philip Graham. *1Reis*, p. 363.
[325] DAVIS, Dale Ralph. *1-2Reis*, p. 170.
[326] GOLDINGAY, John. *Históricos para todos*: *1-2Reis*, p. 105.
[327] RYKEN, Philip Graham. *1Reis*, p. 366.
[328] WISEMAN, Donald J. *1-2Reis: introdução e comentário*, p. 136.
[329] FINLEY, Harvey E. *Os livros de Reis*. In: *Comentário bíblico Beacon*. Vol. 2, p. 322.
[330] DAVIS, Dale Ralph. *1-2Reis*, p. 172.
[331] RYKEN, Philip Graham. *1Reis*, p. 366.
[332] WISEMAN, Donald J. *1-2Reis: introdução e comentário*, p. 136.
[333] MERIDA, Tony. *Christ-Centered Exposition: 1 & 2 Kings*, p. 82,83.

Capítulo 15

A dança das cadeiras

(1Reis 15:1-32)

O HISTORIADOR, DEPOIS DE anunciar a morte de Roboão, filho de Salomão, passa a narrar o reinado de Abias, seu filho. Este andou pelo mesmo caminho sinuoso de seu pai, seguindo o adágio popular: "tal pai, tal filho". Neste capítulo, veremos os reinados de Abias, Asa, Nadabe e o começo do reinado de Baasa, numa verdadeira dança das cadeiras.

O reinado de Abias (15:1-8)

A biografia de Abias não registra nada de bom sobre ele. Porque seu coração não foi perfeito para com Deus, como o coração de Davi; seus pés andaram em todos os pecados que Roboão, seu pai, havia cometido antes dele. Nas palavras de Dale Ralph Davis, "Abias escolheu Roboão como seu exemplo e não

Davi".[334] Concordo com Philip Graham Ryken quando diz que a primeira e mais importante pergunta a fazer sobre esse novo rei não é quais nações conquistou, ou quais edifícios construiu, ou quanto ouro acrescentou ao seu tesouro, mas se ele seguiu a Deus. Infelizmente, ele é um exemplo de "tal pai, tal filho". Abias "andou em todos os pecados que seu pai havia cometido antes dele; e seu coração não foi perfeito para com o Senhor, seu Deus, como o coração de Davi, seu pai" (15:3).[335] Na perspectiva de 2Crônicas 13, existem pelo menos algumas coisas que Abias fez certo, tal como derrotar Jeroboão na batalha por firmar-se nas promessas de Deus. Porém, na perspectiva do historiador de 1Reis 14, sua imagem é bem menos lisonjeira. Aqui lemos que Abias cometeu todos os pecados de Roboão, seu pai. É óbvio que os autores de Crônicas e Reis estão enfatizando dois pontos diferentes, ou seja, Crônicas implica que Abias era razoavelmente ortodoxo quando comparado com Jeroboão; Reis diz que ele é depravado quando comparado com Davi. Abias pode ter sido melhor do que o pior rei do Reino do Norte, mas ficou muito aquém do melhor rei de Israel.[336]

Destacaremos cinco pontos aqui:

Em primeiro lugar, *o tempo de seu reinado* (15:1,2). Abias, filho de Roboão, neto de Salomão e bisneto de Davi, começou a reinar em Jerusalém no décimo oitavo ano do rei Jeroboão, filho de Nebate. Reinou apenas três anos em Judá. Mesmo tendo ancestrais israelitas, esse novo monarca não se desvencilhou dos pecados de idolatria de seu pai nem imitou seu bisavô Davi.

Em segundo lugar, *a marca de seu reinado* (15:3). "Andou em todos os pecados que seu pai havia cometido antes dele; e seu coração não foi perfeito para com o Senhor, seu Deus, como o coração de Davi, seu pai". Aqui se cumpre o adágio popular: "Tal pai, tal filho". Abias não apenas andou em alguns pecados de seu pai, mas em todos os pecados de seu pai. Ele imitou seu pai no que devia ter se distanciado dele. Ele repetiu em seu reinado o que deveria ter abandonado. É lamentável quando os filhos repetem os mesmos erros de seus pais e caem nos mesmos pecados. O problema de Abias não estava apenas no ambiente externo, mas sobretudo, dentro dele. Seu problema era interno, e não externo. Procedia de seu coração, e não do mau exemplo de seu pai. Seu coração era o seu problema. Seu coração não foi perfeito para com o Senhor, como perfeito fora o coração de Davi.

Em terceiro lugar, *um sinal da graça de Deus em seu reinado* (15:4,5). A fidelidade de Deus à sua aliança (15:4) e a coerência pactual de Davi (15:5) são a causa da preservação do reino de Judá. Deus honra a sua aliança com Davi, e mesmo na escuridão do reinado de Abias, o Senhor acendeu uma lâmpada de esperança para Jerusalém, prometendo que o filho e sucessor de Abias, daria estabilidade à cidade tão assolada pelo pecado. Mesmo Davi não sendo um homem perfeito — e o historiador recorda como Davi adulterou com Bate-Seba e mandou matar Urias, seu marido — ele foi um homem de coração quebrantado, que perseverou em fazer o que era reto perante o Senhor e não se desviou de tudo quanto o Senhor lhe ordenara, durante todos os dias de sua vida. Certamente foi a graça de Deus que entrou em ação para estancar o fluxo da destruição que avançava célere no reino de Judá. Deus preservou a linhagem real de Abias, mas não fez por amor a ele, mas por amor a Davi. Philip Graham Ryken é oportuno, quando diz: "A graça que Deus mostrou a Abias nos aponta para a obra salvífica de Jesus Cristo. Como Abias, somos salvos pela promessa de Deus a Davi – a promessa que Deus cumpriu em Jesus Cristo, o Filho de Davi e Filho de Deus".[337]

Em quarto lugar, *um constante conflito em seu reinado* (15:6,7). O historiador destaca o fato de que as permanentes guerras que Roboão vivenciara com Jeroboão ao longo de seus dezessete anos de governo continuam acesas durante os três anos de reinado de Abias. Não houve paz em seu governo nem trégua alguma. Os reinos de Judá e Israel não arriaram as armas nem cessaram de atacar um ao outro.

Em quinto lugar, *o fim de seu reinado* (15:8). Abias morreu e foi sepultado na Cidade de Davi, e Asa, seu filho, reinou em seu lugar. Seu reinado foi curto, seus pecados foram graves, sua morte foi um alívio para o futuro da nação, mas seu filho trouxe esperança para o povo. Uma família sem a graça de Deus é tragédia para as futuras gerações, porém, uma família sob a influência da graça de Deus é uma fonte de bênção para seus pósteros.

No século 18, dois homens norte-americanos tiveram destinos diametralmente opostos: Max Jukes e Jonathan Edwards. Max Jukes era um alcoolista que vivia na floresta e não demonstrava qualquer interesse por Deus. Casou-se com uma mulher da mesma estirpe. O sociólogo Richard Dugdale, em 1874, pesquisou registros locais para determinar o que acontecera com a sua família e, descobriu que, entre mais de mil descendentes, meia dúzia eram assassinos, setenta e seis eram criminosos condenados, cem eram alcoolistas, mais de trezentos morreram como indigentes e cerca da metade das mulheres eram prostitutas. Jonathan Edwards, homem culto e piedoso, casou-se com uma jovem temente a Deus e viu a intervenção de

Deus em sua prole. Até o final do século seguinte, os descendentes de Jonathan Edwards incluíam treze presidentes de universidades, sessenta e cinco médicos, setenta e cinco oficiais militares, sessenta escritores, oitenta detentores de cargos públicos, incluindo três senadores, e, talvez, como ponto mais importante, uma centena de pastores e missionários.[338]

O reinado de Asa (15:9-24)

Asa foi melhor do que seu pai, Abias, e do que seu avô, Roboão. Dale Ralph Davis apresenta dois retratos do novo rei: o reformador (15:11-15) e o político (15:16-22).[339] Como reformador, ele confiou no Senhor; como político, confiou em suas próprias estratégias. Como reformador, fez uma faxina espiritual em Judá; como político, porém, fez uma aliança para proteger-se de Baasa em vez de confiar no Senhor, no que foi severamente censurado pelo profeta Hanani. Destacamos, aqui, seis pontos importantes:

Em primeiro lugar, *o tempo de seu reinado* (15:9,10). Asa, filho de Abias, começou a reinar sobre Judá no vigésimo ano de Jeroboão, depois de três anos incompletos do reinado de seu pai, e reinou quarenta e um anos em Jerusalém. Maaca, sua mãe, filha de Absalão, parece ser a mesma mulher de Abias, seu pai. Alguns estudiosos acreditam que se trata de um caso de incesto, outros pensam que se trata de duas mulheres distintas.

Em segundo lugar, *a distinção do seu reinado* (15:11). "Asa fez o que era reto perante o Senhor, como Davi, seu pai". Mesmo tendo um avô e um pai idólatras, Asa rompeu com a apóstata tradição religiosa deles para fazer uma limpa em seu reino, neutralizando, assim, a tendência idólatra que se consolidava em Judá. Philip Graham Ryken tem razão em dizer que tal como o seu bisavô Davi, ele tinha um coração voltado para a adoração do único Deus verdadeiro. Portanto, Asa pôs fim à adoração dos falsos deuses e às práticas depravadas da religião cananeia. Asa trouxe uma reforma espiritual para o povo de Deus.[340]

Em terceiro lugar, *a reforma de seu reinado* (15:12-15). A retidão de Asa está associada à reforma religiosa que realizou em seu reino. Assim, o historiador registra:

> Porque tirou da terra os prostitutos cultuais e removeu todos os ídolos que seus pais fizeram; e até a Maaca, sua mãe, depôs da dignidade de rainha-mãe, porquanto ela havia feito ao poste-ídolo uma abominável imagem; pois Asa destruiu essa imagem e a queimou no vale de Cedrom; os altos, porém, não foram tirados; todavia, o coração de Asa foi, todos os seus dias, totalmente do Senhor. Trouxe à Casa do Senhor as coisas consagradas por seu pai e as coisas que ele mesmo consagrara; prata, ouro e objetos de utilidade (15:12-15).

A idolatria de Salomão foi imitada por Roboão e Abias, mas Asa rompeu com essa monstruosidade abominável. Ele tirou da terra os prostitutos cultuais que mesclavam religião com imoralidade sexual e mandou embora os funcionários da fertilidade. Ele removeu os ídolos fabricados e estabelecidos por seus predecessores e depôs do honrado posto de rainha-mãe a Maaca, queimando no vale do Cedrom, o poste-ídolo que ela havia feito. Asa não hesitou em depurar até mesmo o palácio real da nefasta influência do paganismo. Destacamos alguns aspectos da reforma religiosa de Asa:

Primeiro, *Asa tirou os religiosos imorais de circulação* (15:12a). O culto cananeu misturava religião com depravação moral. Os cultos de fertilidade da religião cananeia transformavam a liturgia em orgia sexual. Os prostitutos cultuais faziam dos templos pagãos verdadeiros cabarés. Asa depôs todos esses prostitutos e interrompeu a sua imoral atividade religiosa.

Segundo, *Asa removeu os ídolos pagãos feitos por seus pais* (15:12b). Asa compreendeu que não podia restabelecer o culto verdadeiro sem antes abolir o culto falso. A reforma religiosa passa pelo rompimento com o erro, para depois estabelecer o certo. É preciso quebrar os laços com a idolatria para depois prestar o culto que agrada a Deus. Asa ousou romper com a tradição religiosa de seus pais.

Terceiro, *Asa depôs a rainha-mãe por causa de sua idolatria* (15:13). A rainha-mãe exercia um papel cultural e político de destaque na sociedade antiga. Como diz John Goldingay, "a necessidade de depô-la reflete o poder que era conferido àquela posição".[341] Portanto, essa, certamente, foi uma medida impopular e sensível. Contudo, Asa não estava preocupado com os melindres familiares. Ele lutava pelo que era certo, e não pelo que era conveniente. Queria o certo, e não o que dava certo. Buscava a verdade, e não o que funcionava. Sua fidelidade a Deus suplantou a conveniência. Era um homem governado por princípios eternos, e não por conveniências circunstanciais. Asa depôs sua mãe da dignidade de rainha-mãe, destruiu o poste-ídolo que ela havia feito e queimou aquela abominação no vale de Cedrom.

Quarto, *Asa honrou ao Senhor com os bens* (15:15). Em vez de ver os tesouros da Casa do Senhor e do palácio serem sequestrados pelo faraó do Egito (14:25,26), como aconteceu no reinado de Roboão, seu avô, Asa traz as coisas consagradas de ouro e prata, bem como os objetos de utilidade para a Casa do Senhor. Ele quer honrar ao Senhor com os bens da nação.

Quinto, *a causa da reforma de Asa* (15:14). Muito embora a reforma de Asa não tenha sido completa e profunda, pois "os altos não foram tirados", seu coração era totalmente do Senhor, enquanto o coração de Abias, seu pai, não foi perfeito para com o Senhor (15:3).

Em quarto lugar, *o conflito constante em seu reinado* (15:16,17). O conflito entre os dois reinos não cessou nos dias de Asa. A guerra entre o Reino do Norte e o do Sul perdurou durante todos os dias de Asa. Como resultado dessa guerra, Baasa, rei de Israel, subiu contra Judá e edificou Ramá, uma área economicamente estratégica ao norte de Jerusalém,[342] fechando a porta de entrada e saída da capital de Judá, como está escrito: "... para que a ninguém fosse permitido sair de junto de Asa, rei de Judá, nem chegar a ele" (15:17b). Ramá era uma cidade estratégica, pois ficava apenas a oito quilômetros ao norte de Jerusalém. A cidade ficava no entroncamento da estrada principal norte-sul e controlava o melhor acesso ocidental de Judá à planície costeira. Portanto, o propósito de Baasa, como diz Dale Ralph Davis, "cheirava a um bloqueio econômico".[343] Baasa impediu o fluxo de bens e suprimentos a Jerusalém,[344] bloqueando o comércio e a comunicação com o Norte.

Em quinto lugar, *a aliança política de seu reinado* (15:18-22). Se o rei Asa foi bem-sucedido em sua reforma religiosa, o mesmo não aconteceu em sua aliança política com o rei da Síria. O historiador registra:

> Então, Asa tomou toda a prata e ouro restantes nos tesouros da Casa do Senhor e os tesouros da casa do rei e os entregou nas mãos de seus servos; e o rei Asa os enviou a Ben-Hadade, filho

> de Tabrimom, filho de Heziom, rei da Síria, e que habitava em Damasco, dizendo: Haja aliança entre mim e ti, como ouve entre meu pai e teu pai. Eis que te mando um presente, prata e ouro; vai e anula a tua aliança com Baasa, rei de Israel, para que se retire de mim. Ben-Hadade deu ouvidos ao rei Asa e enviou os capitães dos seus exércitos contra as cidades de Israel; e feriu a Ijom, a Dã, a Abel-Bete-Maaca e todo o distrito de Quinerete, com toda a terra de Naftali. Ouvindo isso, Baasa deixou de edificar a Ramá e ficou em Tirza. Então, o rei Asa fez apregoar por toda a região de Judá que todos, sem exceção, trouxessem as pedras de Ramá e a sua madeira, com que Baasa a edificara; com elas edificou o rei Asa e Geba de Benjamim e a Mispa (15:18-22).

Warren Wiersbe tem razão em dizer que o problema fundamental de Judá não foi sua falta de defesa, mas sim a falta de fé do rei.[345] O que fez Asa em face da investida de Baasa em seu território? Ele recorreu ao suborno em vez de confiar em Deus. Em vez de receber riquezas dos reis gentios, está entregando seu próprio tesouro para o rei da Síria. Asa esvaziou o tesouro público para subornar o rei da Síria. Nas palavras de Peter Leithart, "ele pilhou a sua própria tesouraria".[346] Os mesmos tesouros que ele dedicou ao Senhor (15:15), agora, ele envia como presente para Ben-Hadade (15:19), de Damasco, solicitando uma aliança. Ele reivindica ao rei da Síria para mudar de lado e anular sua aliança com Baasa, rei de Israel. Seu propósito com essa medida era retirar Baasa de Ramá. Ben-Hadade, acreditando que a mão que enche o cofre deve receber ajuda, enviou destacamentos militares para o norte de Israel, atacando Ijom, Dã, Abel-Bete-Maaca, causando devastação em todo o território de Naftali. Isso permitiu ao rei da Síria controlar esses locais, dando a Damasco domínio da rota de caravanas leste-oeste até o Mediterrâneo. Dale Ralph Davis tem razão em dizer que a economia tem lugar seguro no panteão de cada nação.[347]

Essa expedição militar de Ben-Hadade no norte de Israel fez Baasa retirar-se de Ramá (15:21), como Asa tinha planejado. O rei sírio foi obrigado a interromper seus trabalhos em Ramá e retirar-se para Tirza, sua capital. Sem perda de tempo, Asa pôs em movimento um destacamento para carregar as pedras e as madeiras que Baasa havia levado para Ramá, para fortificar Geba e Mispa, como postos avançados defensivos de Judá (15:22), uma vez que essas eram cidades limítrofes do reino de Judá. A postura de Asa, muito embora não receba uma reprovação frontal do escritor de 1Reis, não pode ser abonada. O que ele propôs a Ben-Hadade foi um suborno, uma quebra de aliança e o rompimento de um tratado, práticas reprovadas por Deus.

Mesmo que a diplomacia política de Asa, no relato de 1Reis, tenha logrado êxito, pois alcançou o propósito de impedir a invasão de Baasa em seu território, e mesmo que isso lhe tenha custado os tesouros de prata e ouro consagrado ao Senhor, na perspectiva do historiador de 2Crônicas, essa aliança foi um desastre, pois revelou a falta de confiança de Asa no Senhor, o que foi severamente repreendido pelo profeta Hanani, como se vê:

> Naquele tempo, veio Hanani a Asa, rei de Judá, e lhe disse: Porquanto confiaste no rei da Síria e não confiaste no Senhor, teu Deus, o exército do rei da Síria escapou das tuas mãos. Acaso, não foram os etíopes e os líbios grandes exércitos, com muitíssimos carros e cavaleiros? Porém, tendo tu confiado no Senhor, ele os entregou nas tuas mãos. Porque, quanto ao Senhor, seus olhos passam por toda a terra, para mostrar-se

forte para com aqueles cujo coração é totalmente dele; nisto procedeste loucamente; por isso, desde agora, haverá guerras contra ti. Porém Asa se indignou contra o vidente e o lançou no cárcere, no tronco, porque se enfurecera contra ele por causa disso; na mesma ocasião, oprimiu Asa alguns do povo (2Cr 16:7-10).

Dale Ralph Davis alerta para o fato de que o sucesso não é uma autenticação da fidelidade. O sucesso circunstancial e o fracasso com relação à aliança podem existir lado a lado.[348] Há vitórias que não passam de derrotas. Vitória sem integridade tem gosto amargo de derrota. Sucesso alcançado com quebra de decoro e descumprimento de princípios não perdura. Harvey Finley lança luz sobre o tema:

> Em sua aliança com Ben-Hadade, Asa estabeleceu um perigoso precedente para os reis de Judá. Ele decidiu confiar nos exércitos de outra nação, ao invés de recorrer a uma completa confiança em Deus. E o custo foi mais alto do que ele esperava. Sua aliança contra o Reino do Norte significava uma traição aos seus irmãos hebreus. Ela criou um antagonismo ainda maior que levou, mais tarde, a uma aliança entre Israel, o Reino do Norte, e a Síria contra Judá. Além disso, ao se comprometer com Ben-Hadade, Asa havia colocado os dois reinos formados por povos hebreus em uma posição de subserviência a Damasco.[349]

Em sexto lugar, *o fim inglório de seu reinado* (15:23,24). O historiador não se deteve tanto no poder de Asa, tampouco em suas realizações e edificações, mas no fato de que na sua velhice, nos últimos dois anos de seu reinado, padeceu dos pés. Está escrito: "No trigésimo nono ano do seu reinado, caiu Asa doente dos pés; a sua doença era em extremo grave; contudo, na sua enfermidade não recorreu ao Senhor, mas confiou nos médicos" (2Cr 16:12). Donald Wiseman diz que a enfermidade de Asa pode ser interpretada como *gota,* descrita pelo Talmude Babilônico como "agulha em carne crua" ou um distúrbio vascular obstrutivo periférico, com gangrena consequente.[350] Asa, além de rejeitar a palavra profética, perseguiu o mensageiro do Senhor e mesmo sendo ferido pela enfermidade, ainda não se quebrantou nem confiou no Senhor, mas pôs sua confiança apenas nos médicos. Tony Merida está correto quando diz que 2Crônicas 16:12 não está argumentando contra Asa recorrer aos médicos na enfermidade, mas simplesmente em sua falta de confiança em Deus em seus dias finais.[351]

Concordo com Philip Graham Ryken quando diz que Asa nos mostra a nossa necessidade de um rei mais perfeito que possa ser o nosso Salvador. À medida que a história termina, ainda estamos à espera de um rei que traga uma reforma completa e final ao povo de Deus. Asa foi um dos primeiros reformadores. Mais tarde haveria reis ainda melhores, como Joás, que reformou o templo (2Rs 12), e Ezequias, que finalmente derrubou os lugares altos (1Rs 18). No entanto, até mesmo esses reis tinham suas falhas. O único rei perfeito é Jesus Cristo.[352]

O reinado de Nadabe (15:25-31)

Nadabe, filho de Jeroboão, foi um Jeroboão Júnior no que se refere à sua política religiosa (15:26).[353] Em vez de dar uma guinada para o lado certo e romper com as abomináveis práticas religiosas no Reino do Norte, seguiu as mesmas pegadas de seu pai. Vejamos:

Em primeiro lugar, *o breve reinado de Nadabe* (15:25). A partir de agora, o escritor de 1Reis vai dedicar toda a sua atenção ao reino de Israel, às dez tribos do Norte. Jeroboão governou vinte e dois anos numa total rebeldia contra o Senhor, estabelecendo em Israel uma religião rival, com novos deuses, novos templos, novos locais de adoração, novos sacerdotes, novos cultos, nova liturgia, novo calendário religioso. Deus tirou a vida de seu filho Abias e comunicou a ele que toda a sua descendência seria exterminada. Nadabe sucedeu o pai para governar por apenas dois anos e ser assassinado por Baasa.

Em segundo lugar, *o pecado de Nadabe* (15:26). Nadabe não aprendeu com os erros do pai, pelo contrário, repetiu-os: "Fez o que era mau perante o Senhor e andou nos caminhos de seu pai e no pecado com que seu pai fizera pecar a Israel" (15:16). Nadabe trocou Deus por bezerros de ouro. Trocou Jerusalém por Dã e Betel. Trocou o templo consagrado ao Senhor por templos pagãos. Trocou os sacerdotes separados por Deus por sacerdotes espúrios. Trocou a verdade pela mentira, a luz pelas trevas, a sã doutrina pela heresia. Como seu pai, fez da religião apenas um instrumento para seus interesses políticos. Philip Graham Ryken faz um solene alerta:

> Os pecados dos pais se tornam os pecados dos filhos. Uma geração passa, outra vem, mas as pessoas continuam a cometer os mesmos pecados antigos. Vemos isso na cidade. Geração após geração, o mundo dos negócios é caracterizado pela idolatria gananciosa e poucos se preocupam com as ruas pobres e abandonadas das cidades. Vemos a mesma coisa em casa, onde os padrões do mal do pecado sexual e da violência doméstica são passados de geração a geração, ou onde os pecados mais

sutis, como o orgulho e a preguiça, parecem estar no sangue da família.[354]

Em terceiro lugar, *a morte de Nadabe* (15:27,28). Nadabe liderava Israel num cerco em Gibetom, cinco quilômetros a oeste de Gezer, originalmente alocada para Dã (Js 19:44), e controlada pelos filisteus (15:27), quando Baasa, da casa de Issacar, conspirou contra ele, matou-o, tomou o trono e passou a reinar em seu lugar. Nadabe só reinou dois anos e perdeu o trono e a vida. Concordo com Dale Ralph Davis, quando diz que Baasa não era um reformador, pois "ele fez o que era mau perante o Senhor" (15:34). Ele assumiu o trono e continuou a praticar a religião de Jeroboão (15:34b). Um rei perverso matou outro rei perverso.[355]

Em quarto lugar, *o extermínio da dinastia de Jeroboão* (15:29-31). Em cumprimento à profecia de Aías, Baasa não matou apenas o monarca Nadabe, mas toda a dinastia de Jeroboão (14:10,11). Está escrito: "Logo que começou a reinar, matou toda a descendência de Jeroboão; não lhe deixou ninguém com vida, a todos exterminou, segundo a palavra do Senhor, por intermédio do seu servo Aías, o silonita, por causa dos pecados que Jeroboão cometera e pelos que fizera Israel cometer, por causa da provocação com que irritara ao Senhor, Deus de Israel" (15:29,30). Dale Ralph Davis enfatiza que toda essa matança ocorreu "segundo a palavra do Senhor, por meio do seu servo Aías" (15:29). O carniceiro Baasa foi simplesmente um servo da palavra do Senhor. Na verdade, o Senhor usa homens maus para punir outros homens maus e, posteriormente, julga os instrumentos maus que usou pelo próprio mal deles (Is 10:5-19; Jr 17:1-7).[356]

Notas

[334] DAVIS, Dale Ralph. *1-2Reis*, p. 173.
[335] RYKEN, Philip Graham. *1Reis*, p. 368.
[336] Ibidem, p. 369.
[337] Ibidem, p. 370,371.
[338] RAVENHIL, Leonard. America is too young to Die, p. 112.
[339] DAVIS, Dale Ralph. *1-2Reis*, p. 175.
[340] RYKEN, Philip Graham. *1Reis*, p. 374.
[341] GOLDINGAY, John. *Históricos para todos*: *1-2Reis*, p. 107.
[342] MERIDA, Tony. *Christ-Centered Exposition: 1 & 2 Kings*, p. 91.
[343] DAVIS, Dale Ralph. *1-2Reis*, p. 176.
[344] RYKEN, Philip Graham. *1Reis*, p. 379.
[345] WIERSBE, Warren W. *Comentário bíblico expositivo*. Vol. 2, p. 459.
[346] LEITHART, Peter. *1 & 2 Kings*, p. 115.
[347] DAVIS, Dale Ralph. *1-2Reis*, p. 176.
[348] Ibidem, p. 177.
[349] HARVEY, Finley E. *Os livros dos Reis*. In: *Comentário bíblico Beacon*. Vol. 2, p. 325.
[350] WISEMAN, Donald J. *1-2Reis: introdução e comentário*, p. 139.
[351] MERIDA, Tony. *Christ-Centered Exposition: 1 & 2 Kings*, p. 91.
[352] RYKEN, Philip Graham. *1Reis*, p. 381.
[353] DAVIS, Dale Ralph. *1-2Reis*, p. 180.
[354] RYKEN, Philip Graham. *1Reis*, p. 385.
[355] DAVIS, Dale Ralph. *1-2Reis*, p. 180.
[356] Ibidem.

Capítulo 16

De mal a pior

(1Reis 15:32—16:1-34)

A MORTE DE SALOMÃO acelerou o processo da decadência de Israel. A divisão do reino trouxe prejuízos irreparáveis. O Reino do Norte pisou no acelerador, rumo ao abismo. Açodadamente os reis de Israel rumaram para um colapso espiritual. Ninguém pisou no freio. Todos os reis que se levantaram seguiram as mesmas pegadas de Jeroboão. A nação caminhou de mal a pior.

Baasa, um reino sob o julgamento de Deus (15:32—16:1-7)

Baasa governou vinte e quatro anos, mas não há registro sobre "seu poder" (16:5); apenas dados factuais mínimos (15:33), uma avaliação negativa (15:34), um sermão contra ele (16:1-4), uma menção a respeito do que não importa (16:5), uma nota de obituário (16:6) e a razão pela qual ele foi condenado (16:7). De nove versículos, seis são de crítica profética, três contêm detalhes mínimos necessários. Depois de toda essa tinta gasta, o que você aprende sobre Baasa? Ele era como Jeroboão. Mais do mesmo.[357]

Baasa, filho de Aías, da casa de Issacar, no terceiro ano de Asa, rei de Judá, feriu e matou o rei Nadabe, filho de Jeroboão, quando este e seu povo cercavam a cidade de Gibetom, dominada pelos filisteus. Baasa não apenas cometeu regicídio, matando o rei, mas também assumiu o trono em seu lugar, num verdadeiro ato conspiratório. Vejamos:

Em primeiro lugar, *o agente do juízo de Deus sobre a dinastia de Jeroboão* (15:29,30). Baasa foi o instrumento para o cumprimento da profecia de Aías (14:7-11). Não apenas matou o rei Nadabe, filho de Jeroboão, mas eliminou, também, toda a sua descendência, não deixando ninguém com vida. A razão dessa chacina foram os pecados que Jeroboão cometera e pelos pecados que fizera Israel cometer, provocando, assim, a ira do Senhor.

Em segundo lugar, *o conflito sem trégua com o reino de Judá* (15:32). "Houve guerra entre Asa e Baasa, rei de Israel, todos os seus dias". A inimizade criada entre as tribos do Norte e as do Sul, vinte e quatro anos passados, por ocasião da divisão do reino, prosseguiria mais vinte e quatro anos, durante todo o reinado de Baasa. As tribos procedentes do mesmo ancestral estão se autodestruindo em guerras intérminas. Não lutavam contra os inimigos à volta, mas entre si mesmas. Era um conflito doméstico, uma briga de família.

Em terceiro lugar, *a permanência contumaz no pecado condenado por Deus* (15:33,34). Baasa reinou vinte e quatro anos em Tirza e fez o que era mau perante o Senhor e andou no caminho de Jeroboão e no seu pecado, o qual fizera Israel cometer. Ele foi capaz de acabar com a família de Jeroboão, mas não conseguiu se desvencilhar dos pecados dele. Baasa não se apartou da idolatria criada por Jeroboão. De forma contumaz permaneceu nos mesmos pecados condenados por Deus. A mudança política não mudou em nada o perfil espiritual. Nas palavras de Dale Ralph Davis, "o reino de Baasa era simplesmente mais do mesmo. Nenhuma mudança. Baasa era como a casa de Jeroboão".[358] O mesmo autor ainda diz que o pecado nunca é criativo, mas meramente imitador e repetitivo. A impiedade é monótona. Talvez você consiga pecar com estilo, mas nunca com frescor. Você só consegue imitar o que já foi feito. O mal pode distorcer, arruinar, corromper e fazer reprises, mas não pode ser original, nem mesmo brilhante. O mal contém um bocejo embutido.[359]

Em quarto lugar, *o pecado da ingratidão* (16:1,2). O profeta Jeú declara ao rei Baasa que o Senhor o havia levantado do pó para ser príncipe sobre o seu povo. Ele, porém, não honrou ao Senhor, antes virou as costas para ele. Fica evidente, portanto, que o pecado não pode ser cometido sem consequência. Assim como Deus, por intermédio do profeta Aías, anunciou o extermínio da dinastia de Jeroboão, agora, Deus envia a Baasa o profeta Jeú, filho de Hanani, para proclamar o fim trágico de sua dinastia. O mesmo homem que foi o instrumento para pôr fim à família de Jeroboão teria, também, sua família eliminada. Quem endurece a cerviz para permanecer no pecado não escapa das consequências de seu pecado. Quem semeia vento colhe tempestade.

Em quinto lugar, *a profecia do juízo de Deus sobre a sua dinastia* (16:3-7). O juízo sobre a casa de Baasa não veio em seus dias, mas nos dias de Elá, seu filho e sucessor. Tanto Baasa como sua descendência foram varridos da terra por Zinri. Fica evidente, portanto, que a história não está nas mãos dos homens, mas sob o controle do Senhor. Os homens podem cometer suas loucuras, só não podem escapar das consequências de suas escolhas. O salário do pecado é a morte. Porque Baasa andou no caminhou de Jeroboão, encontrou o mesmo fim que ele.

Há, porém, uma pergunta intrigante: por que Deus condena Baasa por ter eliminado a casa de Jeroboão? Deus o puniu porque ele fez o que palavra de Deus havia previsto que ele faria (14:10,11; 15:27,29) de modo perverso (16:7)? Concordo com Dale Ralph Davis quando interpreta:

> Esse enigma é simplesmente parte da teologia bíblica básica. Atente para o lamento triste e solene de Jesus em Marcos 14:21: "Pois o Filho do Homem vai, como está escrito a respeito dele, mas ai daquele por intermédio de quem o Filho do Homem está sendo traído! Melhor lhe fora não haver nascido". A morte de Jesus é um evento do plano soberano de Deus ("como está escrito"), auxiliado pela ação perversa de um homem ("traído"), e isso é terrível ("Melhor lhe fora...").[360]

Judas foi usado para o cumprimento do propósito divino, mas a ação era dele, de tal modo que ele foi responsável por isso. O fato de Deus transformar a ira do homem em louvor para si não desculpa a ira do homem. Deus denuncia mais tarde a Babilônia por esse mesmo pecado (Is 47:6-9). O Senhor envia juízo sobre os instrumentos que cumprem seu juízo. Dale Ralph Davis ainda comenta: "Jesus fala de seu juízo sobre seus instrumentos. Ele diz que aqueles que foram usados como seus servos, no final podem se descobrir excluídos. Você pode expulsar demônios em nome de Jesus e terminar na eternidade com eles".[361]

Elá, o rei de um reino desastroso (16:8-14)

Veremos, a partir de agora, a história de três reis maus e a introdução daquele que foi o pior rei de Israel. Há de tudo na esteira desses reinados: bebedeira, conspiração, assassinato, suicídio, guerra civil e casamento político. Todos esses reis têm algo em comum: eles estão debaixo da ira de Deus e de seu juízo.

Com a morte de Baasa, Elá, seu filho, passou a reinar em Tirza e reinou apenas dois anos sobre Israel. Este era o vigésimo sexto ano de Asa, rei de Judá. Elá tem um reinado sem qualquer destaque positivo. O historiador dá ênfase apenas à triste condição em que o rei foi assassinado e seu reino foi apropriado pelo regicida. Destacamos, aqui, três pontos:

Em primeiro lugar, *o pecado da embriaguez* (16:8,9). O exército do rei Elá estava no *front* da batalha, acampado contra Gibetom, liderado por Onri, o comandante do exército, mas o rei estava na capital, bebendo e se embriagando em casa de Arsa, seu mordomo particular. Despreparado para o reinado, o rei se entregava à bebedeira. Sem tirocínio e lucidez, não podia sequer proteger sua própria vida. À semelhança de Belsazar, rei da Babilônia, mais tarde, Elá perdeu a vida e o reino no mesmo dia da embriaguez inconsequente. Salomão já havia alertado sobre o perigo de um rei entregar-se à bebedeira: "Ai de ti, ó terra cujo rei é criança e cujos príncipes se banqueteiam já de manhã. Ditosa, tu, ó terra cujo rei é o filho de nobres e cujos príncipes se sentam à mesa a seu tempo para refazerem as forças e não para bebedice" (Ec 10:16,17).

Em segundo lugar, *o pecado da idolatria* (16:13). Elá sucedeu Baasa no trono, mas não se apartou dos pecados cometidos por seu pai. Ele, à semelhança de seu pai, irritou ao Senhor com os seus ídolos, numa aberta desobediência aos dois primeiros mandamentos da lei divina.

Em terceiro lugar, *o cumprimento do juízo sobre a dinastia de Baasa* (16:10-14). A profecia de Jeú se cumpriu literalmente. Zinri matou Elá e eliminou em seguida todos os descendentes da casa de Baasa, não deixando nenhum do sexo masculino, nem dos seus parentes, nem mesmo dos seus amigos. Estava eliminada a dinastia de Baasa. Resta claro afirmar que ninguém peca impunemente. Deixar de obedecer aos mandamentos divinos é colocar-se debaixo das nuvens carregadas do juízo. Harvey Finley tem razão em dizer que os pecados de Baasa e Elá resultaram de suas próprias escolhas, e não de circunstâncias inevitáveis sobre as quais o rei não tinha qualquer controle.[362]

Zinri, o rei de um reinado ambicioso e conspirador, mas curto (16:15-20)

Zinri, servo de Elá e comandante da metade dos carros de Israel, foi um conspirador implacável. Aproveitou um momento de embriaguez de Elá para matá-lo, assumir o trono e eliminar todos os descendentes de Baasa, bem como seus amigos. Zinri, porém, faz tudo isso em cumprimento à profecia de Jeú. Seu açodamento, entrementes, não foi bem planejado. Ele não tinha ao seu lado o exército de Israel. Por isso, seu plano de governar malogrou, e, dentro de uma semana, ele perdeu a vida e o trono. Destacamos, aqui, quatro pontos:

Em primeiro lugar, *o reinado mais curto em Israel* (16:15). Zinri teve o mais curto reinado da história de Israel. Apenas sete dias. Não deu sequer para esquentar a cadeira. Não tinha ainda conseguido limpar suas mãos cheias de sangue quando o conspirador enfrenta uma conspiração. O "feitiço virou contra o feiticeiro". As flechas da maldade voltaram-se contra ele. Ele não tinha o exército nem o povo ao seu lado, por isso, não conseguiu se manter no poder.

Em segundo lugar, *uma conspiração malsucedida* (16:16-18). O exército de Elá, comandado por Onri, e o povo de Israel estavam numa missão militar em Gibetom quando a notícia da morte do rei chegou. Inconformados com a conspiração de Zinri, todo o Israel, no mesmo dia, ali mesmo no arraial, constituiu Onri, o comandante do exército, rei sobre Israel. Em seguida, Onri e todo o Israel subiram de Gibetom e sitiaram Tirza, onde estava o regicida Zinri. Vendo que não podia escapar do cerco, foi ao castelo da casa do rei e o queimou sobre si, e morreu, cometendo suicídio.

Em terceiro lugar, *uma idolatria recorrente* (16:19). Muito embora o reinado de Zinri tenha sido apenas de uma semana, o historiador não esconde suas obras tampouco os intentos do seu coração. Ele morreu "por causa dos pecados que cometera, fazendo o que era mau perante o Senhor, andando no caminho de Jeroboão e no pecado que cometera, fazendo pecar a Israel" (16:19). Ele reinou apenas sete dias e não mudou nenhum plano de ação. Ele mostrou quem ele era. Era o mais do mesmo.

Em quarto lugar, *um suicídio trágico* (16:18,20). Zinri entra para a história não apenas como um regicida, mas também como um suicida. Ele tirou sua própria vida nas mesmas chamas que devoraram o castelo da casa do rei. Dale Ralph Davis diz que Zinri levou sete dias para descobrir que sua posição política não tinha nenhum valor. As cinzas de Zinri nos asseguram que nossa hora mais valiosa é passageira. Zinri tornou-se o rei de uma semana.[363]

Onri, o rei de um reino com aparente estabilidade (16:21-28)

Onri, o comandante do exército de Israel, não se fez rei, foi colocado pelo povo nessa posição. Ao longo de seus doze anos de reinado, deixou um importante legado para a nação. Fez importantes alianças políticas, ampliou o comércio, mudou a capital do reino de Tirza para Samaria e deixou notório seu nome, permanecendo a sua dinastia no poder por mais de quarenta anos. Harvey Finley diz que Onri foi um dos líderes mais competentes do Reino do Norte. Ele trouxe estabilidade de um governo dinástico a um povo que havia estado cada vez mais envolvido em golpes e intrigas de indivíduos interesseiros. Sua dinastia alcançou uma reputação internacional; os reis assírios, em seus diários desde o tempo de Salmanezer III (858-824 a.C.) até Sargão II (721-705), referiram-se aos reis de Israel como "a casa de Onri".[364] Cinco pontos merecem destaque:

Em primeiro lugar, *o triunfo na guerra civil* (16:21,22). Onri lidou com uma guerra civil em Israel por quatro anos (16:15,23) antes de assumir o trono. A nação estava dividida entre dois partidos: metade do povo seguia a Tibni, filho de Ginate, para o fazer rei, e a outra metade seguia a Onri. Esse limbo político durou cerca de quatro anos, com os adeptos de Onri ganhando força. O partido de Onri prevaleceu depois de quatro anos de embates. Tibni morreu, e, então, Onri passou a reinar e reinou doze anos, sendo seis anos em Tirza e seis anos em Samaria. Assim, após os quatro anos de embate entre esses dois líderes, Tibni teve seu funeral e Onri a sua coroação.

Em segundo lugar, *a nova capital para Israel* (16:23,24). Conforme ressalta Dale Ralph Davis, "Onri não foi um bêbado desafortunado como Elá, nem um clarão na semana, como Zinri; ele estabeleceu um reino e fomentou um regime estável".[365] Dentre os importantes feitos de Onri, a aquisição de um monte, para construir a nova capital de Israel, merece destaque. Ele comprou de Semer, o monte de Samaria, por dois talentos de prata, ou seja, setenta quilos de prata. Onri fortificou esse monte e edificou sobre ele a cidade de Samaria, nome oriundo de Semer, o dono do monte. Samaria está localizada 20 quilômetros a oeste de Tirza, 11 a noroeste de Siquém, 67 ao norte de Jerusalém e 40 da costa do Mediterrâneo. A cidade comandava as rotas de comércio através da planície de Esdraelom. É digno de nota que a escolha de Onri em transferir a capital para Samaria foi aprovada pelos reis que lhe seguiram, pois eles também conservaram e desenvolveram essa cidade como capital.

Em terceiro lugar, *um reconhecimento estrangeiro.* Onri teve não apenas reconhecimento interno, mas também externo. Ele foi um gerador de força militar, cultural, comercial e política. Documentos assírios, como já afirmamos, apontavam que durante cem anos, Israel era chamado de "reino de Onri". Sua fama transcendeu ao seu reino e espalhou-se para além-fronteira. Nas palavras de Dale Ralph Davis, "politicamente, Onri deixou um legado – pelos cem anos seguintes os assírios se referiram a Israel como *a casa de Onri*".[366] É mui provável que a aliança matrimonial e política com os fenícios, casando o príncipe Acabe com a princesa fenícia Jezabel tenha sido um expediente de Onri para fortalecer o comércio de seu reino. Os produtos israelitas agora podiam ser escoados para o comércio internacional, uma vez que a navegação fenícia tinha acessos aos portos do mundo.

Em quarto lugar, *um pódio inglório* (16:25,26). O historiador não está tão interessado nas conquistas econômicas e políticas de Onri. Não há destaque aos seus grandes feitos. O que conta mesmo é que esse rei foi pior do que todos os seus antecessores. Ele fez pior do que todos quantos foram antes dele e andou nos pecados de Jeroboão, provocando ao Senhor com os seus ídolos. Onri se apegou à religião bastarda instituída por Jeroboão. Ele marchou na mesma cadência de fé do fundador do Reino do Norte. A Bíblia não denomina os empreendimentos de Onri como estúpidos, como Elá e sua orgia; nem são efêmeros, como o golpe de Zinri, pois Onri instituiu um regime substancial; porém, isso é inconsequente. Quando os dois primeiros mandamentos da lei de Deus (Êx 20:3-6) são desprezados, nada mais conta.[367]

Em quinto lugar, *uma sucessão desastrosa* (16:27,28). Não bastasse Onri subir ao pódio, conquistando o título inglório de o pior rei de Israel, ao morrer, Acabe, seu filho e sucessor, conseguiu ser ainda pior do que o pai, ganhando o prêmio vergonhoso de o pior rei da história de Israel. Philip Graham Ryken sintetiza o histórico dos reis de Israel assim: "Jeroboão produziu ídolos; Nadabe foi um malfeitor; Baasa, um assassino; Elá era um bêbado; Zinri assassinou Elá; Onri foi ainda pior que os reis anteriores e Acabe, seu filho, ainda foi pior do que o pai".[368]

Acabe, o rei de um reino que faz alianças perigosas (16:29-34)

Acabe, filho de Onri, governou vinte e dois anos em Israel e conseguiu superar todos os seus antecessores como o pior rei de Israel. A estratégia diplomática de casar-se com Jezabel, rendeu-lhe alguns benefícios políticos e econômicos, mas arruinou por completo sua família e devastou a nação. Vejamos:

Em primeiro lugar, *o campeão da maldade* (16:29,30). Onri tinha recebido a alcunha de campeão da maldade, mas não tardou para que esse título fosse transferido a Acabe, seu filho. Acabe começa a reinar no ano trigésimo oitavo de Asa, rei de Judá; e reinou vinte e dois anos, em Samaria. O historiador registra: "Fez Acabe, filho de Onri, o que era mau perante o Senhor, mais do que todos os que foram antes dele" (16:30).

Em segundo lugar, *a aliança política desastrada* (16:31,33b). Acabe andou nos caminhos de Jeroboão, consolidando em Israel uma religião idólatra, a serviço dos seus interesses políticos. Além disso, ele tomou por mulher Jezabel, filha de Etbaal, rei dos sidônios. Esse casamento selou o acordo entre os dois países. Embora as implicações políticas tenham sido omitidas do registro bíblico, o programa religioso que Jezabel promoveu pode muito bem ter sido parte desse acordo.[369] Jezabel deixou seu país, mas não sua religião para trás. Ela trouxe e implantou em Israel o culto a Baal, e isso à força da baioneta. Jezabel era a pior mulher do mundo: assassina, feiticeira e mandona. Acabe era apenas um boneco em sua mão. Por ser um homem banana, rendeu-se aos caprichos de uma mulher abacaxi. Jezabel era uma mulher perversa por trás de um homem perverso, formando o casal da impiedade.

Em terceiro lugar, *a implantação do baalismo em Israel* (16:32,33). Acabe, além do "bovinismo" de Jeroboão, implantou, também, o baalismo em Israel. O nome de seu sogro, Etbaal, já estampava o envolvimento da família de Jezabel com o baalismo. Acabe, outrossim, levantou um altar a Baal na casa de Baal que edificara em Samaria.

Também fez um poste-ídolo, de tal maneira que cometeu mais abominações para irritar ao Senhor do que todos os reis que o precederam. O baalismo promovido por Acabe tornou-se ainda pior do que a adoração de Jeroboão aos bezerros de ouro.

Dale Ralph Davis diz que o culto estatal de Jeroboão é como beber água poluída; o paganismo importado de Acabe é como sugar esgoto puro. Nenhum dos dois é bom, mas um é pior do que o outro. Jezabel foi para Israel com sua própria multidão de entusiastas por Baal, versados na teologia da fertilidade e dispostos a desfrutar das refeições gratuitas na cafeteria real (18:19). Era Jezabel quem usava as calças no reino (21:25); isso significava massacrar os profetas do Senhor (18:4,13) e esmagar as pessoas leais ao Senhor com fraudes na justiça. Jezabel era a força mandante, a ávida propagandista, determinada a estabelecer uma cabeça de ponte para a fé dos seus pais em Israel (21:7-15).[370]

Em quarto lugar, *a desobediência afrontosa* (16:34). Depois da destruição de Jericó, Josué pronunciou uma maldição sobre qualquer pessoa que tentasse reconstruir a cidade como uma fortaleza (Js 6:26). Então, Acabe dá mais um passo rumo à rebelião contra Deus, pois foi no seu governo que a cidade de Jericó foi edificada pelo betelita Hiel, com o ônus da morte de seus filhos primogênito e caçula. Concordo com Dale Ralph Davis quando diz que o desafio ostensivo à palavra do Senhor tipificava o regime de Acabe.[371] A era de Acabe pode ser descrita como o tempo em que a palavra de Deus não importava mais. Por isso, recebeu o prêmio do mais alto grau da impiedade. Coube-lhe a alcunha de o pior rei de Israel.

Notas

[357] DAVIS, Dale Ralph. *1-2Reis*, p. 181.
[358] Ibidem.
[359] Ibidem, p. 182.
[360] Ibidem, p. 185.
[361] Ibidem, p. 186.
[362] FINLEY, Harvey E. *Os livros dos Reis*. In: *Comentário bíblico Beacon*, Vol. 2, p. 326, 327.
[363] DAVIS, Dale Ralph. *1-2Reis*, p. 191.
[364] FINLEY, Harvey E. *Os livros dos Reis*. In: *Comentário bíblico Beacon*, Vol. 2, p. 327.
[365] DAVIS, Dale Ralph. *1-2Reis*, p. 192.
[366] Ibidem.
[367] Ibidem, p. 193.
[368] RYKEN, Philip Graham. *1Reis*, p. 410.
[369] FINLEY, Harvey E. *Os livros dos Reis*. In: *Comentário bíblico Beacon*, Vol. 2, p. 328, 329.
[370] DAVIS, Dale Ralph. *1-2Reis*, p. 199, 200.
[371] Ibidem, p. 201.

Capítulo 17

Elias, boca de Deus

(1Reis 17:1-24)

Já tinha mais de seis décadas que Salomão estava morto e o seu reino dividido. No Reino do Norte já tinham passado pelo poder os reis Jeroboão, Nadabe, Baasa, Elá, Zinri e Onri. Agora Acabe, o pior rei de Israel, estava no poder. Os anos passavam, mas Israel continuava sua marcha fúnebre rumo ao colapso. Idolatria, conspiração, assassinato e suicídio eram as marcas tristes dos monarcas que subiram e desceram do trono.

A nação de Israel dava passos largos e resolutos para o caos. As oito dinastias que governaram foram uma sucessão de ambição, idolatria, traições e assassinatos. Se não bastasse a Acabe ter sido o pior rei, ainda estava casado com a pior mulher do mundo, Jezabel. Ela era assassina, feiticeira e mandona. Foi ela quem introduziu o baalismo em Israel, à força da espada, e perseguiu, de forma cruel, os profetas de Deus, mostrando-se decidida a extinguir a adoração a Yahweh (18:4).

É digno de nota que não temos a menção do nome das esposas dos reis. Por que o nome de Jezabel é mencionado? Charles Swindoll sugere duas razões: 1) porque ela era o parceiro dominante no casamento; 2) porque ela foi a precursora da adoração a Baal.[372] Essa mulher era uma enviada de Satanás, que exibia todas as marcas da possessão demoníaca.

É nesse caos político e religioso que Deus levanta, de forma abrupta, não um partido político ou um novo grupo religioso, mas um homem, que vai confrontar o rei, o povo e os profetas de Baal. Quem é esse homem? Elias, boca de Deus! Tony Merida diz que Elias é um gigante espiritual, homem semelhante a Moisés e João Batista, homem semelhante a nós.[373] Como Moisés, Elias apareceu na transfiguração de Jesus (Mt 17:3). Como Moisés precisou se esconder da fúria do rei (17:2-6; 18:10; Êx 2:15). Assim como Moisés desafiou Faraó, Elias desafiou Acabe. Como Moisés, Elias experimentou a rica provisão de Deus em tempo de sequidão. Como Moisés, Elias passou quarenta dias no monte Horebe. Como Moisés, sentiu o fardo do seu povo, a ponto de desejar a morte. Não obstante, essas semelhanças com o grande libertador, intercessor e legislador Moisés, Elias era homem semelhante a nós (Tg 5:17,18). Agora, se Elias era homem semelhante a nós, deveríamos nós sermos semelhantes a Elias!

É importante, entrementes, destacar que a ênfase principal não é o homem Elias, mas a palavra de Deus. Quando Elias abre a boca e profere a palavra de Deus, é o próprio Deus falando. Deus fala a ele, e ele obedece (17:2,5;

17:8-20; 18:1,2). Deus fala por meio dele, e o juízo vem, retendo chuva e orvalho. Deus fala por intermédio dele, e a provisão chega (17:10-16); Deus atende à oração dele, e a morte bate em retirada (17:19-24). Elias é um homem semelhante a nós, mas um homem eficaz na oração (Tg 5:17,18). Elias orava, e os céus se fechavam; ele tornava a orar, e os céus se abriam.

Warren Wiersbe diz, corretamente, que Elias é uma figura importante no Novo Testamento. João Batista veio no espírito e no poder de Elias (Lc 1:17), e alguns do povo chegaram a pensar que ele era o Elias prometido (Jo 1:21; Ml 4:5,6; Mt 17:10-13). Elias estava com Moisés e Jesus no monte da Transfiguração (Mt 17:3).[374] 1Reis 17 e 18 registram sete milagres realizados ou experimentados por Elias: 1) uma seca por toda a terra (17:1); 2) alimento trazido por pássaros (17:2-7); 3) alimento proveniente de recipientes vazios (17:8-16); 4) vida para um menino morto (17:17-24); 5) fogo do céu (18:1-40); 6) as chuvas retornam (18:41-45); 7) forças para a viagem (18:46).[375]

Elias no palácio trazendo uma mensagem de juízo ao rei (17:1)

Tony Merida afirma, acertadamente, que o contexto de Elias é uma apostasia nacional e que o seu *background* é de uma total obscuridade.[376] Ele é um "joão-ninguém" procedente de um lugar inexpressivo, de uma família desconhecida, sem qualquer titulação acadêmica, que vai abalar as estruturas da sua nação. Deus é especialista em chamar aqueles que não são para envergonhar aqueles que são. O apóstolo Paulo escreve: "Irmãos, reparai, pois, na vossa vocação; visto que não foram chamados muitos sábios segundo a carne, nem muitos poderosos, nem muitos de nobre nascimento; pelo contrário, Deus escolheu as coisas loucas do mundo para envergonhar os sábios e escolheu as coisas fracas do mundo para envergonhar as fortes" (1Co 1:26,27). Vejamos.

Em primeiro lugar, *seu nome* (17:1). O nome "Elias" significa "Meu Deus é Yahweh" ou "o Senhor é o meu Deus". R. N. Champlin diz que o nome Elias é composto de nomes divinos: *El* e *Yah*. O primeiro significa "poder"; e o segundo é uma abreviação de Yahweh.[377] Seu nome era a sua profissão de fé. Donald Wiseman diz que Elias porta um nome que significa sua mensagem.[378] Para uma nação que estava adorando a Baal, o nome do profeta já consistia numa oposição ao culto pagão estabelecido pelo casal real. O nome de Elias, "Yahweh é o meu Deus" é a resposta para a apostasia da nação.

Em segundo lugar, *sua procedência* (17:1). A origem de Elias é um golpe no orgulho dos poderosos. Elias não procedia de uma família aristocrática nem fazia parte da classe sacerdotal. Ele não vinha de uma escola de profetas nem vivia em Samaria, o centro nevrálgico do poder. Elias procedia de Tisbé, um lugarejo sem qualquer projeção, encrustado na cordilheira de Gileade, treze quilômetros ao norte de Jaboque.[379] Harvey Finley, porém, acredita que esse local nunca foi satisfatoriamente identificado.[380] Nas palavras de Charles Swindoll, "embora Elias tenha vindo desse lugar insignificante – ou seja, do meio do nada – ele fez tal contribuição para o plano de Deus e para o seu povo que se tornou um dos heróis mais famosos de Israel".[381]

Elias apareceu repentinamente, como um meteoro que iluminou o escuro céu da noite espiritual de Israel. Elias era um homem desconhecido, de uma família desconhecida, de um lugar desconhecido, mas um homem levantado por

Deus. Na verdade, Deus não precisa de "estrelas" para fazer a sua obra. Um dos grandes problemas da igreja contemporânea é que existem muitas "estrelas", gente que se acha importante demais. As estrelas, porém, só brilham quando o sol não está brilhando. Quando o sol está brilhando, não há espaço para as estrelas brilharem. Quando Jesus, o sol da justiça, está brilhando, não há espaço para homens brilharem.

Em terceiro lugar, *sua coragem* (17:1). Elias sai do anonimato para o estrelato, pois ele começa o seu ministério no palácio do rei, pregando para o rei. Muitos de nós jamais entraremos no palácio para pregar para o rei. Elias, corajosamente, confronta ao perverso rei Acabe com uma palavra de juízo. Não teme a carranca do monarca idólatra nem se intimida com as ameaças de sua mulher assassina. Uma vez que o rei Acabe tinha se curvado a Baal, o padroeiro da prosperidade, Deus haveria de fechar as comportas do céu, a fim de reter as chuvas e o orvalho. A economia do reino entraria em colapso. Baal cairia em descrédito. Philip Graham Ryken destaca que na época de Elias, uma seca não era simplesmente um desastre natural aleatório, mas uma punição específica do povo de Deus por causa de seus pecados. De acordo com a lei de Deus (Dt 11:16,17), a seca era a punição adequada pela prática da idolatria pagã.[382] Harvey Finley ainda destaca que Elias era aquele mensageiro extremamente necessário para o conflito entre a verdadeira religião, com seu padrão de uma vida virtuosa, e o culto a Baal, com sua ênfase na devassidão.[383] As palavras de Ronald Wallace são consoladoras:

> Não precisamos nos desesperar quando vemos grandes movimentos do mal alcançar sucesso espetacular nesta terra, pois

> podemos ter certeza de que Deus, em locais inesperados, já preparou secretamente seu movimento contrário. Deus sempre tem seus meios de operar secretamente para solapar a estabilidade do mal. Deus pode levantar homens para seu serviço a partir do nada. Portanto, a situação nunca é desesperadora quando Deus está envolvido. Sempre que o mal floresce, é sempre de um modo superficial, porque no momento de maior triunfo do mal, Deus estará lá, pronto com seu homem, seu movimento e seus planos para assegurar que sua própria causa nunca será malsucedida.[384]

Em quarto lugar, *sua mensagem de juízo* (17:1). Porque Elias creu na palavra do Senhor, ele orou sobre o assunto. Porque ele creu na palavra do Senhor, ele a proclamou. Porque ele creu na palavra do Senhor, ele a obedeceu. Elias se coloca diante do rei Acabe e vai direto ao ponto. Ele levanta o dedo em riste na cara do diabo. Ele declara ao rei Acabe a existência do Senhor, o seu compromisso com ele, pois está perante a sua face ao mesmo tempo que proclama uma mensagem de juízo: "nem orvalho nem chuva, haverá nestes anos, segundo a minha palavra" (17:1). Baal era considerado a divindade que controlava os trovões, as chuvas, as estações do ano. Quando o povo colhia os frutos da terra e via as ovelhas dando suas crias, atribuía isso a Baal. Porém, a seca severa que viria nos próximos três anos e meio, em resposta às orações de Elias (Tg 5:17; Lc 4:25), quebraria as pernas de Baal. Para uma cultura agropastoril, a retenção das chuvas e do orvalho representava o colapso da economia. Como diz Donald Wiseman: "Fica evidente o poder e o controle de Yahweh em contraste com a ineficácia de Baal, o deus cananeu da chuva".[385] Nas palavras de Dale Ralph Davis,

> Elias está dizendo que Yahweh vai infligir as maldições da aliança sobre Israel por ele ter quebrado a aliança. Moisés havia advertido que, se Israel adorasse outros deuses, Yahweh iria, entre outras coisas, fechar "os céus de modo que não haja chuva e a terra não produza o seu fruto" (Dt 11:16,17). Além disso, Elias anuncia uma restrição sobre o orvalho e a chuva antecipadamente [...]. O adiamento da chuva também golpeia o alegado talento de Baal. A restrição de orvalho e chuva por Elias constitui um desafio a Baal. Se ele não consegue ser efetivo na área de sua perícia, na sua especialidade, sua reputação sofrerá um golpe abalador. A divindade de Baal murchará à medida que as fendas nos campos se tornarem mais largas. Elias está simplesmente afirmando que Yahweh decidiu fechar a torneira de Baal. Yahweh decretou que Baal será eclipsado.[386]

Em quinto lugar, *sua convicção* (17:1). Por que Elias tem tanta certeza? O texto não responde, mas a resposta está em Tiago 5:17: Elias orou com instância para não chover e não choveu. Elias, antes de se levantar diante do rei, prostrou-se diante do Rei dos reis. Elias, antes de prevalecer em público pela pregação, prevaleceu em secreto na oração. Elias surge com a rapidez de um relâmpago, como um homem de oração. Como diz Philip Graham Ryken, antes de Elias falar com Acabe, falou com Deus. Antes de o profeta chegar aos portões do palácio de Samaria, ficou em seu quarto de oração, em Gileade. Antes de se postar diante do rei de Israel, ficou de joelhos diante do Rei dos reis.[387] A. W. Pink levanta uma questão intrigante: por que Elias orou para que não chovesse? Resposta:

> Não porque ele era imune ao sofrimento humano, não porque sentia um prazer mórbido em testemunhar a miséria de seus

> vizinhos, mas porque colocava a glória de Deus acima de tudo, acima mesmo de seus próprios sentimentos naturais. Elias era "zeloso do Senhor, Deus dos Exércitos" (19:10), e desejava muito ver o grande nome deste vindicado; e seu povo de apóstatas, restaurado. Assim foi a glória de Deus e o verdadeiro amor por Israel que motivaram sua oração.[388]

É triste constatar que a nossa geração separou academia de piedade e pregação de oração. Temos gigantes do saber no púlpito e nanicos na vida de oração. Gente que conhece a respeito de Deus, mas não conhece a intimidade de Deus. Só prevaleceremos em público diante dos homens se prevalecermos em secreto diante de Deus. Não podemos separar o que Deus uniu: oração e pregação. Os apóstolos entenderam esse princípio quando disseram: "Quanto a nós, nos consagraremos à oração e ao ministério da palavra" (At 6:4).

Elias no deserto, sendo treinado por Deus (17:2-7)

Deus ordena a Elias que saia do palácio e se esconda em Querite. A rainha estava matando os profetas de Deus (18:4), e o rei emitiria um mandado de busca por Elias em Israel e nas nações vizinhas (18:10). Não se trata aqui, de uma mera fuga do profeta. Como bem destaca Dale Ralph Davis, aquele que traz e porta a palavra do Senhor é quem está se retirando de perto do povo do Senhor. O desaparecimento de Elias significa a ausência da palavra de Deus na vida de Israel. O juízo de Israel é a secura da terra e o silêncio do Senhor. As Escrituras sempre tratam a retirada da palavra de Deus e o silêncio da sua voz como um juízo agonizante (1Sm 28:6,15; Sl 74:9; Am 8:11,12).[389] Destacamos, aqui, alguns pontos:

Em primeiro lugar, *sua obediência a Deus* (17:2,3,5). Tendo Elias entregado a mensagem do Senhor ao rei Acabe, o próprio Senhor o tira de cena, arrancando-o do palácio e enviando-o ao deserto. A ordem de Deus é expressa: "Veio-lhe a palavra do Senhor, dizendo: Retira-te daqui, vai para o lado oriental e esconde-te junto à torrente de Querite, fronteira ao Jordão" (17:2,3). Elias não questiona a ordem nem protela a decisão. Obedece sem tardança: "Foi, pois, e fez segundo a palavra do Senhor..." (17:5). A obediência foi uma marca desse profeta gileadita (17:2-5; 17:8-10; 18:1,2). A agenda de Elias é a agenda de Deus. Deus não quer ativismo; quer obediência. Concordo com Harvey Finley, quando diz que o Senhor não está preso, como o homem, à forma habitual de fazer as coisas. O deserto, para onde Deus ordenou Elias se isolar durante o período da seca, seria o seu campo de treinamento.[390]

Em segundo lugar, *seu preparo longe dos holofotes* (17:3). Deus mandou que Elias se escondesse, saísse de debaixo das luzes dos holofotes e se afastasse das luzes da ribalta. É tudo que um profeta não gostaria de fazer. O pregador gosta de multidão, e não de solidão; gosta de aparecer, e não de se esconder; gosta de lugares públicos, e não do deserto. O deserto, porém, não é um acidente de percurso na caminhada da vida, mas uma agenda de Deus. A solidão e o silêncio eram escolas de treinamento para Elias. Charles Swindoll alerta: "É triste vermos com que facilidade fazemos do próprio serviço que Deus nos confiou um pedestal sobre o qual mostramos a nós mesmos".[391]

O deserto da solidão é a escola superior do Espírito Santo, onde Deus treina os seus líderes mais importantes. Moisés, Davi, Elias e Jesus foram treinados no deserto. É Deus quem nos matricula na escola do deserto. O deserto, porém, não nos promove; nos humilha. Não acende sobre nós os holofotes; apaga-os. Deus nos leva para o deserto para trabalhar em nós antes de trabalhar por meio de nós. Deus está mais interessado em quem somos do que no que fazemos. Vida com Deus precede trabalho para Deus. A vida do líder é a vida de sua liderança. Primeiro Deus trabalha em nós, depois trabalha por meio de nós. Na escola do deserto, não somos destruídos, mas fortalecidos. Nessa escola, Deus tonifica as musculaturas da nossa alma e nos prepara para os grandes embates da vida. Para prevalecer em público é preciso ser treinado em secreto.

Em terceiro lugar, *sua dependência do provedor* (17:4-7). A direção de Deus inclui a provisão de Deus. Na escola do deserto precisamos aprender a depender mais do provedor do que da provisão. Deus mandou Elias se esconder em Querite com a promessa de que ele beberia de uma fonte que estava prestes a secar e mandaria para ele pão e carne pelos garçons voadores. Elias dependia totalmente de Deus. Sua provisão vinha exclusivamente de Deus. O Senhor o sustentaria ou ele pereceria. O texto diz que Elias estava onde Deus o mandou estar, fazendo que o Deus o mandou fazer, e, mesmo assim, a fonte secou (17:7). É fácil confiar em Deus quando a água do ribeiro está jorrando. O nosso ribeiro seca quando passamos pelas provas na vida, no casamento, nas finanças, na saúde, nas amizades.

Concordo com R. N. Champlin quando diz que há o fim de uma coisa para que haja o começo de outra. Os fins tornam-se começos de novas manifestações. Os fins são apenas instrumentos de novos empreendimentos, de novos estágios.[392] Quando a nossa fonte seca, porém, Deus sabe onde estamos, para onde devemos ir e o que devemos fazer. A nossa fonte pode secar, mas os mananciais de Deus permanecem jorrando. Nossa despensa pode ficar vazia, mas os celeiros de Deus continuam cheios. Nessas horas precisamos compreender que dependemos do provedor mais do que da provisão. Como já afirmamos, a direção de Deus inclui a provisão de Deus.

Permita-me trazer-lhes uma experiência pessoal. No ano 2000, fui com minha família para o Mississípi, Estados Unidos, para fazer um curso de doutorado em ministério na área de pregação, no Reformed Theological Seminary. A igreja que tenho o privilégio de pastorear desde 1985, a Primeira Igreja Presbiteriana de Vitória, votou por intermédio de sua liderança o valor de 2.300 dólares mensais para nosso sustento. Obviamente tínhamos valores a deduzir desse montante. Primeiramente, entregamos o dízimo. Então, recebíamos 2.070. Temos o privilégio de ter conosco uma secretária que faz parte da nossa família há mais de trinta anos. Entendemos que não podíamos desampará-la. Continuamos a pagar o salário dela. Ainda tivemos que pagar o condomínio do apartamento onde morávamos. Então, tínhamos apenas 1.300 dólares mensais à nossa disposição. Fomos para o Seminário Reformado de Jackson, Mississípi, com a expectativa de meia-bolsa. Não conseguimos. Chegamos lá e precisamos comprar um carro velho, pois não havia transporte público. Precisamos pagar escola para nossos filhos, pagar escola de inglês, pagar aluguel e as mensalidades do seminário. Minha esposa e eu levantávamos todos os dias às quatro horas da madrugada para limpar a escola dos nossos filhos, para ganharmos um desconto de 200 dólares na mensalidade. Nossas despesas totalizavam 3.000 dólares mensais e nossos recursos não passavam de 1.300 dólares. Havia um déficit em nosso orçamento de 1.700 dólares/mês. Levamos todas as nossas economias pessoais. Depois de cinco meses, nossas economias acabaram. O carro velho quebrou e o conserto ficou em 1.350 dólares. Não tínhamos o dinheiro para pagar o conserto. Na verdade, não tínhamos dinheiro suficiente para pagar o seminário, o aluguel, tampouco para comprar comida.

Então, reuni minha família e disse: Nós temos duas opções. Voltamos frustrados para Vitória ou pedimos a Deus um milagre. Eu não queria ser mais pesado à igreja. Reunimo-nos na sala e oramos ao Senhor, pedindo a Ele o milagre de sua provisão. Terminada a oração, um fato aconteceu. O telefone tocou. Corri para atender. Era um convite para pregar numa conferência no Estado da Pensilvânia. Eu fui para lá sem dinheiro de um cafezinho no bolso. No último dia da conferência, o pastor que dirigia a programação disse: "Meus irmãos, o pastor Hernandes é estudante aqui na América. Todo estudante é 'duro'. Se alguém quiser ajudá-lo fique à vontade". Eu recebi naquele dia 5.500 dólares de oferta. Um pastor me procurou e me disse: "Eu vou lhe mandar 300 dólares por mês até você terminar o seu curso". Eu voltei para casa chorando. Tirei o carro da oficina. Paguei o seminário, o aluguel, fiz compra para casa e ainda sobrou um pouco de dinheiro.

Na semana seguinte recebi um outro convite para pregar em New Hampshire. Estava pregando meu último sermão, quando um presbítero colocou dentro de minha Bíblia um bilhete com letras garrafais. "Eu não sei o que está acontecendo com você, mas Deus tocou o meu coração e eu vou lhe mandar 600 dólares por mês até você terminar o seu curso. No final da conferência ainda me deram 2.500 dólares de oferta. Para encurtar a conversa, eu recebi vinte e cinco convites para pregar, em dez Estados diferentes, e em cada lugar que eu ia, Deus fazia um milagre diferente.

Certa feita, uma mulher fez uma viagem à noite, debaixo de neve, pois Deus havia tocado em seu coração para ir aonde eu estava para me dar uma oferta. Nunca nos faltou nada. Deus supriu todas as nossas necessidades. Conclui meu curso e defendi minha tese em tempo recorde. Quando voltamos, eu fui ao banco para fechar a conta. Para nossa surpresa, o exato valor de nossas economias pessoais que havíamos levado estava lá no banco. E Deus nos ensinou uma lição: "Você precisa aprender a depender do Provedor mais do que da provisão, pois quando sua fonte seca, meu manancial continua jorrando, quando sua despensa fica vazia, meus celeiros continuam cheios".

Voltando a Elias vemos que Deus, às vezes, usa meios estranhos para sustentar os seus servos. Deus usou corvos, aves impuras, e uma viúva pobre e gentia. Como diz Dale Ralph Davis, "viúva" e "sustentar" no mesmo fôlego parece um tanto contraditório.[393] Tony Merida diz que o fato de Deus usar essa viúva gentia para sustentar Elias é uma prova da soberania, da compaixão e da salvação graciosa de Deus aos gentios que estavam fora da aliança.[394] Deus usa o impuro e o improvável para sustentar Elias.

Elias na fornalha, sendo acrisolado por Deus (17:8-24)

Elias é o homem que fala com Deus e ouve a voz dele. É um homem de oração antes de ser um pregador. Ele obedece ao Senhor antes de desafiar as pessoas a confiarem em suas promessas. O mesmo Deus que havia ordenado Elias se esconder em Querite, agora, o ordena a ir a Sarepta, vila fenícia próxima de Sidom, onde deveria ser sustentado por uma mulher viúva. Destacaremos, aqui, alguns pontos:

Em primeiro lugar, *um treinamento avançado* (17:8,9). Elias havia terminado o estágio do deserto e da solidão.

Agora, é preciso apertar os cintos para um estágio mais avançado. Ele seria lançado na fornalha, no cadinho de Deus. Sarepta significa "fundir" ou "refinar". Sarepta traz a ideia de "cadinho", "fogo", "fornalha". Primeiro Deus levou Elias a Querite para ele se desacostumar dos holofotes. Agora Deus aumenta o fogo da fornalha para derretê-lo e moldá-lo.

Aqui a fé de Elias foi esticada ao limite. Deus ainda estava trabalhando em Elias, para trabalhar por meio dele. O fogo de Deus, porém, só queima as amarras, mas não tosta sequer um fio de cabelo. O fogo de Deus purifica e depura. Sidom, a cidade natal de Jezabel, está situada no território fenício e controlado por Etbaal, sogro do rei Acabe. Sidom era a terra de Etbaal e o centro do culto a Baal, a terra de Jezabel. Ali Baal tinha o maior número de adoradores. Deus estava enviando o seu profeta para a sede daquele culto pagão que havia infestado em Israel. Era ali naquele centro nevrálgico do paganismo que Elias deveria testemunhar o Deus vivo e verdadeiro. Deus estava ordenando a Elias que descesse ao esgoto do pecado, e não só que fosse até lá, mas que habitasse lá (17:9).

Donald Wiseman destaca que Elias está visitando território inimigo e demonstrando o poder de Deus em uma área onde Baal era cultuado, apesar de inoperante devido à seca.[395] Dale Ralph Davis é ainda mais claro:

> Sarepta ficava cerca de 13 quilômetros ao sul de Sidom e 21 quilômetros ao norte de Tiro e cerca de 130 quilômetros ao norte de Samaria, no domínio de Etbaal, pai de Jezabel (16:31). Assim, Elias está indo para *Baalpólis* na *Gentiolândia.* Ali uma das súditas de Baal confiará na palavra de Yahweh (17:14,15) e ela descobrirá que Yahweh a sustenta diariamente

(17:12). Yahweh a compelirá a agir a seu serviço para o benefício do seu profeta. Essa viúva sem nome se junta a gente como Melquisedeque (Gn 14), Jetro (Êx 18), Raabe (Js 2; 6), Rute (Rt 1) e Naamã (2Rs 5). Aqui temos um vislumbre antecipado daquele dia quando Deus concederia "aos gentios o arrependimento para a vida" (At 11:18).[396]

Em segundo lugar, *uma obediência imediata* (17:10). Elias não discute com Deus nem posterga sua decisão. As ordens de Deus são para ser obedecidas, e não para ser questionadas. Elias, sem tardança, levanta-se e vai a Sarepta, cerca de 130 quilômetros ao norte de Samaria. Nesse tempo, o rei Acabe o procurava vivo ou morto em Israel e nas nações vizinhas (18:10). Ele corria o risco de ser morto pela polícia do rei Acabe, mas o Deus que envia é o mesmo que protege.

Fica evidente que Deus tem senso de humor, pois, se em Querite Elias é alimentado por corvos, animais imundos; agora, seria sustentado por uma viúva gentia que estava prestes a morrer de fome. Esse era, de fato, um treinamento avançado. A viúva de Sarepta está vivendo a extrema escassez. A seca severa atingiu também o seu país. Ela, porém, não entrega os pontos, não joga a tolha, não desiste de lutar pela vida. Tem disposição ainda de apanhar lenha para fazer a última refeição. Elias aborda a mulher pedindo-lhe uma vasilha de água para beber. A sede da longa jornada torturara-o, e ele precisa refrescar-se, aliviando a sede severa.

Em terceiro lugar, *uma humildade necessária* (17:11,12). Além de pedir água, Elias também pede um bocado de pão. A mulher, embora tivesse o coração cheio de hospitalidade, tinha a despensa vazia de pão. Ela confessa ao profeta, em nome do Senhor, que nada tinha preparado, e o punhado de farinha que tinha na panela e o pouco de azeite que tinha na botija, dava apenas para fazer a última refeição para ela e seu filho. Então, seria o fim, nada lhes restava senão a morte como futuro.

Em quarto lugar, *uma fé inabalável* (17:13-16). Elias ordena a mulher a não temer; ao contrário, trazer-lhe prioritariamente um bolo pequeno e depois preparar a refeição para ela e seu filho. Então, promete a ela, em nome do Senhor, que a farinha em sua panela não se acabaria nem o azeite em sua botija faltaria até à chegada das chuvas. A mulher creu na palavra do profeta e comeram ele, ela e sua casa durante muitos dias.

Vemos aqui confiança e exigência (17:13), explicação e promessa (17:14), obediência e cumprimento (17:15,16). Da panela, a farinha não se acabou, e da botija, o azeite não faltou, segundo a palavra do Senhor, por intermédio de Elias. O infalível suprimento de Deus ocorre na privação, na hora de uma terrível necessidade (17:9-11). Procede da promessa, no desafio de se ter a fé obediente (17:12-14). Resulta na provisão por meio da generosa mão de Deus (17:15,16).[397] Dale Ralph Davis é enfático ao afirmar: "A palavra de Yahweh que traz a seca (17:1) pode ao mesmo tempo sustentar a quem ele quer (17:15,16)".[398] Não olhe para o balde que desce à fonte, veja a fonte. Deus é a fonte da provisão, e não os nossos recursos.

Em quinto lugar, *uma tragédia onde acontece um milagre* (17:17). Na mesma casa em que acontece um milagre, acontece também uma tragédia. O filho da mulher adoeceu e morreu. A provisão e a perda acontecem ao mesmo tempo. A fé não nos poupa dos problemas, mas nos dá experiências gloriosas de livramento em meio a eles. O fato de você ser crente não blinda sua vida. Não vivemos numa estufa espiritual. Dale Ralph Davis diz que as marcas da vida estavam assentadas na prateleira da viúva, enquanto a realidade da morte estava deitada nos seus braços.[399] A viúva não era apenas pobre, mas agora está de luto.

Em sexto lugar, *uma acusação pesada* (17:18). A viúva acusa Elias de ser o responsável pela morte de seu filho. Ela acreditava, como era costume naquele tempo, que a morte e a enfermidade deveriam ser a punição de algum pecado oculto que agora estava vindo à luz. A provisão da vida se transforma na presença da morte. A alegria do sustento se desfaz na realidade da morte. A viúva acusa Elias, o represente de Deus, de ser o instrumento de sua desdita. Ela volta sua ira contra ele. Elias, porém, mesmo sendo inocente, não se defende. Ele fica em silêncio. Ele respeita a dor daquela mãe. Compreendeu que não se apaga a torcida que fumega nem se esmaga a cana quebrada.

Philip Graham Ryken lança luz sobre o assunto, assim:

> Elias não defendeu seu ministério, mas demonstrou um autocontrole notável em face de tamanha oposição. Não refutou as acusações da mulher como injustas; não a culpou por seus pecados; não lhe fez um sermão sobre as coisas ruins que às vezes acontecem com as pessoas. Em vez disso, o profeta lhe deu a resposta que afasta a raiva (Pv 15:1). "Dá-me o teu filho" (17:19). A graça do profeta sob pressão é um testemunho poderoso da qualidade de sua vida espiritual. Elias era tão santo em privado quanto em público. Em breve, sua fé seria forte o bastante para trazer toda uma nação de volta para Deus (1Rs 18) e para a obediência após um período de dúvida e desespero (1Rs 19).

Em sétimo lugar, *uma oração ousada* (17:19-21). O mesmo Elias que se calou para defender-se, pede a mulher:

"Dá-me o teu filho". Então, tomou corpo do menino, levou-o para cima, ao quarto, onde ele mesmo se hospedava, e o deitou em sua cama. Então, ele que até então estava em silêncio, agora abre o bico e fala muito, fala com Deus, nos ensinando que se orássemos mais, nós nos defenderíamos menos. Se orássemos mais, brigaríamos menos. Se orássemos mais, veríamos mais os milagres de Deus acontecendo. Elias luta com Deus antes de lutar pela vida do menino. A mulher o acusa, e Elias lança essa questão para Deus. Elias entra em batalha em favor da alma do menino, estendendo-se sobre ele, e clamando ao Senhor por um milagre inédito: "Rogo-te que faças a alma deste menino tornar a entrar nele" (17:21).

Em oitavo lugar, *um milagre inédito* (17:22,23). Este é o primeiro caso de ressurreição registrado nas Escrituras. Deus atendeu à oração de Elias, e o menino ressuscitou. É o primeiro registro de ressurreição na história. Um milagre esplêndido. Um fato sobrenatural. Uma realidade dantes nunca vista. Esse é o primeiro relato de ressurreição registrado nas Escrituras. Tendo o menino recobrado a vida, Elias não se envaidece, não toca trombetas, não faz um discurso de autoelogio, não faz um solo do hino "Quão grande és tu" diante do espelho. Apenas diz à mãe: "Vê, teu filho vive". Elias nos ensina que, se Deus está nos usando, devemos botar a boca no pó, pois tudo vem dele, tudo é por meio dele e tudo é para ele.

A. W. Pink extrai sete lições espirituais da oração de Elias:

> Primeira lição: Elias se retirou para seu quarto para ficar a sós com Deus. Segunda lição: seu fervor: ele "clamou ao Senhor" – isso não era apenas de boca para fora. Terceira lição: a

entrega de seus próprios interesses ao Senhor, apelando a seu relacionamento pactual: "Ó Senhor, meu Deus". Quarta lição: ele se fortaleceu com os atributos de Deus: aqui, com a soberania e supremacia divinas – "trouxeste desgraça também para a viúva". Quinta lição: sua seriedade e insistência, evidenciadas pelo fato de ter se deitado sobre a criança três vezes. Sexta lição: seu apelo à misericórdia de Deus: "a viúva que me abriga". Por fim, seu pedido explícito: "Faze voltar a alma para esta criança".[400]

Em nono lugar, *um reconhecimento notório* (17:24). A confissão da viúva leva o capítulo ao clímax: "Nisto reconheço agora que tu és homem de Deus e que a palavra do Senhor na tua boca é verdade". Hoje temos homens ricos, cultos, influentes, mas escasseiam-se os homens de Deus. É óbvio, também, que nem todos que proferem a palavra de Deus são boca de Deus. Uma coisa é proferir a palavra de Deus, outra coisa bem diferente é ser boca de Deus. Temos, atualmente, disponível em nosso vernáculo, os maiores sermões pregados pelos maiores pregadores da história como Aurélio Agostinho, João Crisóstomo, Martinho Lutero, João Calvino, John Owen, Jonathan Edwards, John Wesley, George Whitefield, Charles Spurgeon, dentre outros. Se pregássemos esses mesmos sermões hoje, certamente não teríamos os mesmos resultados. E por quê? Porque Deus não unge métodos, mas homens, homens cheios do Espírito Santo.

O texto em tela demonstra eloquentemente que o Senhor não é apenas vitorioso sobre a escassez (17:1-16), mas, também, sobre a morte (17:17-24). Nenhum flagelo pode algemar a supremacia do Senhor.[401] Elias honrou Deus, e Deus o honrou (1Sm 2:30). A mulher faz duas estupendas declarações: agora ela sabe que ele é homem de Deus e que a palavra do Senhor na boca dele é verdade. Elias havia provado a provisão de Deus em Israel e no próprio território de Baal. Agora, estava pronto a desafiar Baal no reino de Israel.

Setecentos anos depois de Elias, Jesus fez referência a esse episódio na sinagoga de Nazaré (Lc 4:16-30), mostrando que a graça de Deus havia alcançado outras nações, pois apesar de terem tantas viúvas nos dias de Elias, ele ministrou a uma viúva gentia. Concordo com Warren Wiersbe quando diz que o ministério de Elias à viúva e a seu filho foi prova de que Deus não faz acepção de pessoas.[402]

Philip Graham Ryken diz que 1Reis 17 ensina sobre as três grandes obras de Deus: criação, providência e redenção. O Senhor é aquele que envia a chuva na estação certa ou que causa a seca na terra. Ele é o Senhor da criação. Outrossim, dia após dia, Deus forneceu a Elias tudo o que este precisava. Por fim, Deus devolve o filho morto da viúva à vida e leva a viúva da incredulidade para a fé salvífica. Essas três grandes obras de Deus juntas significam a prova da divindade de Deus. Apenas Deus consegue criar o mundo, providenciar o pão de cada dia e trazer os mortos de volta à vida.[403]

Elias foi um grande homem entre os homens, mas há alguém maior do que Elias. Este é Jesus. Ele é o próprio Deus entre os homens. Elias orou para que o menino morto ressuscitasse. Jesus é a própria ressurreição e a vida. Elias teve sua oração respondida ao clamar ao Senhor para que a alma do menino voltasse ao corpo. Jesus, ao ordenar que Lázaro saísse da sepultura, teve a sua ordem obedecida. Jesus entrou nas entranhas da morte, arrancou o seu aguilhão, matou a morte e ressurgiu inaugurando a imortalidade. Agora, todo aquele que nele crer não morrerá eternamente, mas já passou da morte para a vida.

Notas

[372] SWINDOLL, Charles R. *Elias*, p. 26.
[373] MERIDA, Tony. *Christ-Centered Exposition: 1 & 2 Kings*, p. 99.
[374] WIERSBE, Warren W. *Comentário bíblico expositivo*. Vol. 2, p. 462.
[375] WIERSBE, Warren W. *Comentário bíblico expositivo*. Vol. 2, p. 463-468.
[376] MERIDA, Tony. *Christ-Centered Exposition: 1 & 2 Kings*, p. 99.
[377] CHAMPLIN, R. N. *O Antigo Testamento interpretado versículo por versículo*. Vol. 2, p. 831.
[378] WISEMAN, Donald J. *1-2Reis: introdução e comentário*, p. 144.
[379] Ibidem, p. 145.
[380] FINELY, Harvey E. *Os livros dos Reis*. In: *Comentário bíblico Beacon*, vol. 2, p. 330.
[381] SWINDOLL, Charles R. *Elias*, p. 19.
[382] RYKEN, Philip Graham. *1Reis*, p. 413.
[383] FINLEY, Harvey E. *Os livros dos Reis*. In: *Comentário bíblico Beacon*, vol. 2, p. 329.
[384] WALLACE, Ronald. *Elijah and Elisha*, p. 3.
[385] WISEMAN, Donald J. *1-2Reis: introdução e comentário*, p. 145.
[386] DAVIS, Dale Ralph. *1-2Reis*, p. 204,205.
[387] RYKEN, Philip Graham. *1Reis*, p. 414.
[388] PINK, A. W. *The life of Elijah*, p. 27.
[389] DAVIS, Dale Ralph. *1-2Reis*, p. 209.
[390] FINLEY, Harvey E. *Os livros dos Reis*. In: *Comentário bíblico Beacon*. Vol. 2, p. 330.
[391] SWINDOLL, Charles R. *Elias*, p. 44.
[392] CHAMPLIN, R. N. *O Antigo Testamento interpretado versículo por versículo*. Vol. 2, p. 832.
[393] DAVIS, Dale Ralph. *1-2Reis*, p. 212.
[394] MERIDA, Tony. *Christ-Centered Exposition: 1 & 2 Kings*, p. 108, 109.
[395] WISEMAN, Donald J. *1-2Reis: introdução e comentário*, p. 146.
[396] DAVIS, Dale Ralph. *1-2Reis*, p. 213, 214.
[397] FINLEY, Harvey E. *Os livros de Reis*. In: *Comentário bíblico Beacon*. Vol. 2, p. 330.

[398] DAVIS, Dale Ralph. *1-2Reis*, p. 217.
[399] Ibidem, p. 218.
[400] PINK, A. W. *The Life of Elijah*, p. 90, 91.
[401] DAVIS, Dale Ralph. *1-2Reis*, p. 225.
[402] WIERSBE, Warren W. *Comentário bíblico expositivo*. Vol. 2, p. 465.
[403] RYKEN, Philip Graham. *1Reis*, p. 429.

Capítulo 18

Confrontando as hostes do mal

(1Reis 18:1-46)

Três anos e meio antes, Elias, o tesbita, deixara seu quarto de oração nas montanhas de Gileade para anunciar o juízo de Deus a Acabe, rei de Israel, em Samaria (Lc 4:25; Tg 5:17). Em seguida, por ordem divina, Elias esconde-se em Querite, onde é milagrosamente sustentado por Deus. Mais tarde, por determinação do Senhor, refugia-se em Sarepta, no território de Sidom, quartel-general de Baal, onde é sustentado por uma mulher viúva. Agora, está de volta à Israel, por ordem expressa de Deus, com o propósito de confrontar as hostes do mal, deixando claro que Baal é um falso deus e que o rei e o povo estão sofrendo a seca severa e a fome atroz, por causa de sua apostasia.

Concordo com Dale Ralph Davis quando diz que antes de Yahweh enviar a chuva, Baal precisa ser desacreditado – de modo claro, público, óbvio e decisivo, ao vivo, e no horário nobre da nação.[404] Nas palavras de Philip Graham Ryken, "o povo de Israel havia depositado sua fé em Baal, o deus da chuva, mas Baal não conseguiu ajudá-lo agora. O Deus de Israel, o Senhor vivo e Deus único, havia fechado os céus, causando assim uma fome desesperadora na terra".[405] Alguém perguntou, certa feita, a Alexandre, o Grande: "Por que você conquistou o mundo todo?". Ele respondeu: "Porque eu não deixei essa decisão para depois". Se o cristianismo é um mito, devemos abandoná-la. Se a Bíblia não é a verdade, devemos queimá-la. Se Jesus Cristo não é o Salvador, devemos rejeitá-lo, mas se ele é a nossa única esperança, devemos nos voltar para ele de todo o nosso coração. Precisamos de crentes ousados que se levantem em nome de Deus, para mostrar que só o Senhor é Deus.

Apresentação (18:1-6)

Depois do treinamento, é tempo da ação. Depois de dar provas irrefutáveis da existência majestosa de Deus no território de Sidom, o Senhor envia Elias de volta à terra de Israel, com a promessa de que mandaria chuva sobre a terra. Destacamos, aqui, quatro pontos importantes:

Em primeiro lugar, *Elias, o homem que obedece ao Senhor* (18:1,2). A agenda de Elias é governada pelo céu. Deus manda, Elias obedece. O mesmo Deus que dissera três anos antes "Esconda-se", agora está dizendo: "Mostre-se". Elias sempre foi governado pela palavra de Deus (17:2,5; 17:8-10; 18:1,2). O Senhor dá uma ordem, e Elias não questiona, tampouco posterga, mas obedece imediatamente. Houve tempo para esconder-se do rei Acabe (17:3; 18:10);

agora é tempo de apresentar-se a Acabe (18:1). Samaria, a capital do reino de Israel, está assolada por uma fome extrema e severa. A razão dessa apresentação é que chegara o tempo de Deus mandar chuva sobre a terra. Não é Baal quem controla o tempo, mas o Senhor. Baal pode ser considerado o padroeiro da prosperidade, mas o Senhor é o único Deus da verdadeira prosperidade. A chuva de Deus só veio depois do colapso da reputação de Baal. Primeiro Baal é publicamente desacreditado diante dos olhos da nação, depois o Senhor envia a chuva.

Em segundo lugar, *Obadias, o homem que teme ao Senhor* (18:3). Obadias é o mordomo do ímpio rei Acabe e um alto oficial do reino. É um mordomo do palácio e um membro da corte do mais perverso rei de Israel. O cargo que ocupa era um posto de elevado prestígio e plena confiança. Embora trabalhasse para um chefe tão mau e idólatra, Obadias temia muito ao Senhor. Embora administrasse a casa de um homem maligno, o coração desse mordomo estava ligado ao Senhor. Concordo com Warren Wiersbe quando diz que nem todos os servos de Deus devem ficar em evidência como Elias. Deus tem servos em muitos lugares, realizando a obra para a qual ele os chama.[406]

Em terceiro lugar, *Jezabel, a mulher que mata os profetas do Senhor* (18:4). Jezabel, a filha de Etbaal, mulher do rei Acabe, primeira-dama de Israel, era uma mulher maligna e perversa. Além de abrir as portas do palácio para sustentar os profetas de Baal e Aserá (a "esposa de Baal"), ela exterminava os profetas do Senhor. Aqui ela está em aberto contraste com Obadias, que protegia os profetas do Senhor. Mesmo correndo riscos fatais, Obadias escondeu em covas e cavernas cem profetas, sustentando-os com pão e água.

Em quarto lugar, *Acabe, o rei que colhe o resultado de seu pecado* (19:5,6). Acabe precisa deixar o conforto de seu palácio para sair a campo, com Obadias, seu mordomo, para buscar alimento para seus cavalos e mulos. Mesmo a fome sendo extrema em Samaria, Acabe está preocupado em salvar cavalos, e não pessoas. Dale Ralph Davis diz que há aqui um contraste entre Acabe e Obadias. Obadias salva profetas. Acabe quer salvar mulas e cavalos. Isso é típico de reis e governos: a economia é tudo.[407] A economia para ele vale mais do que gente. Ele está mais interessado na segurança do Estado do que na preservação de vidas. É digno de destaque que o rei Acabe pode unir-se à sua ímpia mulher para perseguir Elias e matar os profetas do Senhor, mas não pode reverter a crise medonha que assola o seu reino. Acabe pode levantar capelas a Baal e destruir o altar do Senhor, mas não pode trazer as chuvas benfazejas para regar a terra.

Revelação (18:7-16)

Estava na hora de Elias revelar-se a Acabe. O profeta era um homem de oração. Era, outrossim, boca de Deus. Era, de igual modo, poderoso em obras. A covardia não encontrava lugar em seu coração. Estava pronto para enfrentar a carranca do diabo, a fúria do rei, a instabilidade do povo e desafiar as hostes do mal em seu próprio território. Vejamos:

Em primeiro lugar, *um encontro providencial* (18:7). Obadias estava buscando relva verde para os cavalos, quando Elias se encontra com ele. Obadias o reconhece e se prostra com o rosto em terra, chamando-o: "meu senhor". Deus mesmo providenciou o encontro de Elias com Obadias, pois este foi a ponte de contato de Elias com o rei Acabe.

Em segundo lugar, *uma ordem perigosa* (18:8-12). Elias dá uma ordem a Obadias para ir ao seu senhor, o rei Acabe, dizendo que Elias estava na área. Obadias, atemorizado, argumenta que ser o introdutor de Elias poderia representar sua morte sumária, uma vez que não havia nação nem reino aonde Acabe não mandasse homens à procura do profeta (18:10). O temor de Obadias era que Elias fosse levado pelo Espírito de Deus para outro lugar, passando ele por mentiroso aos olhos do rei. Obadias, entretanto, aproveita o ensejo para declarar sua lealdade ao Senhor, mesmo sendo mordomo de um rei tão perverso e idólatra.

Em terceiro lugar, *um testemunho grandioso* (18:13,14). Obadias conta a Elias suas façanhas durante a cruel perseguição de Jezabel aos profetas de Deus. Testemunhou sobre sua coragem e altruísmo em esconder, em covas, cem homens dos profetas do Senhor, sustentando-os com pão e água. Segundo Donald Wiseman existem mais de duas mil cavernas na extensão do monte Carmelo. Ao mesmo tempo em que cuidava da casa de Jezabel, Obadias protegia também os desafetos de Jezabel, nessas covas e cavernas.

Obadias destaca seu compromisso vitalício com Yahweh (18:12) e seu resgaste secreto dos profetas de Yahweh (18:13). Ele arriscou sua carreira e sua segurança pessoal. Ele usou sua influência para proteger os servos do Senhor. Mesmo tendo demonstrado coragem em sua arriscada missão de esconder e sustentar os profetas de Deus, agora, Obadias teme pela sua vida quando Elias o envia a Acabe. O mordomo sabe que pode estar sendo enviado para a morte. Os temores de Obadias não eram infundados, ele tinha conhecimento da caçada implacável promovida por Acabe para capturar Elias em Israel e noutras nações (18:10,11).

Em quarto lugar, *uma garantia absoluta* (18:15,16). Elias dá garantias a Obadias, fazendo juramento em nome do Senhor dos Exércitos, que naquele dia mesmo se apresentaria a Acabe. Com essa promessa, Obadias vai a Acabe e comunica a ele a chegada de Elias. Concordo com Dale Ralph Davis quando diz que Elias e Obadias são dois servos do Senhor. O ministério de Elias é mais público e confrontador. Obadias opera de maneira mais reservada nos bastidores e, ainda assim, é fiel na esfera em que Deus o colocou.[408]

Confrontação (18:17-29)

Deus havia preparado Elias por três anos e meio para esse grande dia. Era o dia do grande confronto. Era o tempo oportuno para desmascarar de vez Baal e seus profetas. Era o tempo de demonstrar que os deuses pagãos não passavam de uma falácia. Era o tempo certo de mostrar ao rei e ao povo de Israel que não podiam mais ficar coxeando entre dois pensamentos. Destacaremos, aqui, alguns pontos importantes:

Em primeiro lugar, *uma acusação veemente* (18:17,18). Já havia se passado três anos e meio desde que Elias apresentou-se a Acabe (17:1). Agora, ao se verem novamente, há uma troca de farpas. Acabe acusa Elias de perturbador de Israel, e Elias denuncia Acabe e sua casa de serem os causadores da trágica seca que assolava a nação, por terem deixado os mandamentos do Senhor e seguido os baalins.

Concordo com Donald Wiseman quando diz: "A réplica de Elias a Acabe é que a perturbação de Israel não é a escassez da chuva, mas a ausência de fidelidade à aliança de Deus".[409] Harvey Finley tem razão em dizer que o fato de Acabe chamar Elias de perturbador de Israel é típico da cegueira de um pecador.[410] Nessa mesma esteira de pensamento, Warren Wiersbe destaca que tanto Jesus como o apóstolo Paulo foram acusados de perturbadores (Lc 23:5; At 16:20; 17:6). Portanto, Elias estava em boa companhia.[411] Os acusadores de Paulo chamaram-no de "peste" e "promotor" de sedições entre os judeus esparsos por todo o mundo (At 24:5).

Fica claro que a obra pacífica de pregar o evangelho representa uma ameaça às fortalezas do mal. No ano 64 d.C., o imperador Nero responsabilizou os cristãos pelo incêndio de Roma e muitos foram sumariamente executados. Durante vários séculos, o cristianismo era considerado um crime capital no Império Romano. Os adversários de Jesus também o acusaram de perverter a nação e alvoroçar o povo (Lc 23:2,5). Ainda hoje, a perseguição aos cristãos cresce e se torna mais severa. Estima-se que desde 1970, houve mais de duzentos mil mártires cristãos por ano.[412]

Philip Graham Ryken lança esta luz sobre o assunto:

> A acusação de Acabe é uma advertência sóbria daquilo que acontece com o povo de Deus em dias de julgamento. Primeiro, o mundo se recusa a ouvir a palavra de Deus. Depois, acusa o povo de Deus. Quando surgem problemas, as pessoas deste mundo não se voltam para Deus, mas contra ele e seu povo. Às vezes, os inimigos de Deus farão de tudo para matar o povo de Deus (Jo 16:2), assim como Jezabel atacou os profetas de Deus.[413]

Longe de aceitar a acusação do rei Acabe, Elias voltou as armas contra ele, mostrando que ele havia cometido dois tipos de pecado: omissão e comissão. Ele havia deixado os mandamentos do Senhor e seguido os baalins (18:18).

Em segundo lugar, *uma convocação urgente* (18:19,20). Elias lança um desafio, mandando ajuntar-se a ele todo o Israel no monte Carmelo, bem como os quatrocentos e cinquenta profetas de Baal e os quatrocentos profetas de Aserá, o poste-ídolo, que comiam da mesa de Jezabel. Ordem dada, ordem cumprida. E lá estava a nação toda reunida no Carmelo, acompanhada dos profetas baalistas. O monte Carmelo, palco do duelo, é uma cordilheira de montanhas com cerca de trinta e dois quilômetros de comprimento, que se estende desde o vale de Esdraelom até à margem do Mediterrâneo, e está situado a sessenta e quatro quilômetros de Samaria.[414] Donald Wiseman diz que o monte Carmelo, com seiscentos metros de altura, ao sul da atual Haifa, deve ter sido escolhido para essa batalha dos deuses por estar situado na fronteira de Israel com o território fenício, terra natal de Baal.[415]

Em terceiro lugar, *um confronto veemente* (18:21). Elias que já havia confrontado o rei Acabe (18:18), agora confronta o povo (18:21). A nação estava em cima do muro, oscilando entre o Senhor e Baal. Dale Ralph Davis diz que o culto a Baal era sedutor aos israelitas por algumas razões: 1) ele detinha o atrativo da aprovação real. A rainha era devota de Baal. Assim, os israelitas que queriam "subir na vida" fariam bem em se alinhar com as preferências religiosas da elite do poder; 2) havia o apelo da tradição da história. A adoração a Baal recuava ao tempo dos juízes (Jz 2:11-13); 3) o culto a Baal oferecia o encanto da relevância. Baal era o deus das chuvas, da fertilidade. Na crendice popular Baal enviava raios, fogo e chuva. Dava grãos, azeite e vinho; 4) o baalismo acumulava um apelo à sensualidade. Os ritos sexuais eram parte da liturgia. Sempre havia uma prostituta "santa" à disposição no santuário de Baal.[416]

Philip Graham Ryken diz que Elias propôs um dos maiores debates, duelos e confrontos religiosos de todos os tempos. Era Baal contra o Senhor Deus de Israel; e o vencedor ficaria com tudo. A aposta era alta. O destino religioso do povo de Deus estava em jogo. De um lado, Baal, o deus da tempestade dos cananeus, com toda sua equipe de apoio: 450 profetas pagos pelo governo. Do outro, o Senhor Deus do céu e da terra, com seu único profeta, Elias. [417]

É nessa conjuntura que Elias deixa claro que o Senhor não aceita concorrente. Ele não tolera coração dividido. Ele é o único Deus a quem servimos, ou então, não é o nosso Deus. Assim como Moisés (Êx 32:26) e Josué (Js 24:15), Elias pediu uma decisão definitiva dos israelitas. Eles deveriam ficar de um lado ou de outro, mas o povo se calou. O silêncio foi por causa de sua culpa. Nunca é demais enfatizar que o Deus da Bíblia se recusa a ser o tópico da sua sessão de bate-papo. Ele não é uma ideia para você debater, mas o Rei a quem você deve se submeter.[418]

Nós também vivemos numa cultura que oscila entre opiniões múltiplas. Em 1993, a Vanderbilt University construiu um monumento ao pluralismo religioso, quando a Faculdade de Teologia dedicou sua capela a todas as vertentes religiosas (All Faith Chapel). Hindus, judeus, católicos, protestantes, muçulmanos e cristãos ortodoxos deveriam se reunir numa fraternidade sem fronteiras. Philip Graham Ryken diz que a All Faith Chapel foi construída para uma cultura que não sabe em que acreditar ou para uma cultura que quer acreditar um pouco em tudo.[419] Porém, o Deus de Elias requer exclusividade. Ele não admite rivais. Ele não divide a sua glória com ninguém. Com Deus é tudo ou nada. Ele quer todo o nosso coração, toda a nossa mente, toda a nossa alma, toda a nossa força. Fica evidente, portanto, que nenhum outro deus consegue entrar no ringue e enfrentar o Deus de Israel. Não há outro Deus senão o Senhor. Só ele é Deus!

Em quarto lugar, *um desafio contundente* (18:22-25). Mesmo estando sozinho na pugna, e mesmo tendo do outro lado quatrocentos e cinquenta profetas de Baal e mais quatrocentos profetas do poste-ídolo, Elias desafia o inimigo em seu território. Concordo com Charles Swindoll quando diz que a equação nunca é 850 contra 1, mas 850 contra 1 mais Deus.[420] Dois novilhos deveriam ser imolados e colocados sobre a lenha; um novilho para os profetas e outro novilho para Elias. Os profetas de Baal teriam prioridade. Eles invocariam Baal, e Elias invocaria o Senhor. Quem responder por fogo, esse é que é Deus. Charles Swindoll destaca que Baal era adorado como o deus do sol (o fogo do universo) e como o deus controlador de todas as colheitas e da produtividade da terra. Um deus assim com certeza teria raios e trovões em seu arsenal de armas! Se ele era capaz de fazer qualquer coisa, então poderia dar início a um incêndio.[421] Como o povo gosta de uma boa briga, todos responderam: "É boa esta palavra" (18:24).

Em quinto lugar, *uma decepção evidente* (18:26-29). Os profetas de Baal tomaram o novilho, preparam-no, colocaram-no sobre o altar e invocaram o nome de Baal, desde a manhã até ao meio-dia. Nenhuma resposta! Então, manquejaram e se movimentaram ao redor do altar e nada! Ao meio-dia, Elias começou a zombar deles: "Clamai em altas vozes, porque ele é deus; pode ser que esteja meditando, ou atendendo a necessidades, ou de viagem, ou a dormir e despertará". Então, eles clamaram ainda mais alto, e se retalharam com facas e com lancetas, segundo seu costume, tingindo a terra de sangue. Chegou a tarde, a hora da oferta de manjares, e nenhum voz, nem resposta, tampouco atenção alguma. Baal não compareceu. Ele não responde a orações. Baal é um nada absoluto. Seus profetas foram humilhados publicamente. Baal foi um fracasso total. Elias faz, então, contundente sarcasmo com os profetas de Baal. O sarcasmo de Elias é o comentário mais escandaloso de todos os tempos sobre a mitologia pagã.[422]

Dale Ralph Davis diz, com razão, que a natureza do Deus verdadeiro é totalmente diferente de Baal. Yahweh é o Deus para quem a geografia não é empecilho (18:19,20). Carmelo era território de Baal. Os profetas de Baal tinham o que se diz no esporte: "vantagem de jogar em casa". Yahweh derrota Baal em seu território, mostrando sua supremacia e a impotência de Baal. Outrossim, Yahweh é o Deus para quem os números não têm importância (18:22,25). Na disputa de divindades, Elias ordena que eles iniciem, "pois são muitos" (18:25). Matematicamente Yahweh estava em desvantagem, porém, ele jamais perdeu uma batalha. Os deuses dos povos não passam de ídolos. Ainda, Yahweh é o Deus para quem o ativismo não é um estímulo (18:26-29,36-38). Os profetas de Baal fizeram uma reunião de oração fervorosa, mas ineficaz. Elias, por sua vez, não precisou atazanar, coagir, manipular Yahweh; não precisou tagarelar e sangrar por metade do dia para assegurar que fosse ouvido. Por fim, Yahweh é o Deus para quem as desvantagens não são um obstáculo (18:32-35). Elias manda abrir um rego ao redor do altar e encharcar de água a lenha e o sacrifício, e isso três vezes. Havia zero chance de embuste e trapaça. Elias ajeitou as coisas a favor de Yahweh, de modo que, quando seu fogo viesse, não haveria outra explicação senão que ele foi um "ato de Deus".[423]

Demonstração (18:30-40)

O duelo dos deuses no Carmelo foi bem planejado por Elias. As chuvas não deveriam descer antes de Baal ser nocauteado, removido, e de a nação reconhecer que estava adorando um ídolo impotente. Depois de expor Baal ao descrédito e seus profetas ao fracasso, Elias dá uma demonstração do poder de Deus.

Tony Merida, ao tratar do confronto de Elias com os profetas de Baal, destaca três fatos: 1) eles clamaram a Baal, mas não receberam resposta; 2) eles dançaram, mas não foram aquecidos pelo fogo do céu; 3) eles se retalharam com facas, mas o frenesi deles não produziu fogo.[424] Um culto não é verdadeiro apenas porque tem fervor. Há fervor produzido pelo engano religioso. Há entusiasmo puramente carnal. O ritual composto de gritos e corpos feridos com lanças não passava de uma demonstração grotesca da infame liturgia pagã.

Destacaremos alguns pontos importantes aqui:

Em primeiro lugar, *uma preparação necessária* (18:30-35). Depois do fiasco de Baal e da frustração dos seus profetas, Elias toma três medidas importantes na preparação:

Primeiro, *Elias ordenou ao povo a chegar-se a ele*. Elias era o homem de Deus. A palavra do Senhor na sua boca era a própria verdade. Achegar-se a ele era virar as costas a Baal e voltar-se para o Senhor. Esse era o convite do arrependimento e da conversão. Elias conhece Deus o suficiente para saber que, mesmo estando só diante de centenas de falsos profetas, Deus vai honrá-lo. Ele não hesita, portanto, em convocar o povo para chegar-se a ele.

Segundo, *Elias restaurou o altar do Senhor que estava em ruínas*. O altar em ruínas era um emblema da decadência espiritual da nação. A vida espiritual do povo estava em ruínas. O culto ao Senhor tinha sido abandonado. O baalismo era a religião oficial. Elias tomou doze pedras, representando as doze tribos. A nação estava dividida e havia permanentes conflitos internos. A lealdade ao Senhor tinha cessado. Concordo com Philip Graham Ryken quando diz que as doze pedras para as doze tribos serviram como lembrete para as pessoas de que todo o Israel pertencia a Deus e ao poder da promessa da aliança. Também simbolizava a reunificação de uma nação dividida desde a morte do rei Salomão.[425]

Terceiro, *mandou encharcar de água o altar*. Elias edificou o altar, fez um rego ao redor, armou a lenha, dividiu o novilho em pedaços, colocou-os sobre a lenha e ordenou que derramassem água sobre ambos. Ordenou que fizessem isso por três vezes, encharcando de água a lenha, o holocausto e também o rego ao redor do altar. Elias não queria dar margem para qualquer insinuação de embuste. Não havia espaço para acusação de trapaça ou fraude. As coisas de Deus são claras, sem qualquer enganação. Elias está demonstrando que, quando Deus age, a água não pode apagar o fogo. Quando Deus se manifesta, o improvável acontece. Para Deus não há impossíveis.

Em segundo lugar, *uma demonstração poderosa* (18:36-39). Elias ousou submeter Deus a um teste, uma vez que estava interessado na glória de Deus e na salvação de seu povo. Ele não usou a oração como último recurso. A oração foi seu primeiro e único recurso.[426] Elias não precisou de muito tempo nem de movimentos estrondosos, tampouco de gritos e danças para invocar o nome do Senhor. O poder da oração de Elias não dependia de duração, eloquência ou volume. Aliás o poder não estava na oração de Elias, mas no Deus ao qual Elias se dirigiu.

Concordo com Donald Wiseman quando diz que a oração simples de Elias contrasta com os intensos delírios dos adoradores de Baal.[427] Elias invocou o Deus de Abraão,

Isaque e Israel. Declarou sua dependência e plena confiança nele. Pediu que essa manifestação fosse um instrumento para o povo voltar-se para ele. Então, caiu fogo do Senhor e consumiu o holocausto, e a lenha, e as pedras, e a terra, e ainda lambeu a água que estava no rego. Deus se revelou aqui pelo fogo. Deus é fogo. Sua palavra é fogo. Ele se manifestou no meio do fogo no Sinai. Ele faz de seus ministros labaredas de fogo. Ele batiza com fogo. Diante dessa manifestação tão poderosa, o povo caiu de rosto em terra e disse: "Só o Senhor é Deus! Só o Senhor é Deus!" (18:39).

Dale Ralph Davis é oportuno quando diz que o fogo divino ardeu nos dois principais momentos litúrgicos da vida do Antigo Testamento: nas inaugurações do culto no tabernáculo e no templo. Esse fogo era a luz verde de Yahweh, indicando que ele aceitaria esse culto e que Israel deveria continuar a se aproximar dele dessa maneira.[428] Philip Graham Ryken faz um solene alerta: "Se houver pouca paixão em nossa adoração, não é porque não temos dança, gritos e êxtase em medida suficiente. Se há pouco temor em nossa adoração, não é porque não temos espadas, lanças e sangue. É porque não temos o devido senso do peso, da santidade e da majestade do Deus todo-poderoso.[429]

Em terceiro lugar, *um juízo veemente* (18:40). Conforme os preceitos da lei de Moisés (Dt 13:13-18; 17:2-5), os promotores da idolatria não poderiam ser poupados. Então, Elias, em cumprimento aos preceitos da lei, ordenou que os profetas de Baal fossem levados ao ribeiro de Quisom e ali os matou. A morte dos profetas de Baal e de Aserá não foi um ato de vingança pessoal, mas de pena capital em conformidade com a lei de Deus. Elias estava cumprindo as sanções estabelecidas pelo próprio Deus. Donald Wiseman esclarece:

> A matança dos profetas de Baal não foi um ato de crueldade irresponsável, mas a retribuição necessária, ordenada por Elias como o "novo Moisés" representante de Deus, contra os falsos profetas, conforme está decretado em Deuteronômio 13:5,13-18; 17:2-5, seguindo a ação de Moisés e Fineias (Nm 25:1-13). Os cristãos veem a idolatria não como menos pecaminosa, mas veem o completo julgamento reservado para o Dia final (1Co 6:9; Ap 20:11-15; 21:8; 22:19).[430]

Deus não colocou a mesma espada em nossas mãos. Nossas armas e nossas batalhas são espirituais. Devemos, entretanto, enfrentar com a espada do Espírito o pecado que tenazmente nos assedia, fazendo morrer a nossa natureza terrena. Tony Merida corrobora, dizendo que a igreja hoje não é uma teocracia, e Deus não nos chamou para matar aqueles que adoram falsos deuses. Ao contrário, somos chamados para matar a idolatria em nosso próprio coração.[431]

Essa medida endureceu a rainha Jezabel, de cuja mesa esses homens haviam recebido alimento (18:19), e a rainha tomou o propósito de capturar e matar Elias. Warren Wiersbe tem razão em dizer que nem a seca, nem a fome levaram Acabe e Jezabel ao arrependimento. Tampouco o fogo do céu e as chuvas mudaram o coração desse ímpio casal (Ap 9:20,21; 16:8-11). Apesar de todas as evidências, Jezabel estava decidida a matar Elias (19:1,2).[432]

Charles Swindoll diz que esse episódio enseja quatro lições: 1) quando temos certeza de estarmos dentro da vontade de Deus, somos invencíveis; 2) obediência dividida é tão errada quanto a idolatria declarada; 3) nossa ferramenta mais eficiente é a oração da fé; 4) nunca subestime o poder de uma vida totalmente dedicada ao Senhor.[433]

Oração (18:41-46)

Antes de Elias subir ao cume do Carmelo para orar pelas chuvas restauradoras, ele removeu Baal do caminho. Entre as chuvas de Deus e a terra seca há um obstáculo que precisa ser tirado. Não basta mudar Baal de lugar nem dar outros nomes a ele. Esse ídolo abominável precisa ser destruído. Só então as chuvas virão.

É digno de destaque, também, que Elias antes de orar por chuva, afastou-se do burburinho da multidão e subiu para o cume do monte. As chuvas desceram porque Elias subiu. Se quisermos ver as torrentes de Deus descerem precisamos subir à presença do Senhor, no nosso lugar secreto de oração. Destacaremos, aqui, nove marcas da oração de Elias:

Em primeiro lugar, *Elias orou sobre a promessa* (18:1). Elias é um homem de fé. Como Deus havia prometido que daria chuva (18:1), ele ordena a Acabe a subir e beber, porque se podia ouvir o ruído de abundante chuva (18:41). Elias sabia que promessa de Deus e realidade são a mesma coisa. Deus é o próprio avalista de suas promessas. Todas as promessas de Deus são fiéis e verdadeiras. Nenhuma delas cai por terra. Em todas elas nós temos o sim e o amém.

Em segundo lugar, *Elias orou com base num sacrifício pelo pecado* (18:24). Elias orou pedindo fogo porque, antes de poder receber outra bênção de Deus, as pessoas precisam receber a expiação de seus pecados. O altar do sacrifício foi restaurado. O sacrifício pelo pecado foi feito. O povo de Israel precisa acertar as contas com Deus antes de receber as chuvas benfazejas. O que havia recolhido as chuvas era o pecado do povo contra Deus. Então, primeiro a remoção da maldição, depois, a concessão da bênção. Primeiro, o sacrifício pelo pecado, e, depois, a chuva restauradora. Sem expiação não há perdão. Sem fogo para queimar e consumir o sacrifício, não fazia sentido pedir chuva. O fogo precede à água. O perdão precede à restauração. Assim, também, nossas orações são respondidas por causa do sacrifício de Jesus Cristo.[434]

Em terceiro lugar, *Elias orou ao Deus da aliança* (18:36). Elias não orou em nome de Baal. Não orou em seu próprio nome. Ele orou ao Deus vivo e verdadeiro, o Deus dos patriarcas, o Deus de Abraão, Isaque e Israel, o Deus da aliança, aquele que não cochila nem toscaneja, o Deus que ouve e responde às orações. Israel pecou, mas ainda era o povo de Deus. Israel virou as costas para Deus, mas Deus não desistiu de seu povo.

Em quarto lugar, *Elias orou para que a glória de Deus fosse revelada* (18:36). "... fique hoje sabido que tu és Deus em Israel". Elias está reivindicando a glória de Deus. Ele está clamando para que Deus se revele como Deus e seja conhecido como tal. O objetivo supremo de sua oração é a glória de Deus. Elias entendia que assim como o nosso fim principal é glorificar a Deus, o fim principal de Deus é glorificar a si mesmo. Jesus deixou essa verdade meridianamente clara: "E tudo quanto pedirdes em meu nome, isso farei, a fim de que o Pai seja glorificado no Filho. Se me pedirdes alguma coisa em meu nome, eu o farei" (Jo 14:13,14). A oração de Elias não tem como ponto central o povo, mas Deus. É pelo zelo do nome de Deus que Elias ora. Foi para reivindicar a santidade do nome de Deus que ele orou. Elias anseia pela presença manifesta de Deus.

Em quinto lugar, *Elias orou pela vindicação do ministério da palavra de Deus* (18:36). "... fique, hoje, sabido [...] que eu sou teu servo e que, segundo a tua palavra, fiz todas estas coisas". É a palavra de Deus que deve ser glorificada, e não o pregador. Elias orou para que a nação reconhecesse que ele era um mensageiro de Deus, um arauto do Altíssimo. O sucesso do ministério de Elias estava diretamente ligado à sua fidelidade à palavra de Deus. Oração e Palavra caminham juntas. Deus mandou Elias esconder-se em Querite, ele obedeceu. Deus mandou-o a ir a Sarepta, em Sidom, e ele obedeceu. Deus mandou-o de volta a Israel, para encontrar-se com Acabe, e ele obedeceu. Elias é um homem que anda governado pela palavra de Deus. Agora, ele ora para que todos saibam que ele é um servo de Deus e que, segundo a palavra de Deus, e não segundo sua própria iniciativa, é que está fazendo todas essas coisas.

Em sexto lugar, *Elias orou por conversões genuínas* (18:37). "Responde-me, Senhor, responde-me, para que este povo saiba que tu, Senhor, és Deus e que a ti fizeste retroceder o coração deles". Elias ora fervorosa e urgentemente por conversões. Ele não só protege o fogo, mas quer também espalhá-lo. Elias ora para que os corações sejam incendiados. Sua oração tem um propósito evangelístico. O povo estava oscilando entre Yahweh e Baal, coxeando entre dois pensamentos. Ele ora para que povo saiba que só o Senhor é Deus. Elias ora e prega; prega e ora. Seu anelo é ver a nação se voltando para o Senhor.

Em sétimo lugar, *Elias orou com humildade* (18:42). Embora Deus tivesse prometido chuva, Elias sobe para o cume do Carmelo não para estadear seu heroísmo e sua retumbante vitória sobre os profetas de Baal, mas para encurvar-se para a terra e meter o rosto entre os joelhos em humilde oração. A oração não é um discurso farisaico que proferimos para enaltecermos a nós mesmos. Só aqueles que se humilham sob a mão poderosa de Deus é que serão exaltados. O homem que estivera de pé no Carmelo desafiando as hostes do mal, agora está de joelhos na presença do Deus todo-poderoso. Elias reconhece a majestade de Deus e se curva diante daquele que é, verdadeiramente, o Deus da tempestade, o Deus da chuva, o Deus da prosperidade, o Deus dos céus e da terra.

Em oitavo lugar, *Elias orou com perseverança* (18:43,44). Elias ora com imperturbável perseverança. Por ordem dele, o seu moço subiu e olhou para o lado do mar Mediterrâneo, para ver se havia algum sinal de nuvem no céu. E por seis vezes, o moço voltou com uma notícia negativa. Elias não desanimou. Ele perseverou e, na sétima vez, o moço lhe disse: "Eis que se levanta do mar uma nuvem pequena como a palma da mão do homem" (18:44). Essa pequena nuvem era um grande sinal. Elias não precisava de mais evidência. Ordena ao seu moço que diga a Acabe para aparelhar o carro e descer antes que a chuva pudesse detê-lo. Elias orou de forma diligente e perseverante até que a promessa se cumprisse. Mesmo não vendo a chuva com os olhos físicos, ouvia, pela fé, o ruído dela. Para o homem que crê, uma pequena nuvem é o prenúncio das grandes torrentes restauradoras.

É como diz Philip Graham Ryken: "Para Elias, a promessa de Deus não tornou a oração desnecessária: tornou-a obrigatória".[435] F. B. Meyer é assaz eloquente ao declarar: "Embora a Bíblia esteja repleta de promessas douradas de capa a capa, elas permanecerão inoperantes até as transformarmos em oração".[436] Jesus nos ensinou a orar sem esmorecer (Lc 18:1), e o apóstolo Paulo nos exorta a orar sem cessar (1Ts 5:17).

Em nono lugar, *Elias orou com fé* (18:45). Os olhos humanos veem apenas uma pequena nuvem, mas os olhos da fé veem a promessa de Deus. Embora Elias ainda não pudesse ver a chuva, podia ouvi-la com os ouvidos da fé.

A pequena nuvem que subia do mar, em pouco tempo, transformou-se em grossas nuvens, a ponto de os céus se enegreceram, com nuvens e ventos, e caiu grande chuva. Elias é o homem que ora para não chover e não chove; ora para chover e chove (Tg 5:17,18). O Senhor disciplina e restaura. Faz a ferida e a cura. Repreende e perdoa. Fecha as janelas dos céus e, também, as abre para derramar sobre o seu povo bênçãos sem medida.

Apesar dessas façanhas extraordinárias, Elias não nos é apresentado como poderoso profeta de Deus nem como um poderoso operador de milagres, mas como um homem semelhante a nós (Tg 5:16b-18). Em resposta às orações de Elias, ele foi fortalecido pelo Senhor (18:46) para correr cerca de trinta quilômetros até à entrada de Jezreel. Ele não tem uma carruagem para levá-lo, mas, na força do Senhor, corre adiante do rei Acabe.

Que Deus levante novos Elias em nossa geração. Que Deus nos dê a mesma disposição de obediência. Que a palavra do Senhor em nossa boca seja a verdade. Que o fogo do altar da oração jamais se apague em nossa vida!

Notas

[404] DAVIS, Dale Ralph. *1-2Reis*, p. 228.
[405] RYKEN, Philip Graham. *1Reis*, p. 439.
[406] WIERSBE, Warren W. *Comentário bíblico expositivo*. Vol. 2, p. 466.
[407] DAVIS, Dale Ralph. *1-2Reis*, p. 229.
[408] Ibidem, p. 231.
[409] WISEMAN, Donald J. *1-2Reis: introdução e comentário*, p. 148.
[410] FINLEY, Harvey E. *Os livros de Reis*. In: *Comentário bíblico Beacon*. Vol. 2, p. 331.
[411] WIERSBE, Warren W. *Comentário bíblico expositivo*. Vol. 2, p. 466.

[412] RYKEN, Philip Graham. *1Reis*, p. 446.
[413] RYKEN, Philip Graham. *1Reis*, p. 445.
[414] FINLEY, Harvey E. O livro de Reis. In?: *Comentário bíblico Beacon*. Vol. 2, p. 331.
[415] WISEMAN, Donald J. *1-2Reis: introdução e comentário*, p. 148.
[416] DAVIS, Dale Ralph. *1-2Reis*, p. 232,233.
[417] RYKEN, Philip Graham. *1Reis*, p. 451.
[418] DAVIS, Dale Ralph. *1-2Reis*, p. 234.
[419] RYKEN, Philip Graham. *1Reis*, p. 453.
[420] SWINDOLL, Charles R. *Elias*, p. 102.
[421] SWINDOLL, Charles R. *Elias*, p. 96.
[422] MONTGOMERY, James A. *The Book of Kings*. In: *International Critical Commentary*, p. 301.
[423] DAVIS, Dale Ralph. *1-2Reis*, p. 235,236.
[424] MERIDA, Tony. *Christ-Centered Exposition: 1 & 2 Kings*, p. 122-124.
[425] RYKEN, Philip Graham. *1Reis*, p. 462.
[426] SWINDOLL, Charles R. *Elias*, p. 104.
[427] WISEMAN, Donald J. *1-2Reis: introdução e comentário*, p. 150.
[428] DAVIS, Dale Ralph. *1-2Reis*, p. 241.
[429] RYKEN, Philip Graham. *1Reis*, p. 470.
[430] WISEMAN, Donald J. *1-2Reis: introdução e comentário*, p. 150.
[431] MERIDA, Tony. *Christ-Centered Exposition. 1 & 2 Kings*, p. 128.
[432] WIERSBE, Warren W. *Comentário bíblico expositivo*. Vol. 2, p. 468.
[433] SWINDOLL, Charles R. *Elias*, p. 102-104.
[434] RYKEN, Philip Graham. *1Reis*, p. 475.
[435] Ibidem, p. 481.
[436] MEYER, F. B. *Elijah*. Christian Literature Crusade, p. 93.

Capítulo 19

O esgotamento espiritual

(1Reis 19:1-21)

Dale Ralph Davis diz que este é um dos capítulos mais importantes do Antigo Testamento e um dos mais consistentemente mal interpretados. Muita tinta já foi gasta em argumentação quanto à correta abordagem de 1Reis 19.[437] Embora o referido autor não veja no texto as fragilidades do profeta Elias, depois da retumbante vitória no monte Carmelo, a maioria dos estudiosos inclina-se para esse lado. Acompanharei essa plêiade de estudiosos como Philip Graham Ryken, Tony Merida, Donald Wiseman, Sinclair Ferguson, Charles Spurgeon, Alister Begg, Warren Wiersbe, Ronald Wallace, A. W. Pink, entre outros.

A Bíblia não esconde as fraquezas dos heróis da fé. Philip Graham Ryken diz que, após nos mostrar Elias em seus melhores momentos, a Bíblia agora nos mostra o profeta em seu pior estado, quando ele saiu sozinho para o deserto e se sentou debaixo de uma árvore, desejando a morte. Elias estava fugindo de Jezabel, do povo de Deus, de sua vocação profética, de tudo.[438] John Bimson diz que, no monte Carmelo, vimos Elias como o grande líder espiritual; no monte Horebe, nós o vemos fraco, enganado e necessitado.[439]

Tiago, irmão de Jesus, é preciso quando nos diz que "Elias era homem semelhante a nós, sujeito aos mesmos sentimentos" (Tg 5:17). Elias não era um super-homem; ele era um homem, e um homem vulnerável. A coragem que demonstrou para enfrentar Acabe, o povo e os profetas de Baal, no monte Carmelo, procediam do próprio Deus. Suas fraquezas, porém, eram-lhe inerentes.

É recorrente o fato de que o homem nunca é tão vulnerável como depois de uma grande vitória. Devemos estar precavidos com a ressaca de uma grande vitória. Depois do retumbante triunfo do Carmelo, quando Elias prevaleceu diante dos homens e diante de Deus, ele fragilizou-se, temeu e fugiu. Depois de uma retumbante vitória, corremos o risco de baixar a guarda, arrear as armas e nos tornarmos vulneráveis. As vitórias de ontem não são garantias de sucesso hoje. Elias está deprimido, amedrontado, com os pés na estrada da fuga, desejando morrer.

As causas da depressão espiritual de Elias (19:1-4)

Elias viveu três anos e meio sob fortes tensões. Depois de levar uma mensagem de juízo ao rei, viveu escondido em Querite; passou uma temporada em Sarepta, período em que foi procurado pelo rei; e, agora, está de volta à sua nação. No apogeu dessas tensões enfrentou as hostes do mal, a fúria do rei e a instabilidade do povo de Israel no monte Carmelo.

Elias, ousadamente, desafiou os profetas de Baal e provou que o abominável ídolo que o povo servia não tinha poder. Deus vindicou a santidade de seu nome e mandou fogo do céu em reposta à oração de Elias. O povo vacilante, vendo a majestade do Senhor, clamou em coro: "Só o Senhor é Deus, só o Senhor é Deus". Então, depois de eliminar os profetas de Baal e orar pelo derramamento das chuvas restauradoras, Elias viu as torrentes do céu regarem a terra.

Diante de evidências tão eloquentes da majestade de Deus, Elias esperava uma reviravolta espiritual em sua nação. Porém, o cenário ficou ainda mais cinzento. O que ele viu e ouviu foi um endurecimento das ações do palácio. O rei Acabe, longe de implementar mudanças espirituais em seu reino, revelou mais uma vez sua fraqueza, apenas comunicando à obstinada e perversa Jezabel o triunfo de Elias sobre os profetas de Baal, no Carmelo. O casal da impiedade, em vez de se arrepender e de chamar a nação de volta ao Senhor, declarou guerra ao Senhor e a Elias. Como o rei não passava de um fantoche nas mãos de Jezabel, a rainha infame tomou as rédeas em suas mãos para enviar um recado a Elias: ele tinha apenas vinte e quatro horas de vida. Essa situação adversa desestabilizou emocionalmente o profeta; por isso, ele temeu e fugiu.

Warren Wiersbe chama a atenção para o fato da rapidez com que passamos do alto da montanha do triunfo para o vale da provação.[440] John Bimson declara que frequentemente se sugere que Elias estava sofrendo de depressão. A depressão pode ter muitas causas diferentes (desde ira reprimida até deficiência de vitaminas) e não devemos pressupor que, quando estamos deprimidos, nosso problema seja igual ao de Elias, ou que o problema de Elias seja igual ao nosso. No caso dele, a depressão e o desânimo parecem ter tido origem na sua perspectiva distorcida. Ele, ao mesmo tempo, subestimou aquilo que fez e depreciou a contribuição de outros.[441]

Destacaremos, aqui, as causas da depressão espiritual de Elias:

Em primeiro lugar, *pensamentos confusos* (19:1-3). Elias recebe ameaça de morte da protetora dos profetas de Baal. Jezabel lhe deu apenas vinte e quatro horas de vida. Esse ultimato a Elias, entretanto, não vinha de Deus, mas de Jezabel. Elias não estava pensando de modo claro. Ele já tinha provas robustas de que Deus é quem tem o controle das circunstâncias, e não Jezabel. Porém, pensamentos confusos desembocam em ações precipitadas. Elias foge sem qualquer orientação expressa de Deus. Concordo com Warren Wiersbe, quando escreve: "Durante três anos, Elias não havia tomado qualquer atitude sem ouvir e obedecer às instruções do Senhor (17:2,3; 17:8-10; 18:1), mas aqui vemos o profeta correndo adiante do Senhor, a fim de salvar a própria vida".[442]

Em segundo lugar, *medo* (19:3). O homem que, até então, não havia demonstrado nenhum medo agora é assaltado por ele. O homem que havia confrontado o rei Acabe foge da rainha Jezabel. Por um momento imagina que o cuidado de Deus não lhe pode proteger de Jezabel. Elias levantou-se não para enfrentar Jezabel e suas ameaças, mas para fugir e salvar a sua vida. Elias correu cento e quarenta e quatro quilômetros, de Jezreel até Berseba, a fronteira efetiva de Judá, ao sul. Depois, correu mais um dia para o deserto (19:4). Ele estava correndo para fora do território de Jezabel. O medo é mais do que um sentimento: é um espírito (2Tm 1:7). Elias está mergulhado num estado de desânimo e melancolia. Nas palavras de A. W. Pink, "até esse ponto Elias foi sustentado pela visão da fé no Deus vivo, mas agora ele perdera de vista o Senhor e via apenas uma mulher furiosa".[443] Quem teme, foge. E ele fugiu, não por Deus, nem pelo bem do seu povo, mas porque pensou apenas em si mesmo.

Em terceiro lugar, *afastamento de relacionamentos encorajadores* (19:3b). Na hora em que Elias mais precisava de companhia, quis ficar só. Quando ele mais precisava de um amigo, deixou em Berseba o seu moço. Definitivamente, a solidão não é um bom remédio para quem está deprimido. Concordo com Charles Swindoll quando diz: "Pessoas desencorajadas são pessoas solitárias".[444] Quando a crise chega, a solidão é uma péssima companhia. Gente precisa de Deus, mas, também, gente precisa de gente. Uma pessoa depressiva, não raro, tende a afastar-se dos amigos, a esconder-se no secreto de seu quarto, para afagar suas próprias feridas emocionais. Em vez de buscar apoio em seu moço, Elias desvencilha-se dele. Isso não foi um atenuante para sua crise, mas um agravante. Concordo com Philip Graham Ryken quando diz: "A ausência de comunidade não só causa a depressão, mas também a perpetua".[445]

Em quarto lugar, *esgotamento físico e emocional* (19:4). Elias está exausto e esgotado física, emocional e espiritualmente. Ele vem de longos embates, de esconderijos e aparições, escassez e provisão, confrontos e demonstrações, ameaças e perigos, longas caminhadas e escassez de pão e água. O tanque emocional do profeta está vazio. Ele está andando na reserva. Fisicamente, está exausto depois de longa jornada a pé por desertos causticantes. Emocionalmente, está confuso. Espiritualmente, está sob forte oposição. Ministerialmente, ele deu tudo de si e, no momento, parece que só lhe resta deixar a vida e entrar para a história. O homem de Deus está cansado, rendido à fadiga, à beira de um colapso físico e emocional.

Em quinto lugar, *o desejo de morrer* (19:4). No capítulo anterior, vimos Elias orando pelo fogo e pela chuva, mas agora nós o encontramos orando para Deus tirar sua vida. Elias não é o primeiro profeta que deseja morrer. Moisés também demonstrou esse desejo (Nm 11:15). Jó queria nunca ter nascido (Jó 10:18,19). Jeremias amaldiçoou o dia do seu nascimento (Jr 20:14). O profeta Jonas, de igual modo, pediu a Deus que tirasse a sua vida, porque era melhor morrer do que viver (Jn 4:3). O próprio apóstolo Paulo chegou a enfrentar situações tão difíceis, a ponto de desesperar-se da própria vida (2Co 1:8). Quando a mente está turva pela depressão, as pessoas desejam a morte, porque julgam que é a única saída para os seus dilemas. Porém, esse é um engano fatal. Não podemos tomar o destino de nossa vida em nossas próprias mãos. É Deus quem decide quando e como vamos encerrar nossa carreira. Como diz Donald Wiseman, "Deus levará para si seu servo em seu devido tempo e modo (2Rs 2:11)".[446] G. K. Chesterton é enfático em seu alerta:

> O suicídio não é apenas um pecado, é o pecado. É o mal supremo e absoluto, a recusa de se interessar pela existência, a recusa de fazer o juramento de lealdade à vida. O homem que mata um homem, mata um homem. O homem que se mata, mata todos os homens; no que diz respeito a ele mesmo, ele destrói o mundo inteiro.[447]

Em sexto lugar, *autopiedade* (19:4b). Elias está no deserto, faminto e sedento. Exausto da jornada, deita-se debaixo de uma árvore. Ali, ameaçado pelos seus sentimentos turbulentos, pede para si a morte. Ele diz ao Senhor: "... basta; toma agora, ó Senhor, a minha alma, pois não sou melhor do que meus pais". Elias está cansado. Sua palavra é "basta". Está dizendo: "Chega, não aguento mais", "não quero mais viver". Elias quer morrer, e morrer imediatamente. Não quer ponderar nem receber qualquer conselho ou ajuda do Senhor. Ele tem seu próprio diagnóstico e indica para si mesmo a sentença: morte imediata. A razão alegada para desejar a morte é que não se considera melhor do que seus pais. Com isso, ele encharca seu peito de autopiedade. Acaricia sua autocomiseração. Charles Swindoll tem razão em dizer que a autocomiseração é uma emoção inútil. Ela vai mentir para você. Vai exagerar. Vai levá-lo às lágrimas. Vai cultivar a "mentalidade de vítima" em sua cabeça. E, na pior das hipóteses, vai levá-lo a desejar a morte, exatamente como aconteceu com Elias.[448]

A cura para a depressão espiritual de Elias (19:5-14)

A depressão é um tema polêmico ainda hoje. Há aqueles que atribuem a depressão a espíritos malignos e outros que a veem apenas como pecado. Embora esses fatores possam estar presentes como causa da depressão, não podemos entrementes, reduzir a depressão a essas causas. A depressão é multicausal. Hoje, há um consenso de que a depressão é uma doença que precisa ser tratada com remédio, terapia e fé. É possível que uma pessoa cheia do Espírito Santo enfrente uma severa depressão. Há registros bíblicos de homens de Deus que ficaram deprimidos como Moisés, Elias e Jonas. Na história da igreja, de igual modo, homens santos de Deus lidaram com depressão, ou seja, com a noite escura da alma, como David Brainerd, John Bunyan, William Cowper, Charles H. Spurgeon, Martinho Lutero, Henry Nouwen, Martin Luther King Jr. Hoje, ainda, muitos pastores e líderes enfrentam crise de ansiedade, transtornos mentais, burnout e depressão.

Tony Merida diz que Deus curou a depressão de Elias usando três remédios: 1) pão no deserto (19:5-8); 2) uma voz na montanha (19:9-13a); 3) uma visão para o futuro (19:13b-21).[449]

Vamos estender este assunto para identificar o remédio usado por Deus para restaurar a saúde emocional e espiritual de Elias.

Em primeiro lugar, *toque sobrenatural* (19:5). Elias já tinha experimentado vários milagres em sua vida e por meio dela. Deus usou os corvos para alimentá-lo em Querite e uma mulher viúva para sustentá-lo em Sarepta. Elias viu um menino ressuscitar, o fogo descer no Carmelo e as chuvas descerem para cessar a severa a seca. Agora, ele recebe o toque especial de um anjo de Deus, ordenando-o a levantar-se e comer. Esse toque era um mimo da graça, um afago celestial. Esse é o toque da bondade de Deus em cuidar do seu servo que está cansado da obra e cansado na obra.

Warren Wiersbe destaca que os anjos do Senhor são seus embaixadores especiais enviados a ministrar ao povo de Deus (Hb 1:14; Sl 91:11). Um anjo livrou Daniel de ser devorado por leões (Dn 6:22), e anjos serviram a Jesus durante sua tentação no deserto (Mc 1:12,13). Um anjo fortaleceu Jesus no Jardim do Getsêmani (Lc 22:43), e outro animou Paulo a bordo do navio durante uma tempestade (At 27:23). Os anjos no céu se regozijam quando um pecador se converte (Lc 15:7,10).[450]

Em segundo lugar, *cardápio especial* (19:5). Deus cura a depressão espiritual de Elias, outrossim, dando-lhe uma comida especial no deserto. Assim como Deus alimentou seu povo no deserto com o maná do céu, agora, Deus prepara uma mesa para Elias no deserto. O profeta que está inapetente é ordenado a comer os pães frescos da padaria do céu. O profeta que está exausto e sedento de uma longa caminhada até Berseba, situada a quarenta e cinco quilômetros ao sul de Hebrom, e mais um dia de jornada pelo deserto, agora vê não apenas pão cozido sobre pedras, mas também uma botija de água. Então, ele comeu, bebeu e tornou a dormir.

Em terceiro lugar, *sonoterapia* (19:6). Comer, beber e dormir são terapias importantes no tratamento do esgotamento físico-emocional. Elias, depois de ser tocado pelo anjo, levantou-se, comeu, bebeu e voltou a dormir. O sono renova as forças, clareia os pensamentos e desanuvia a mente cansada. Deus permitiu que Elias tivesse um tempo de descanso e refrigério. Sem sermão. Sem repreensão. Sem culpa. Sem desonra. Nenhum relâmpago do céu dizendo: "Veja só seu estado! Levante-se, seu ingrato inútil! Fique em pé! Rápido de volta ao trabalho!". Ao invés disso, Deus disse: "Acalme-se, meu filho. Relaxe. Tire uma soneca. Coma. Beba. Faz tempo que você não tem uma refeição adequada".[451]

Em quarto lugar, *fortalecimento sobrenatural* (19:7,8). Mais uma vez, o anjo do Senhor tocou Elias, dando ordens para ele comer, porque deveria fazer uma longa viagem. Ele se levantou, comeu e bebeu e, com a força daquela comida, caminhou quarenta dias e quarenta noites até o monte Horebe, o monte de Deus. Horebe é considerado o monte de Deus (Êx 3:1) e um lugar de peregrinação para Moisés (Dt 1:2,6,19). Está situado cerca de quatrocentos quilômetros ao sul de Berseba. Esse pão, certamente, não era uma comida comum. Elias foi fortalecido para fazer uma longa jornada a pé, subindo montes escarpados, descendo vales sombrios, enfrentando rajadas de vento e calor sufocante. Esse fato identifica Elias como um segundo Moisés (Êx 24:18; 34:28; Dt 9:8-10). Esse pão é símbolo daquele que disse: "Eu sou o pão da vida; o que vem a mim jamais terá fome; e o que crê em mim jamais terá sede" (Jo 6:35).

Em quinto lugar, *desabafo* (19:9,10). Ao chegar ao monte Horebe, à semelhança de Moisés, Elias entrou numa caverna. Ali passou a noite. A palavra do Senhor veio a ele e lhe disse: "Que fazes aqui, Elias?". Ele respondeu: "Tenho sido zeloso pelo Senhor, Deus dos Exércitos, porque os filhos de Israel deixaram a tua aliança, derribaram os teus altares e mataram os teus profetas à espada; e eu fiquei só, e procuram tirar-me a vida" (19:10). Deus dá a Elias a oportunidade de desabafar, de espremer o pus da ferida, de colocar para fora o que estava ruminando por tanto tempo. Elias, então, declara seu zelo pelo Senhor ao mesmo tempo que ressalta a apostasia dos filhos de Israel, que deixaram a aliança do Senhor, derribaram seus altares, mataram seus profetas, ficando ele só – e ainda estão no seu encalço para tirar-lhe a vida. Fica claro que Elias superdimensiona os seus problemas. Olha para a vida com as lentes escuras do pessimismo. Philip Graham Ryken tem razão em dizer que, ao fazer nossos problemas parecerem maiores do que realmente são e Deus menor do que ele realmente é, nós nos convencemos de que a nossa situação é deplorável.[452]

Warren Wiersbe vê nessa resposta de Elias tanto orgulho quanto pena de si mesmo, pois ao usar o pronome "eles" exagera o tamanho de sua oposição. Dá a impressão de que absolutamente todos os israelitas do Reino do Norte se voltaram contra ele e contra o Senhor, quando, na verdade, era Jezabel quem desejava matá-lo. O refrão "fiquei só" transmite a ideia de que era indispensável à obra de Deus, quando, na verdade, nenhum servo de Deus é indispensável.[453] Além do mais, ele não estava só. Havia sete mil que não haviam se dobrado diante de Baal.

Philip Graham Ryken ainda destaca que, se o Deus todo-poderoso tem algum motivo para nos perguntar por que estamos onde estamos, então só pode ser porque não estamos no lugar onde deveríamos estar! No final desse encontro, o Senhor dirá a Elias: "Vai, volta ao teu caminho" (19:15). Depois de caminhar com Deus por tantos anos, Elias decidiu escolher seu próprio caminho, o que significa que ele sofrerá algum retrocesso antes de retomar o curso correto.[454]

Em sexto lugar, *um confronto amável* (19:11-14). Deus ordena Elias a sair da caverna e se colocar no monte, perante o Senhor. No monte Horebe, vários fenômenos ocorreram: vento, terremoto, fogo e um suave murmúrio. Donald Wiseman diz que esse levante da natureza, com ventos poderosos, terremotos e fogo, está associado à ação de Deus em revelação e julgamento. Cada um deles era sinal amplamente conhecido do julgamento sobre o pecado (Sl 18:7,12; Is 13:13; 29:6).[455]

Vejamos quais foram esses sinais: Primeiro, um forte vento que fendia os montes e despedaçava as pedras diante do Senhor, mas o Senhor não estava no vento. Segundo, um terremoto. Depois do vento, veio um terremoto, mas o Senhor não estava no terremoto. Terceiro, um fogo, mas o Senhor também não estava no fogo. Quarto, um cicio tranquilo e suave. Ao falar desse modo, Deus estava mostrando que seus desígnios também são cumpridos por meio da paciência e de um longo sofrimento. Philip Graham Ryken amplia nosso entendimento do texto:

> Em sua fraqueza, Elias não teria suportado nada além do Deus manso. Afinal, ele é o Deus do vento, do terremoto e do fogo. Às vezes, o Espírito de Deus está no vento, que sopra sobre a terra. Às vezes, Deus está no terremoto, que sacode a terra para demonstrar seu poder. Às vezes está no fogo, como no monte Carmelo, quando um raio caiu do céu para consumir o sacrifício de Elias. Mas há momentos em que a glória de Deus é de mais para qualquer ser humano. Seu poder é uma terrível realidade, e às vezes nós simplesmente precisamos saber que ele é nosso amigo. Isso é o que Deus revelou a Elias: "... e, depois do fogo, um cicio tranquilo e suave" (19:12).[456]

Tendo Elias ouvido o cicio suave, envolveu o rosto no seu manto e, saindo da caverna, pôs-se à entrada dela. Pela segunda vez, veio-lhe uma voz: "Que fazes aqui, Elias?". Elias, no versículo 14, repetiu as mesmas palavras, registradas no versículo 10. O vento, o terremoto e o fogo são meios que o Senhor usa para se manifestar à humanidade. Chamamos essas demonstrações de *teofania*. Por intermédio do cicio tranquilo e suave, Deus está mostrando a Elias que nem sempre trabalha de modo espalhafatoso e dramático. Sua voz suave traz a Palavra aos ouvidos e ao coração dos que a escutam.

B. B. Warfield alegou que "Elias entendia que os fins de Deus só conseguiriam ser alcançados se o fossem pelo caminho dos milagres de juízo manifesto" e, por isso, o Senhor o corrigiu.[457] Concordo com Dale Ralph Davis quando diz: "O caráter tranquilo da obra de Yahweh não significa que ele não está ativo, mas sim que o reino de Deus entrou em seu modo de grão de mostarda".[458]

Resumindo, Harvey Finley diz que Deus ofereceu a Elias um quádruplo remédio para curar seu profundo desânimo: 1) o cuidado adequado com o corpo (pão, água, sono); 2) uma nova revelação de Deus, ouvida do céu em uma voz mansa e delicada; 3) uma renovação da missão; 4) um amigo fiel.[459]

A renovação da missão de Deus a Elias (19:15-18)

O Senhor disse a Elias para voltar a seu posto de trabalho. Ele precisava voltar pelo caminho que veio e recomeçar. Deus está ordenando a Elias a abandonar sua aposentadoria autoimposta. Deus fez o mesmo com Josué (Js 7:10) e com Samuel (1Sm 16:1). Para um homem que desejava morrer, Deus dá a ele uma nova missão, mostrando que a história não está à deriva. O Senhor é soberano não apenas sobre Israel, mas também sobre as demais nações. Os dois reis e o profeta (19:15,16) serão os instrumentos de juízo de Yahweh sobre Israel. É como se Deus dissesse: "Eu quero que você volte e separe meus instrumentos de juízo".[460]

Destacamos, aqui, cinco pontos importantes:

Em primeiro lugar, *ungir Hazael, rei sobre a Síria* (19:15). Elias deveria ungir um rei na Síria. O Altíssimo tem domínio sobre o reino dos homens e o dá a quem quer (Dn 4:25). A soberania de Deus não se limita a Israel. A geopolítica do mundo está debaixo da autoridade de Yahweh. Ele governa o universo, controla as nações e dirige os povos. É ele quem levanta reinos e abate reinos. É ele quem levanta reis e os faz descer do trono. Deus está no controle das nações. Nas palavras de John Goldingay, "esse ato de Elias significa que Yahweh não é meramente um deus local, com poder apenas em Israel. Yahweh é Deus em escala internacional".[461]

Em segundo lugar, *ungir Jeú, rei sobre Israel* (19:16). Deus é soberano sobre o seu povo. Elias deveria ungir um rei em Israel, no lugar do rei Acabe. Esse rei poria fim à dinastia de Onri, eliminando a casa de Acabe. O juízo de Deus pode parecer demorado, mas não falha. O salário do pecado é a morte. Onde não ocorre o arrependimento para a vida, chegam as nuvens densas do juízo. Acabe teve seu tempo de oportunidade. Porque não se arrependeu, a destruição chegou à sua vida e à sua casa.

Em terceiro lugar, *ungir Eliseu, profeta sucessor* (19:16b). Elias deveria ungir Eliseu como profeta, em seu lugar. Elias vai a Abel-Meolá, cerca de duzentos e quarenta quilômetros de Horebe, para nomear Eliseu como seu sucessor. Harvey Finley diz que, ao lançar a capa sobre Eliseu, Elias está fazendo uma transferência da liderança e do ministério para ele.[462] Concordo com Charles Swindoll quando diz que Deus deu a Elias não apenas um sucessor, mas um amigo próximo, pessoal, alguém que amava Elias e o compreendia suficientemente bem para servi-lo e encorajá-lo. Deus não nos criou para vivermos como ermitões numa caverna. Ele nos fez para vivermos em comunhão com os outros.[463]

Em quarto lugar, *um juízo inevitável* (19:17). Deus deixa claro que o pecado não ficará impune. O juízo virá, inevitavelmente. Aqueles que promovem a idolatria, disseminam heresias, perseguem os profetas de Deus podem viver encastelados no poder por um tempo, mas, no tempo oportuno de Deus, serão apeados do poder. Então, sua ruína será certa. Seu fracasso será total. Deus levanta instrumentos humanos para exercer sua justiça e aplicar seu juízo. A família do rei Acabe não vai mais subsistir. As flechas do juízo alcançarão seu palácio. Ninguém escapará da espada de Deus que estará nas mãos de Hazael, Jeú e Eliseu.

Em quinto lugar, *um remanescente fiel* (19:18). Deus corrige as estimativas pessimistas de Elias, dizendo que ele não era o único remanescente fiel. Havia sete mil que não haviam se dobrado a Baal. Só o Senhor conhece os que lhe pertencem (2Tm 2:19). Há gente fiel a Deus, mesmo fora do nosso arraial. Há gente que não se curva aos deuses deste mundo, mesmo que nós não a tenhamos visto. Há discípulos anônimos, que são conhecidos no céu, mesmo que não sejam conhecidos na terra. Vemos aqui a gloriosa doutrina da perseverança dos santos. É como o apóstolo Paulo escreveu aos romanos: "Deus não rejeitou o seu povo, a quem de antemão conheceu. Ou não sabeis o que a Escritura refere a respeito de Elias [...]? Reservei para mim sete mil homens, que não dobraram os joelhos diante de Baal. Assim, pois, também agora, no tempo de hoje, sobrevive um remanescente segundo a eleição da graça" (Rm 11:2,4,5).

A obediência de Elias e o chamado de Eliseu (19:19-21)

O chamado do profeta Eliseu foi súbito e ao mesmo tempo planejado. Não foi uma escolha de Elias, mas do próprio Deus. Nas palavras de Dale Ralph Davis, "a subitaneidade é às vezes o papel de embrulho no qual chega a soberania".[464] Destacaremos, aqui, três pontos:

Em primeiro lugar, *a vocação de Eliseu* (19:19). Elias acha Eliseu e lança sobre ele o seu manto. Esse era o sinal visível de que Eliseu tinha sido escolhido por Deus para ser o sucessor de Elias, assim como Josué foi sucessor de Moisés. Deus não escolheu Eliseu porque ele estava desocupado. Era um homem trabalhador. Como regra, Deus ocupa os que já estão ocupados. O trabalho de Deus não é feito por aqueles que não têm nada a fazer, mas por aqueles que deixam tudo o que estão fazendo para investir numa causa maior e de consequências eternas. Vocação não é quando você tem todas as outras portas fechadas, mas quando todas as portas estão abertas, mas você só enxerga a porta que Deus lhe abriu.

Em segundo lugar, *a renúncia de Eliseu* (19:20,21). Eliseu encarou o custo do seu chamado na área das afeições. Ele sabia que seguir Elias subordinaria para sempre esses relacionamentos (Lc 14:25,26), mas ele também precisou dar um beijo de despedida na segurança.[465] Eliseu pede apenas para despedir-se de seus pais, desvencilhar-se de seus bois e cortar as pontes com o passado. Eliseu não entrou para o ministério deixando a porta dos fundos aberta. Ele não fez uma mera experiência para ver se dava certo. Ele fez um churrasco da junta de bois e abraçou a vocação divina sem olhar para trás.

Em terceiro lugar, *a humildade de Eliseu* (19:21b). Eliseu foi chamado, a princípio, para servir a Elias. Esse não é um trabalho muito glamoroso. Alguns anos mais tarde, depois da partida de Elias, uma coalizão de reis, incitada por Josafá, rei de Judá, queria obter orientação de um dos profetas de Yahweh. Um servo do rei de Israel conhecia um disponível: "Eliseu, filho de Safate, está aqui, o qual costumava arar campos. Então Yahweh o chamou, e ele passou a derramar água nas mãos de Elias" (cf. 2Rs 3:11). Não era um ministério incrível; ele era simplesmente um servo pessoal de Elias.[466] Quem não se dispõe a fazer um trabalho humilde não está preparado para as grandes obras. O próprio Filho de Deus veio para servir. Ele lavou os pés de seus discípulos. No reino de Deus, maior é o que serve. Quem não vive para servir, não serve para viver.

NOTAS

437 DAVIS, Dale Ralph. *1-2Reis*, p. 254,267.
438 RYKEN, Philip Graham. *1Reis*, p. 485.
439 BIMSON, John J. *1-2Reis*. In: *Comentário bíblico Vida Nova*, p. 548.
440 WIERSBE, Warren W. *Comentário bíblico expositivo*. Vol. 2, p. 469.
441 BIMSON, John J. *1-2Reis*. In: *Comentário bíblico Vida Nova*, p. 549.
442 WIERSBE, Warren W. *Comentário bíblico expositivo*. Vol. 2, p. 470.
443 PINK, A. W. *The Life of Elijah*, p. 197.
444 SWINDOLL, Charles R. *Elias*, p. 132.
445 RYKEN, Philip Graham. *1Reis*, p. 489.
446 WISEMAN, Donald J. *1-2Reis: introdução e comentário*, p. 151.
447 CHESTERTON, G. K. *Orthodoxy*, p. 72.
448 SWINDOLL, Charles R. *Elias*, p. 135.
449 MERIDA, Tony. *Christ-Centered Exposition: 1 & 2 Kings*, p. 132.
450 WIERSBE, Warren W. *Comentário bíblico expositivo*. Vol. 2, p. 472.
451 SWINDOLL, Charles R. *Elias*, p. 136.
452 RYKEN, Philip Graham. *1Reis*, p. 500.
453 WIERSBE, Warren W. *Comentário bíblico expositivo*. Vol. 2, p. 472.
454 RYKEN, Philip Graham. *1Reis*, p. 498.
455 WISEMAN, Donald J. *1-2Reis: introdução e comentário*, p. 152.
456 RYKEN, Philip Graham. *1Reis*, p. 504.
457 WARFIELD, B. B. Faith and Life, p. 12.
458 DAVIS, Dale Ralph. *1-2Reis*, p. 271.
459 FINELY, Harvey E. *Os livros dos Reis*. In: *Comentário bíblico Beacon*, Vol. 2, p. 335.
460 DAVIS, Dale Ralph. *1-2Reis*, p. 263.
461 GOLDINGAY, John. *Históricos para todos*: *1-2Reis*, p. 131.
462 FINLEY, Harvey E. *Os livros dos Reis*. In: *Comentário bíblico Beacon*, Vol. 2, p. 335.
463 SWINDOLL, Charles R. *Elias*, p. 139.
464 DAVIS, Dale Ralph. *1-2Reis*, p. 275.
465 Ibidem, p. 277.
466 Ibidem, p. 279.

Capítulo 20

Quem é Deus como o Senhor?

(1Reis 20:1-43)

Dale Ralph Davis diz que o escritor bíblico arranjou os últimos três capítulos de 1Reis com um propósito bem específico. Tal como ele combinou os capítulos de 17 a 19 ao redor da "guerra de deuses", assim ele combina os capítulos de 20 a 22 em outra tríade, na qual cada capítulo enfatiza a derrocada do rei Acabe e como a palavra de Deus permanece oposta a ele. Por causa da moderação covarde do rei Acabe, tanto ele quanto Israel estão sob condenação (20:42); por causa da sua opressão cruel, sua casa será exterminada (21:21-24); e, por causa da sua obstinação estúpida, sua vida será perdida como castigo (22:19-23,29-38). Nenhum outro rei recebe um ataque literário tão forte do escritor sagrado, mas nunca houve nenhum rei semelhante a Acabe

(21:20,25; cf. 16:30,33). Então, os capítulos de 20 a 22 têm a intenção de mostrar a oposição repetida e fatal do rei Acabe à palavra do Senhor.[467]

Warren Wiersbe ainda destaca que o rei Acabe é um homem fraco, que destruiu a si mesmo e a sua família, pois permitiu que Jezabel, sua mulher perversa, o transformasse num monstro. Hoje em dia, o nome "Jezabel" é usado para referir-se a toda mulher perversa e desavergonhada; chamar uma mulher por esse nome é colocá-la no nível mais baixo da sociedade (Ap 2:20-23). O profeta Elias fez uma descrição precisa de Acabe ao dizer-lhe: "Achei-te, porquanto já te vendeste para fazer o que é mau perante o Senhor" (21:20).[468]

A graça imerecida de Deus (20:1-22)

O Senhor manifestou sua imerecida graça até mesmo ao ímpio rei Acabe, dando-lhe duas vitórias seguidas contra os arameus ou sírios. Como afirma Philip Graham Ryken, em 1Reis 20, temos a história de duas batalhas entre Aram, liderada pelo rei Ben-Hadade, e Israel, liderada pelo rei Acabe.[469] Vejamos:

Em primeiro lugar, *o cerco militar sírio a Samaria* (20:1-3). Ben-Hadade, rei da Síria, apoiado por uma poderosa coalizão de reis, governantes das cidades-estados, ajuntaram seus exércitos e entrincheiraram Samaria, comunicando expressamente ao rei Acabe que sua prata, seu ouro, suas mulheres e os melhores de seus filhos pertenciam a ele, rei da Síria. A desvantagem numérica do rei Acabe era notória. Não havia soldados suficientes nem tempo hábil para o rei de Israel reagir a esse cerco militar. A situação parecia irremediável e a derrota inevitável. Warren Wiersbe diz que o propósito de Ben-Hadade nessa guerra era controlar as rotas comerciais que passavam por Israel, uma vez que havia perdido as rotas do Norte para a Assíria e, além disso, queria ter certeza de que Israel forneceria homens e armas no caso de uma invasão assíria.[470]

Em segundo lugar, *a rendição do rei Acabe a Ben-Hadade* (20:4). O rei Acabe, sabendo que estava em situação desfavorável, como um vassalo, cedeu a todas as exigências de Ben-Hadade, dizendo: "Seja conforme a tua palavra, ó rei, meu senhor; eu sou teu, e tudo o que tenho". Nenhuma resistência, total subserviência. Nenhum conflito, plena rendição e submissão. O rei de Israel aceitou dar ao rei sírio ouro, prata e reféns.

Em terceiro lugar, *a ameaça de invasão* (20:5,6). Vendo Ben-Hadade a imediata rendição do rei Acabe, engrossou o caldo e estabeleceu novas exigências, dizendo ao rei de Israel que no dia seguinte seus servos esquadrinhariam sua casa e as casas de seus oficiais, metendo a mão em tudo o que fosse precioso e que lhes agradasse, sequestrando seus bens e tesouros preciosos. Ben-Hadade estava ameaçando saquear o palácio do rei Acabe, sala por sala. Nas palavras de Donald Wiseman, "isso significa controlar a cidade toda".[471]

Em quarto lugar, *a consulta aos anciãos* (20:7-9). Diante dessa nova ameaça de Ben-Hadade, o rei Acabe chamou todos os anciãos da sua terra e contou a eles como já tinha cedido às primeiras exigências do rei da Síria e como ele, não satisfeito, queria agora entrar em sua casa e na casa de seus oficiais para fazer uma limpa e saquear todos os bens. Os anciãos aconselharam Acabe a não ceder à pressão e a resistir às ameaças. Acabe acolheu a orientação dos anciãos e mandou comunicar a Ben-Hadade sua discordância peremptória da segunda exigência.

Em quinto lugar, *a afronta altiva* (20:10). Ben-Hadade ao receber o recado de Acabe, do topo de sua arrogância, engrossou ainda mais o caldo, enviando um ultimato ao rei de Israel: "Façam-me os deuses como lhes aprouver, se o pó de Samaria bastar para encher as mãos de todo o povo que me segue". Essa foi uma das maiores ostentações militares registradas no Antigo Testamento. John Bimson diz que Ben-Hadade ameaçou destruir Samaria de forma tão completa que seus seguidores não teriam nem mesmo um punhado de poeira da cidade para apanhar.[472] A altivez do rei da Síria o embriagou. Sua soberba o fez maior do que de fato ele era. Ele foi enganado pela sua arrogância. Apesar dessas ameaças, fica claro, como diz Dale Ralph Davis, que "não será a reivindicação arrogante do empertigado sírio, mas sim a palavra de Yahweh que determinará a história".[473]

Em sexto lugar, *a declaração de guerra* (10:11,12). Acabe responde a afronta de Ben-Hadade com um adágio popular: "Não se gabe quem se cinge como aquele que vitorioso se descinge", ou seja, "não conte com os ovos antes que a galinha os ponha". Ben-Hadade não arrefeceu. Mesmo sob efeito da bebedeira com os reis aliados, convoca todos para estarem em prontidão para a batalha contra a cidade de Samaria.

Em sétimo lugar, *a promessa da vitória da parte do Senhor* (10:13-22). É nessa hora que entra em cena um anônimo profeta do Senhor, trazendo uma mensagem ao rei Acabe. A mensagem era clara: Acabe não deveria ficar impressionado com a grande multidão que o ameaçava. Deus não depende de números. Na verdade, ele é o Senhor dos Exércitos. Por isso, Deus mesmo entregaria nas mãos de Acabe os seus inimigos, a fim de que o rei de Israel soubesse que o Senhor é Deus. Fica evidente que a vitória seria concedida a fim de que Acabe soubesse que o Senhor é Deus. Essa vitória sobre os sírios era mais uma expressão da graça de Deus ao ímpio rei Acabe.

Acabe perguntou quem seriam os instrumentos dessa vitória. O profeta respondeu: pelos moços dos chefes das províncias. Seguindo o exemplo de Salomão (1Rs 4), Onri, pai de Acabe, havia dividido o reino de Israel em várias regiões políticas, cada uma sob o governo de um "líder provincial" que também era oficial do exército. O Senhor escolheu esses líderes para comandarem o ataque contra a Síria, e o rei Acabe deveria liderar o pequeno exército de sete mil homens.[474]

Acabe ainda perguntou: quem começará a peleja? O profeta respondeu: você. Seguindo a orientação do profeta, o rei Acabe reuniu os duzentos e trinta e dois moços e mais sete mil do povo e saíram para peleja ao meio-dia, quando o rei da Síria e seus aliados estavam bebendo e se embriagando em suas tendas. Quando os moços do rei de Israel saíram para a batalha, Ben-Hadade mandou observadores a ver a situação. A resposta desses olheiros foi imprecisa: "Saíram de Samaria alguns homens" (20:17). Ben-Hadade, no estupor de sua embriaguez e do topo de sua altivez, sentindo-se superior e no controle da situação, disse aos subordinados para capturarem esses homens de Samaria vivos, ainda que tenham vindo para pelejar. Concordo com Donald Wiseman quando diz: "Em tempos de triunfo, Deus adverte contra a autoconfiança indevida. Medidas práticas devem ser tomadas de antemão contra o contra-ataque esperado".[475]

Os moços dos chefes das províncias e o exército que os seguia feriram cada um ao homem que se lhe opunha; os sírios fugiram, e Israel os perseguiu. O rei Ben-Hadade escapou a cavalo, com alguns cavaleiros. O rei Israel destroçou os cavalos e os carros e feriu os sírios com grande estrago. Então, o profeta de Deus voltou a Acabe e alertou-o de que dentro de um ano os sírios se recomporiam e regressariam para guerrear contra Israel. É como diz Dale Ralph Davis, "a vitória é doce, mas a vigilância é essencial".[476]

A abrangência ilimitada do poder de Deus (20:23-30)

Uma teologia errada desemboca em conselhos errados, e conselhos errados produzem resultados desastrosos. Isso pode ser visto no texto em apreço.

Em primeiro lugar, *a teologia síria* (20:23-25). Os servos de Ben-Hadade disseram-lhe que a acachapante derrota sofrida pelos sírios era consequência de a luta ter se travado nas montanhas, e não nos vales, afirmando, com isso, que o Deus de Israel era Deus dos montes, e não dos vales. Sendo assim, se a batalha fosse travada nos vales, a vitória mudaria de lado. Ben-Hadade acreditou na fajuta teologia síria e preparou-se para a segunda conflagração, para descobrir que o Deus de Israel não tem nenhuma limitação.

Os sírios acreditavam que Yahweh, o Deus de Israel, assim como seus próprios deuses, estava limitado geograficamente. Nas palavras de Dale Ralph Davis, "a estupidez síria distorceu a verdade sobre Yahweh, moldando-o à imagem de uma divindade pagã trivial. Portanto, quando Israel os arrasar na planície, Yahweh terá revelado que a premissa teológica deles é absurda".[477]

Os sírios pensavam que a ação prévia em terreno montanhoso impedia o uso de carruagens, assim agora eles preferem combater em terreno plano, com uma substituição de comandantes (20:24).[478] Philip Graham Ryken diz que os sírios tinham mais carros e mais soldados, mas isso não os ajudou muito no alto das montanhas. Eles precisavam lutar no vale, onde seus homens e suas máquinas teriam vantagem de jogar em casa. Fica claro que o conselho dos oficiais de Ben-Hadade tinha implicações espirituais. Os sírios não acreditavam no Deus vivo e, portanto, alegaram que ele era um deus limitado. Acreditavam que o Deus de Israel era um deus das montanhas, mas não das planícies. Em outras palavras, ele era bom para isso, mas não para aquilo; conseguia fazer isso, mas não aquilo.[479] Temos, aqui, portanto, uma situação diferente, pois não apenas o inimigo estava desafiando o povo de Deus, como também desafiava o próprio Deus.[480]

Em segundo lugar, *a preparação para a guerra* (20:26,27). Decorrido o prazo anunciado pelo profeta de Deus, ou seja, um ano, Ben-Hadade passou em revista os sírios e subiu a Afeca para pelejar contra Israel. Os filhos de Israel também fizeram o mesmo, a ponto de os dois exércitos ficarem frente a frente. Mais uma vez a superioridade numérica do exército sírio era imensa.

Em terceiro lugar, *a intervenção profética* (20:28). Quando a batalha estava para ser travada, chega no *front* um homem de Deus e fala ao rei Acabe: "Porquanto os sírios disseram: O Senhor é deus dos montes e não dos vales, toda esta grande multidão entregarei nas tuas mãos, e assim sabereis que eu sou o Senhor" (20:28). O Senhor pretendia que tanto Israel quanto os sírios ficassem cientes de que Ele era o Deus dos vales, assim como também era o Deus dos montes. O Senhor exibiu o seu poder de uma forma que lembrava as grandes vitórias sobre os cananeus na época de Josué. Muitos soldados sírios que haviam escapado ao grande morticínio no campo de batalha encontraram a desgraça em Afeca, quando um muro caiu sobre eles.[481] Dale Ralph Davis diz que nas vitórias sobre a Síria, Acabe e Israel devem perceber que Yahweh está ali na ajuda libertadora, que não foi solicitada nem merecida; tanto o rei quanto o povo devem reconhecer isso e adorá-lo. Se o Senhor esteve presente, ousaremos ignorar isso e continuar como antes?[482]

Em quarto lugar, *a vitória israelita* (20:29,30). Depois de sete dias nos quais os dois exércitos estavam acampados um defronte do outro, travou-se a batalha, e os filhos de Israel, num só dia, feriram dos sírios cem mil homens de pé. Os demais fugiram para Afeca e entraram na cidade. O Senhor, porém, enviou um terremoto e caiu o muro sobre os vinte e sete mil homens que restaram. Ben-Hadade fugiu, veio à cidade, e de cabana em cabana se escondia. As forças de Ben-Hadade foram esmagadas de modo tão avassalador que ele se rendeu e implorou pela preservação de sua vida, aceitando de bom grado ser um vassalo do rei Acabe. Concordo com Philip Graham Ryken, quando diz que a grande lição espiritual de 1Reis 20 é que Deus é ilimitado. Ele não se deixa limitar pela geografia. Ele é o Deus dos vales, bem como das montanhas. Tampouco se deixa limitar em seu poder para salvar o seu povo ou destruir seus inimigos.[483]

A manifestação do justo juízo de Deus (20:31-43)

Enquanto Acabe ouviu os conselhos dos profetas, prevaleceu. Porém, a despeito de sua retumbante vitória, fracassou rotundamente. Triunfou pela espada, mas sucumbiu à sedução. Os servos de Ben-Hadade sugeriram ao rei da Síria uma postura de rendição e humildade, com o propósito de ter sua vida poupada. Acabe caiu na armadilha e quem pereceu foi ele. Vejamos:

Em primeiro lugar, *a estratégia síria* (20:31,32a). Os servos do rei sírio, ou seja, sua equipe de negociações, informaram-no que os reis de Israel eram clementes e poupariam sua vida se ele se vestisse de pano de saco e se humilhasse. Ben-Hadade, então, cingiu-se de pano de saco e pôs cordas à roda da cabeça. Esse era um sinal de servidão.

Em segundo lugar, *a clemência real* (20:32b,33). Os servos do rei sírio, como diplomatas astutos, foram a Acabe, e este, ao saber que Ben-Hadade estava vivo e humildemente pedindo pela preservação de sua vida, respondeu: "É meu irmão". Ben-Hadade saiu do esconderijo. Trouxeram-no, então, a Acabe, e este saiu a ter com ele e o fez subir ao carro. Eles tiveram um papo régio sobre soberania territorial e concessões econômicas. Acabe poupou o inimigo e este voltou para casa incólume, porém, Acabe não se livraria da palavra de Deus.

Warren Wiersbe tem razão em dizer que o rei Acabe venceu a batalha, mas não saboreou a vitória. Aquilo que o inimigo não conseguiu fazer com suas armas, fez por meio da dissimulação. Se Satanás não tem sucesso como leão devorador (1Pe 5:8), vem como uma serpente enganadora (2Co 11:3).[484] John Goldingay diz que o rei Acabe está se comportando de uma forma politicamente civilizada, mas na contramão do propósito divino. Isso significa seguir o modo de vida do mundo, estar no mundo e, também, ser do mundo.[485]

Em terceiro lugar, *a aliança firmada* (20:34). Concordo com John Bimson, quando diz: "A prontidão com que Acabe concordou com a aliança com Ben-Hadade, sugere que ele considerou tal aliança a melhor garantia da segurança futura de Israel. Pela segunda vez, Acabe deixou de reconhecer Deus como o protetor de Israel".[486] O rei da

Síria renovou sua aliança com Acabe, restituindo as cidades da fronteira que haviam sido tomadas nos dias de Onri (15:20), bem como estabeleceu as áreas de mercado ou das zonas de comércio. Ben-Hadade deu a Acabe permissão de vender produtos agrícolas e artigos manufaturados para Damasco, o que configurava um acordo comercial.

Em quarto lugar, *a preparação: uma palavra perigosa* (20:35-37). Acabe não tinha orientação de Deus para preservar a vida de Ben-Hadade. Acabe poupou a quem Deus havia condenado, assim como no passado Saul havia preservado Agague, rei dos amalequitas. Então, um dos discípulos dos profetas prepara uma cena para confrontar Acabe. Nessa encenação, o profeta deveria apresentar o rei de Israel como um soldado ferido. Por isso, ordena ao seu companheiro a esmurrá-lo. O homem, porém, desobedeceu à ordem. Então, o profeta disse-lhe: "Visto que não obedeceste à voz do Senhor, eis que, em te apartando de mim, um leão te matará" (20:36). De fato, tendo ele se apartado, um leão o encontrou e o matou. Encontrando o profeta outro homem, disse-lhe: "Esmurra-me. Ele o esmurrou e o feriu". Agora, o profeta ferido está pronto a confrontar o rebelde e desobediente rei Acabe. Donald Wiseman esclarece este ponto, assim:

> Uma parábola interpretada é usada para fazer com que Acabe reconheça sua inconsistência e culpa ao se opor ao propósito expresso de Deus adiando o julgamento sobre Ben-Hadade. Isto custou muito caro para Israel resultando em morte e destruição (2Rs 10:32) e conduziu à queda final do Reino do Norte.[487]

Em quinto lugar, *a confrontação: uma estratégia profética* (20:38-40). O profeta se pôs no caminho do rei, disfarçado de um soldado ferido, com uma venda sobre os olhos. Quando o rei Acabe passou, o profeta gritou e disse: "Teu servo estava no meio da peleja, quando, voltando-se-me um companheiro, me trouxe um homem e me disse: Vigia este homem; se vier a faltar, a tua vida responderá pela vida dele ou pagarás um talento de prata (cem vezes mais do que o custo de um escravo). Estando o teu servo ocupado daqui e dali ele se foi. Respondeu-lhe o rei de Israel: Está é a tua sentença; tu mesmo a pronunciaste" (cf. 20:39,40). A resposta do rei Acabe lavrou sua própria sentença de morte. Ele deixou ir um homem sentenciado à morte; e ele, agora, pagaria com a sua própria vida.

John Bimson diz que o ato de o profeta revelar o pecado do rei Acabe se parece com o ato em que Natã revelou o pecado de Davi, em 2Samuel 12. Em ambos os casos, o rei era culpado de um pecado que ele se apressou em condenar na vida de outra pessoa. Ben-Hadade devia ter sido executado, e não solto. Em vez de mostrar contrição e arrependimento, porém, o rei Acabe reagiu com ressentimento e ira.[488]

Em sexto lugar, *a sentença: o julgamento divino* (20:41, 42). O profeta disfarçado de soldado ferido tira a venda dos olhos, e logo o rei de Israel o reconheceu, pois era um dos profetas do Senhor. Como Natã havia feito com Davi, esse profeta anônimo usou uma cena dramática para arrancar do rei sua própria sentença. O profeta disse ao rei: "Assim diz o Senhor: Porquanto soltaste da mão o homem que eu havia condenado, a tua vida será em lugar da sua vida, e o teu povo, em lugar do seu povo" (20:42). O profeta anônimo pronunciou o castigo de Deus sobre Acabe por ter concedido liberdade a Ben-Hadade, que estava sob anátema, isto é, destinado à destruição como inimigo de Deus e de seu povo.[489] Warren Wiersbe acrescenta: "O homem que Acabe julgou (o profeta) tornou-se o juiz do rei e anunciou que, um dia, os sírios o matariam".[490] Acabe poupa seu inimigo (20:31-34) e termina destruindo seu povo (20:42).

Em sétimo lugar, *a impenitência: a reação real* (20:43). O rei de Israel, em vez de humilhar-se, arrepender-se de seu pecado como Davi, e pedir o perdão do Senhor, endureceu ainda mais seu coração, pois está escrito: "Foi-se o rei de Israel para casa, desgostoso e indignado, e chegou a Samaria" (20:43). Acabe era um homem mal-humorado. Sempre que as coisas não saíam de seu agrado, ele ficava emburrado. Por armazenar a fuligem da ira em vez de espaná-la, atormentou a si mesmo com muitos flagelos. Acabe respondeu à graça imerecida de Deus com desgosto. Ele não correspondeu ao poder de Deus, que lhe deu vitória nas duas batalhas. Acabe recusou-se a sujeitar-se à palavra de Deus.

Concordo com Dale Ralph Davis quando diz que a passagem é tanto clara quanto assustadora. Não é seguro ignorar a palavra de Yahweh. O colega desobediente (20:35,36) torna-se um paradigma preliminar do rei desobediente (20:42): "se profetas desobedientes não conseguem escapar do juízo de Deus, então reis desobedientes certamente também não".[491]

Concluímos este capítulo recorrendo a Tony Merida, que destaca quatro princípios na aplicação de 1Reis 20. O primeiro princípio é que devemos evitar a tolice e a rebelião dos dois reis. Tanto Ben-Hadade quanto Acabe são vívidas ilustrações de como não se deve viver. O que caracterizou a vida deles foi embriaguez, ganância, violência, injustiça e infidelidade. O segundo princípio é que devemos nos maravilhar com a graça de Deus, que abençoa até mesmo um homem da estirpe de Acabe. As vitórias de Israel sobre a Síria não foram pelos méritos de Acabe, mas apesar de seus deméritos. Não foram vitórias de Acabe, mas vitórias do Senhor. O terceiro princípio é que devemos viver sob a ótica do ilimitado poder de Deus. Quem triunfou nas duas batalhas não foi Acabe e seu exército, mas o Senhor. Ele provou ser Deus dos montes e dos vales. Por fim, devemos aprender que a palavra de Deus é certa, segura e infalível. O que Deus fala, ele cumpre. O que ele ordena, acontece. Seremos sábios se obedecermos ao que Deus nos diz, seja na oferta de sua graça, seja no ordenamento de seu juízo.

Notas

[467] DAVIS, Dale Ralph. *1-2Reis*, p. 280, 281.
[468] WIERSBE, Warren W. *Comentário bíblico expositivo*. Vol. 2, p. 477.
[469] RYKEN, Philip Graham. *1Reis*, p. 517.
[470] WIERSBE, Warren W. *Comentário bíblico expositivo*. Vol. 2, p. 477.
[471] WISEMAN, Donald J. *1-2Reis: introdução e comentário*, p. 155.
[472] BIMSON, John J. *1-2Reis*. In: *Comentário bíblico Vida Nova*, p. 550.
[473] DAVIS, Dale Ralph. *1-2Reis*, p. 284.
[474] WIERSBE, Warren W. *Comentário bíblico expositivo*. Vol. 2, p. 478.
[475] WISEMAN, Donald J. *1-2Reis: introdução e comentário*, p. 156.
[476] DAVIS, Dale Ralph. *1-2Reis*, p. 285.
[477] Ibidem, p. 287, 288.
[478] WISEMAN, Donald J. *1-2Reis: introdução e comentário*, p. 156.
[479] RYKEN, Philip Graham. *1Reis*, p. 520.
[480] WIERSBE, Warren W. *Comentário bíblico expositivo*. Vol. 2, p. 478.
[481] FINELY, Harvey E. *Os livros de Reis*. In: *Comentário bíblico Beacon*. Vol. 2, p. 337.
[482] DAVIS, Dale Ralph. *1-2Reis*, p. 285, 286.
[483] RYKEN, Philip Graham. *1Reis*, p. 522.

[484] WIERSBE, Warren W. *Comentário bíblico expositivo*. Vol. 2, p. 478.

[485] GOLDINGAY, John. *Históricos para todosc: 1-2Reis*, p. 136.

[486] BIMSON, John J. *1-2Reis*. In: *Comentário bíblico Vida Nova*, p. 550.

[487] WISEMAN, Donald J. *1-2Reis: introdução e comentário*, p. 158.

[488] BIMSON, John J. *1-2Reis*, p. 551.

[489] WISEMAN, Donald J. *Os livros de Reis*. In: *Comentário bíblico Beacon*. Vol. 2, p. 338.

[490] WIERSBE, Warren W. *Comentário bíblico expositivo*. Vol. 2, p. 479.

[491] DAVIS, Dale Ralph. *1-2Reis*, p. 291.

Capítulo 21

Semeando vento, colhendo tempestade

(1Reis 21:1-29)

Ben-Hadade era o homem a quem o rei Acabe deveria ter dado cabo, mas ele o libertou. Nabote era o homem a quem o rei Acabe deveria ter protegido, mas o rei o matou. Quando alguém se vende para o diabo, pode confundir o bem com o mal, e a luz com a escuridão (Is 5:20).[492] Acabe foi um homem rendido à cobiça. Não suportava ser confrontado, por isso tinha Elias, o profeta de Deus, como perturbador de Israel e como seu inimigo. Não obstante as muitas advertências, sempre se voltou despudoramente para idolatria mais tosca. Aliás, o rei Acabe nunca se apartou de seus abomináveis ídolos. Agora é um homem sob as nuvens pesadas do juízo divino.

Este capítulo deixa o cenário da guerra para tratar de uma cena comercial. O assunto não é mais exércitos brandindo espadas no campo de batalha, mas uma conversa particular do rei com o proprietário de uma vinha anexa ao palácio real, em Jezreel. Esse palácio era uma segunda residência do rei de Israel. A cidade de Jezreel estava localizada na base do monte Gilboa, na região oriental do vale da planície do mesmo nome, a 32 quilômetros de Samaria.

Acabe está interessado em adquirir a vinha de Nabote, situada ao lado de seu palácio de verão. Dinheiro não é problema para o rei. Pode pagar um valor justo ou ainda dar um terreno melhor na permuta. O problema é que a vontade do rei esbarra nos princípios inegociáveis de Nabote. Esse episódio desemboca no eclipse desse monarca perverso e na ruína de toda a sua dinastia. Tony Merida diz que, no texto em tela encontramos cobiça por terra, abuso de poder, corrupção de cortes e violência contra os pobres.[493]

Um rei ambicioso (21:1-4)

A cobiça é o desejo ardente por algo que não temos, mas julgamos que merecemos ter. É a causa primária das grandes quedas. Foi por causa da cobiça que houve a queda angelical. Foi por causa da cobiça que os nossos primeiros pais caíram no Éden. Foi por causa da cobiça que Davi adulterou com Bate-Seba. É por causa da cobiça que o rei Acabe está desejando possuir a vinha de Nabote. Porém, este episódio, com diz Tony Merida, vai muito além de uma história sobre uma vinha. Trata-se de uma batalha do reino de Deus *versus* o reino das trevas.[494] Destacamos, aqui, três fatos:

Em primeiro lugar, *a cobiça insaciável* (21:1,2). O rei Acabe tinha um palácio em Jezreel, mas pensava que não podia desfrutar plenamente dessa casa de verão sem uma horta, ou jardim de árvores frutíferas. Conforme Donald Wiseman, essa horta é uma referência aos jardins reais, que eram sempre localizados junto ao palácio e às fontes reais, providos de paisagens verdes, árvores e arbustos para colorir e dar sombra.[495] Embora tivesse tantos bens, tanto conforto e tantos privilégios e regalias, o rei Acabe não tinha satisfação em seu coração. Assim, insatisfeito com o que tem, deseja o que não tem.

A cobiça sempre deseja o que é do outro. Esse pecado é condenado por Deus no décimo mandamento (Êx 20:17). Este é o pecado subjetivo, visto apenas pelo olhar perscrutador do Deus onisciente. Nenhum tribunal da terra consegue apanhá-lo. É uma questão de foro íntimo. O rei Acabe cobiça a vinha de Nabote, pois tem planos para a propriedade alheia. Faz propostas aparentemente vantajosas para adquiri-la.

Em segundo lugar, *a integridade inegociável* (21:3). A cobiça do rei Acabe esbarra nos princípios inegociáveis de Nabote. Os preceitos divinos proibiam que Nabote vendesse a herança de seus pais para o rei de Israel. Sua recusa estava baseada nos termos da aliança, não na perspectiva pragmática. Nas palavras de Tony Merida, "Nabote é teologicamente motivado e não financeiramente motivado. O seu Deus não é o dinheiro, mas o Senhor".[496]

Certamente esse israelita era um dos sete mil que não tinham se dobrado a Baal. Ele entendia que a terra pertencia ao Senhor. Entendia que não podia se desfazer da herança de seus pais. Toda propriedade deveria ficar dentro da família (Lv 25:23-28). Conforme diz Harvey Finley, "se Nabote tivesse vendido sua vinha teria transgredido não só uma tradição, como também sua consciência (Nm

36:7-9)".[497] A propriedade de Nabote não está à venda, nem mesmo para o rei. O que era um luxo para o rei Acabe significava a própria vida para Nabote.

John Goldingay diz que a insistência de Nabote em manter a posse de sua propriedade, mesmo quando o rei a desejava, representava uma resistência em defesa do fundamento religioso e político que deveria sustentar a nação.[498] Philip Graham Ryken ainda esclarece que a recusa de Nabote mostra que ele sabia que os filhos de Israel não eram autorizados a vender a terra para outro, porque ela pertencia ao Senhor. "Também a terra não se venderá em perpetuidade", dizia a lei de Moisés, "porque a terra é minha; pois vós sois para mim estrangeiros e peregrinos" (Lv 25:23). Ou ainda, "a herança dos filhos de Israel não passará de tribo em tribo; pois os filhos de Israel se hão de vincular cada um à herança da tribo de seus pais" (Nm 36:7).[499]

Em terceiro lugar, *a indignação injustificável* (21:4). A reação do rei Acabe mostra o seu verdadeiro caráter. Ele, como uma criança mimada, reage à negativa de Nabote com raiva caprichosa, com dengo infantil, com birra inconsequente. Vai para casa irritado, aborrecido e se joga na cama emburrado, com o semblante descaído, fazendo beicinho como uma criança que não ganhou o que queria. Essa é a atitude dos imaturos. Sempre que as coisas não acontecem do jeito que desejam, ficam aborrecidos. Concordo com Harvey Finley quando diz: "A única coisa pior que uma criança mimada é um adulto amuado".[500]

Uma rainha perversa (21:5-7)

O rei Acabe é um homem banana. Um adulto imaturo. Um rei que ostenta a coroa, mas não o cetro da maturidade.

Jezabel, por sua vez, é uma mulher astuta. É o homem de saia. A mulher que veste as calças da família. Acabe é apenas um joguete em suas mãos. Acabe é o rei, mas quem comanda a máquina governamental é ela. Jezabel é quem dá as cartas. Ela é quem dita as regras. Ela é quem toma as decisões. Como Eva no jardim do Éden, Jezabel não leva em conta a autoridade de Deus nem respeita seu marido. Ela faz o que deseja. Ela toma o fruto proibido, enquanto seu marido está completamente passivo. Destacamos, aqui, três pontos:

Em primeiro lugar, *uma reprimenda ao rei* (21:5). Ao chegar à presença de Acabe, Jezabel viu-o deitado, com o espírito desgostoso, amuado, ressentido e faz-lhe uma pergunta em tom de censura: "Que é isso que tens assim desgostoso o teu espírito e não comes pão?". Acabe se abatia facilmente. Um capricho não atendido era motivo para ele se encavernar. Um desejo não satisfeito era razão para ele se enfurnar em sua tristeza crônica.

Em segundo lugar, *uma justificativa do rei* (21:6). Diante da pergunta de sua astuta mulher, ele deu uma resposta enviesada, omitindo a verdadeira motivação de Nabote: "Ele lhe respondeu: Porque falei a Nabote, o jezreelita, e lhe disse: Dá-me a tua vinha por dinheiro; ou, se te apraz, dar-te-ei outra em seu lugar. Porém ele disse: Não te darei a minha vinha". Acabe ocultou de Jezabel a verdadeira motivação de Nabote em não vender a sua propriedade. Sua resposta fez de Nabote um homem intransigente em vez de um homem fiel. O que Nabote dissera foi que não podia vender a vinha, porque esta era herança de sua família e ele não tinha posse definitiva dessa terra.

Em terceiro lugar, *uma promessa ao rei* (21:7). "Então, Jezabel, sua mulher, lhe disse: Governas tu, com efeito, sobre Israel? Levanta-te, come, e alegre-se o teu coração; eu te darei a vinha de Nabote, o jezreelita". Jezabel sabe que seu marido é um fracote, um homem frouxo, sem fibra, sem tutano, sem postura de rei. Ela acaba dizendo a verdade sobre ele. De fato, o rei Acabe não governa. Ele é um molenga, sem fibra moral, governado por sua mulher.

Como diz Charles Swindoll, "Jezabel é a autoridade reinante. Ela toma o assunto em suas mãos e ordena ao marido a se levantar, a comer, e se alegrar, pois ela mesma lhe daria a vinha de Nabote".[501] Donald Wiseman diz que Jezabel, como uma hipócrita inescrupulosa, incutiu seus próprios conceitos de soberania despótica, desviando os procedimentos públicos legais para os seus próprios interesses.[502] Para Jezabel o rei está acima da lei. Para ela, a lei era o que o rei quisesse, e ponto final. Essa era a cosmovisão fenícia. Nessa perspectiva, quando as pessoas resistem à vontade do rei, o rei simplesmente passa por cima delas, como um rolo compressor. Jezabel diz a Acabe: "Eu te darei a vinha" (21:7).

A promessa de Jezabel ao marido, entrementes, não vem fundamentada pela lei, nem promove a justiça. Ela promete dar a ele a vinha de Nabote. Mas a que custo? De que maneira? Com que critérios? Concordo com Warren Wiersbe, quando diz que um verdadeiro líder usa sua autoridade para fortalecer o povo, enquanto um ditador usa o povo para fortalecer sua autoridade.[503]

Uma trama de morte (21:8-16)

Jezabel tem uma ficha criminal conhecida em toda a nação. Ela perseguiu e matou profetas de Deus. Suas tramas são mortíferas. Ela é uma víbora peçonhenta, um demônio vestido de pele humana. O poder está em suas mãos para fazer o mal. Ela usa toda a sua influência para escamotear a verdade, torcer a justiça e matar o inocente. O sistema corrupto do governo está em pleno funcionamento. As cortes estão a serviço do mal. A liderança local está pronta a cumprir à risca o plano dela. Destacamos, aqui, alguns pontos:

Em primeiro lugar, *uma correspondência oficial* (21:8). "Então, escreveu cartas em nome de Acabe, selou-as com o sinete dele e as enviou aos anciãos e aos nobres que havia na sua cidade e habitavam com Nabote". Jezabel usa papel timbrado para escrever cartas em nome do rei Acabe, cometendo uma fraude escandalosa. Essas cartas recebem o selo com o sinete do rei. Dessa maneira, a injustiça ganha ares de legalidade.

Essas cartas são enviadas aos anciãos e aos nobres que havia na cidade e conviviam com Nabote. Há um complô corrupto, formado por aqueles que deveriam ser exemplo de integridade. Esses anciãos e esses nobres estão a serviço do sistema maligno que está empoleirado no poder. Warren Wiersbe tem razão em dizer que nem todos os adornos reais do mundo eram capazes de mudar o fato de que Acabe e Jezabel estavam transgredindo a lei de Deus.[504] Fraude, falsificação, hipocrisia, mentira, perjúrio e assassinato – esses foram os estágios da impiedade sem freios postos em movimento por Jezabel.

Em segundo lugar, *um disfarce religioso* (21:9). "E escreveu nas cartas, dizendo: Apregoai um jejum e trazei Nabote para a frente do povo". O mal é tramado com um disfarce religioso. Jezabel incluiu uma pitada de religião em sua sanha assassina. O jejum é uma disciplina espiritual. É um sinal de arrependimento e quebrantamento. No entanto, os inescrupulosos não hesitam em usar os símbolos sagrados para encobrir seus crimes hediondos. Tony Merida destaca que toda essa injustiça é feita em nome da religião. Um dia de jejum foi observado no mesmo dia em que esse fiel israelita foi executado. Eles seguiram os preceitos da lei, ao usarem duas testemunhas na acusação. Eles apedrejaram Nabote, aplicando a ele a penalidade da lei, como se um blasfemador fosse.[505]

Em terceiro lugar, *um perjúrio infame* (21:10). "Fazei sentar-se defronte dele dois homens malignos, que testemunhem contra ele, dizendo: Blasfemaste contra Deus e contra o rei. Depois, levai-o para fora e apedrejai-o, para que morra". Jezabel era a mentora intelectual desse crime horrendo. Os conspiradores recrutam duas testemunhas porque essa é a exigência da lei (Dt 17:6). As falsas testemunhas eram "filhos de Belial", ou seja, homens sem valor, homens perversos, filhos do maligno. Com Jezabel, e a seu serviço, estava a cúpula de anciãos e nobres corruptos. Essa máquina de opressão contava com testemunhas falsas, ostentando falsas acusações. A acusação de blasfêmia implicava que Nabote não seria mais considerado parte de Israel e que a sua terra poderia ser confiscada. O veredito contra o inocente é a morte por apedrejamento. A trama foi urdida nos bastidores do poder, mas a execução do inocente foi pública. Isso era um recado para o povo: ninguém pode contrariar a vontade soberana daquele que está assentado no trono. Resistir ao poder real é candidatar-se a morrer.

Em quarto lugar, *uma crueldade coletiva* (21:11,12). "Os homens da sua cidade, os anciãos e os nobres que nela habitavam fizeram como Jezabel lhes ordenara, segundo estava escrito nas cartas que lhes havia mandado. Apregoaram um jejum e trouxeram Nabote para a frente do povo". O complô estava armado contra Nabote. Um homem inocente, falsamente acusado, por falsas testemunhas, será apedrejado fora da cidade. Juízes corruptos submetem-se à ímpia Jezabel. Esse é um exemplo clássico de um sistema legal que se torna subserviente ao crime.

Ninguém ousou levantar a voz em defesa de Nabote. A omissão covarde dos homens da cidade, a subserviência dos anciãos e dos nobres ao esquema corrupto redundaram num crime hediondo. O crime só ocorreu porque o povo da cidade nada fez para defender um inocente. E por que não o fez? Por medo das consequências! Como Jesus de Nazaré, Nabote foi assassinado por mãos de iníquos (At 2:23).

Concordo com Tony Merida, quando diz que os líderes da cidade de Nabote deveriam ter usado sua influência para proteger o fraco. Em vez disso, eles sucumbiram à pressão de Jezabel. Eles temeram uma mulher e sua máfia mais do que temeram a Deus (Mt 10:28). Aqui cabe uma reflexão. E quanto a nós, o que temos feito diante das injustiças perpetradas por governos corruptos e cortes injustas? Devemos nos arrepender não apenas dos nossos pecados de comissão, mas também dos nossos pecados de omissão. Precisamos compreender que o oposto de amor não é ódio, mas indiferença. Se não reagimos mais diante das clamorosas injustiças praticadas nos parlamentos, nos palácios e nas cortes, é porque já nos assemelhamos aos corruptos anciãos, nobres e povo de Jezreel.[506]

O palco para a morte de Nabote foi montado para dar uma aparência de legalidade à trama: corte corrupta, juízes comprados, testemunhas falsas, veredito injusto, morte do inocente. Fica evidente que a acusação era falsa, as testemunhas eram mentirosas e os juízes haviam sido subornados pela intimidação real. Charles Swindoll chama a atenção para o fato de que os envolvidos neste esquema não foram apenas os homens que mentiram, mas "os anciãos e os nobres", que seguiram as instruções de Jezabel. O sistema inteiro era corrupto. Justiça e integridade não faziam parte dessa administração ímpia. Ninguém buscou a verdade. Eles aparentavam preocupar-se com o que era certo, mas, na verdade, não passavam de um bando de mentirosos assassinos.[507]

Em quinto lugar, *um assassinato cruel* (21:13). "Então vieram dois homens malignos, sentaram-se defronte dele e testemunharam contra ele, contra Nabote, perante o povo, dizendo: Nabote blasfemou contra Deus e contra o rei. E o levaram para fora da cidade e o apedrejaram, e morreu". Os dois homens malignos acusaram Nabote de blasfêmia contra Deus e contra o rei. Ambos os pecados eram passíveis de condenação. Amaldiçoar Deus era um crime capital (Lv 24:13-16) e amaldiçoar o rei também era perigoso, pois o rei era o governante escolhido por Deus (Êx 22:28). Seguiram à risca o *script* de Jezabel. O resultado foi o apedrejamento do dono da vinha. Como cúmulo do terror, não apenas Nabote, mas, também, seus filhos foram condenados à morte (2Rs 9:26). Conforme diz Philip Graham Ryken: "Dessa forma, o justo Nabote foi morto por uma rainha cruel – um pequeno agricultor esmagado por uma mulher tirana".[508]

Por que Deus não poupou a vida de Nabote? Por que sua justiça chegou tão tarde para esse jezreelita? Dale Ralph Davis diz, corretamente, que esse é o mistério da restrição de Deus que permeia a Bíblia. Por que o Senhor preserva tão maravilhosamente o bebê Moisés do programa de descarte pós-natal do Faraó (Êx 2:1-10), embora aparentemente não haja intervenção em diversos outros casos (Êx 1:22)? Em outra situação, o menino Jesus escapa pela providência oportuna de Deus (Mt 2:13-15), mas a polícia de Herodes massacra os demais infantes ao redor de Belém (Mt 2:16). Até o precursor do Messias recebeu o tratamento de Nabote, por causa de outro rei covarde, Herodes Antipas (Mc 6:14-29). Herodes Agripa I executa o apóstolo Tiago (At 12:1,2), enquanto Pedro desfruta de uma libertação angélica da prisão (At 12:6-11). Por que o Senhor frequentemente retrai a sua mão (Sl 74:11)? O episódio de Nabote não é garantia de imunidade, apenas de justiça (2Ts 1:6,7). Deus intervirá para trazer justiça ao seu povo injustiçado.[509]

Em sexto lugar, *uma apropriação indébita* (21:14-16). "Então, mandaram dizer a Jezabel: Nabote foi apedrejado e morreu. Tendo Jezabel ouvido que Nabote fora apedrejado e morrera, disse a Acabe: Levanta-te e toma posse da vinha que Nabote, o jezreelita, recusou dar-te por dinheiro; pois Nabote já não vive, mas é morto. Tendo Acabe ouvido que Nabote era morto, levantou-se para descer para a vinha de Nabote, o jezreelita, para tomar posse dela". Jezabel é informada daquilo que ela já sabia. Aliás, foi ela a idealizadora desse crime perverso. Suas mãos estavam cheias de sangue. Uma vez que ninguém da família havia sobrevivido para herdar a terra, sem qualquer remorso, ela ordena o seu marido a se levantar e tomar posse da vinha de Nabote. Acabe, sem qualquer escrúpulo, sabedor de todo o esquema maligno acionado pela sua mulher, desceu para confiscar a vinha e tomar posse dela, sentindo-se no direito de fazê-lo. Afinal, a máquina de Samaria havia atropelado o tolo de Jezreel. A imoralidade e a crueldade já não escandalizavam mais o ímpio rei Acabe nem mesmo os cidadãos de Israel. Concordo com Charles Swindoll quando diz: "Viva durante bastante tempo sob a influência de um líder imoral, corrupto e idólatra, e você não ficará mais indignado com coisa alguma".[510]

A felicidade de Acabe, porém, foi temporária. O prazer do pecado dura pouco. O roubo precedido por assassinato não deu a Acabe o desfrute da vinha. Ao contrário, custou sua vida e a vida de toda a sua descendência. A Escritura diz: "O júbilo dos perversos é breve, e a alegria dos ímpios, momentânea" (Jó 20:5). Philip Graham Ryken tem razão em dizer:

> A vinha ilícita de Acabe produziu uvas azedas, e no final, lhe custou todo o seu reino. Deus também tinha algo reservado para a rainha de Acabe: "Os cães devorarão Jezabel dentro dos muros de Jezreel" (21:23). Jezabel pensou que estava conseguindo algo para Acabe por nada, mas, no fim, ela pagaria pela vinha de Nabote como sangue de sua própria vida. Todas essas profecias se cumpriram. Jeú partiu para matar cada membro da família de Acabe. Ela foi lançada da janela do palácio e pisoteada pelos cavalos. A rainha nem sequer recebeu a honra de um enterro decente, pois Deus desprezou a cabeça que tramou a morte de Nabote e as mãos que assinaram sua sentença de morte.[511]

A morte de Acabe e Jezabel é um aviso permanente a todos que cobiçam, mentem, fraudam, roubam e matam. É um solene alerta a todos que servem ao dinheiro, e não a Deus.

Dale Ralph Davis traz a lume algumas implicações desse episódio.[512] Vejamos:

Primeiro, *uma descrição verdadeira do destino do povo de Deus neste mundo.* Essa é uma narrativa representativa e típica. Esse é o tipo de tratamento que os crentes remanescentes podem esperar dos governantes desta era. O apóstolo Pedro escreveu: "Amados, não estranheis o fogo ardente que surge no meio de vós, destinado a provar-vos, como se alguma coisa extraordinária vos estivesse acontecendo" (1Pe 4:12). É sobre isso que trata o caso de 1Reis 21. É isso que Jesus disse que aconteceria (Mc 13:9-13).

Segundo, *essa injustiça frequentemente será imposta pelo governo ou pelos seus tribunais.* Nesse caso, ela veio por meio de um rei passivo e de uma rainha ativista. Em Daniel 3, virá do rei da Babilônia; em Daniel 6, do governo e dos asseclas do serviço civil do Império Medo-Persa. Ou virá de algum oficial romano que impõe o culto ao imperador (Ap 2-3). Não raro, os governantes abandonam sua vocação (Rm 13:1-7) e se tornam adversários e opressores do povo de Deus.

Terceiro, *os servos de Deus devem estar preparados para pagar o preço de defender a justiça.* Não apenas o palácio de Samaria era corrupto e maligno, mas, também, todo o sistema estava fermentado pela corrupção. Não lemos sobre nenhum protesto da parte de ninguém, nem de qualquer tentativa de defesa de Nabote. Os anciãos, os nobres e os homens de Jezreel foram omissos e covardes. Eles não tiveram força moral para enfrentar e resistir ao sistema opressor. Como robôs burocráticos, cumpriram à risca o papel solicitado, em vez se oporem a Jezabel, avisarem Nabote e exporem toda a corrupção do "escândalo da vinha".

Quarto, *a injustiça floresce não apenas pela maldade, mas, também, pela fraqueza; não meramente pela falta de bondade, mas, também, pela falta de coragem.* A máfia de Jezreel matou Nabote e seus filhos (2Rs 9:26). E por quê? Pelo medo dos homens, aliás, pelo medo de uma mulher. Essa máquina comprada, intimidada, corrupta, como um rolo compressor, passava por cima dos inocentes, favorecendo os criminosos e obedecendo cegamente às ordens de governantes vendidos para a prática do mal. Jesus alertou-nos sobre isso: "Por minha causa sereis levados à presença de governadores e de reis" (Mt 10:18); mas também nos exortou: "Não temais os que matam o corpo e não podem matar a alma; temei, antes, aquele que pode fazer perecer no inferno tanto a alma como o corpo" (Mt 10:28).

Essa mesma realidade foi enfrentada pelo próprio Filho de Deus. Há uma estreita relação entre o que Nabote enfrentou e a Paixão de Jesus Cristo: "Ora, os principais sacerdotes e todo o Sinédrio procuravam algum testemunho falso contra Jesus, a fim de o condenarem à morte. E não acharam, apesar de se terem apresentado muitas testemunhas falsas. Mas, afinal, compareceram duas, afirmando: Este disse: Posso destruir o santuário de Deus e reedificá-lo em três dias" (Mt 26:59-61). Jesus foi esbordoado, cuspido, acusado, vilipendiado, condenado, pregado na cruz. No entanto, o sangue de Jesus fala coisas melhores do que o sangue de Abel e Nabote (Hb 12:24). O sangue desses dois mártires clama por vingança, mas o sangue de Jesus clama por perdão. O sangue de Jesus nos limpa de todo pecado e nos dá livre acesso à presença de Deus.

Um juízo inevitável (21:17-26)

Ninguém peca impunemente. O Elias que tinha fugido de Jezabel retorna à sua lida profética, e, agora, para confrontar o rei Acabe pelo crime de assassinato e apropriação indébita. Mais uma vez Elias se põe a caminho em resposta diligente à direção de Deus. Destacamos, aqui, três pontos importantes:

Em primeiro lugar, *uma sentença de morte* (21:17-19). O casal real pode subornar testemunhas, comprar juízes, torcer a lei, aplicar pena capital a um inocente, só não pode manipular a palavra de Deus. Está escrito:

> Então, veio a palavra do Senhor a Elias, o tesbita, dizendo: Dispõe-te, desce para encontrar-te com Acabe, rei de Israel, que habita em Samaria; eis que está na vinha de Nabote, aonde desceu para tomar posse dela. Falar-lhe-ás, dizendo: Assim diz o Senhor: Mataste e, ainda por cima, tomaste a herança? Dir-lhe-ás mais: Assim diz o Senhor: No lugar em que os cães lamberam o sangue de Nabote, cães lamberão o teu sangue, o teu mesmo (21:17-19).

Elias acusa o rei de Israel de dois crimes hediondos: homicídio e roubo. Porque consentiu na morte de Nabote, a morte o apanhará. Assim como os cães lamberam o sangue de Nabote, também lamberão o sangue de Acabe. O rei Acabe morreria de forma desonrosa, pois os cães lamberiam o seu sangue.

Em segundo lugar, *uma dinastia eliminada* (21:20-24). O escritor registra:

> Perguntou Acabe a Elias: Já me achaste, inimigo meu? Respondeu ele: Achei-te, porquanto já te vendeste para fazeres o que é mau perante o Senhor. Eis que trarei o mal sobre ti, arrancarei a tua posteridade e exterminarei de Acabe a todo do sexo masculino, quer escravo quer livre, em Israel. Farei a tua casa como a casa de Jeroboão, filho de Nebate, e como a casa de Baasa, filho de Aías, por causa da provação com que me irritaste e fizeste pecar a Israel. Também de Jezabel falou o Senhor: Os cães devorarão Jezabel dentro dos muros de Jezreel. Quem

> morrer de Acabe na cidade, os cães o comerão, e quem morrer no campo, as aves do céu o comerão (21:20-24).

Quando Acabe viu Elias, chamou-o de seu inimigo (21:20). Suas palavras revelam o peso de uma consciência culpada, mas ele estava errado novamente (18:17,18). O rei, e não o profeta, era o seu próprio inimigo. A desgraça e o castigo que iriam cair sobre ele eram apenas o resultado de seus próprios erros, e não de Elias. A pessoa que, como Acabe, vende-se ao pecado traz terríveis consequências sobre a sua própria vida.[513]

A assassinato de Nabote e a apropriação indevida de sua vinha, custou um alto preço a Acabe e à sua descendência. Sua família foi varrida da terra. Sua dinastia foi totalmente eliminada da mesma maneira que fora erradicada a dinastia de Jeroboão e Baasa. Jezabel, a perseguidora assassina, foi devorada pelos cães necrófagos. A família do rei Acabe não teve sequer a honra de um funeral decente. Toda a sua posteridade foi banida da terra.

Em terceiro lugar, *um diagnóstico preciso* (21:25,26). "Ninguém houve, pois, como Acabe, que se vendeu para fazer o que era mau perante o Senhor, porque Jezabel, sua mulher, o instigava; que fez grandes abominações, seguindo os ídolos, segundo tudo o que fizeram os amorreus, os quais o Senhor lançou de diante dos filhos de Israel". Acabe foi um homem fraco, um líder manobrado pela sua ímpia mulher. Recebeu como "prêmio" o título de o pior rei de Israel. Em vez de ser o líder da sua casa, foi liderado pela sua mulher e liderado para fazer o mal.

Deus chegou ao fim de sua paciência com esse casal. Ele suportara anos de atos ímpios, mas agora, as coisas chegaram ao limite. Tal qual Sodoma e Gomorra, Deus diz, com efeito: Basta! Vocês foram longe demais![514]

Uma misericórdia demonstrada (21:27-29)

A mensagem de Elias espicaçou a consciência do rei Acabe, trazendo-lhe medo e condenação. Embora não haja evidência de genuíno arrependimento, houve certamente temor em relação às consequências de seus atos perversos. Destacamos, aqui, dois pontos:

Em primeiro lugar, *uma humilhação visível* (21:27). "Tendo Acabe ouvido estas palavras, rasgou as suas vestes, cobriu de pano de saco o seu corpo e jejuou; dormia em sacos e andava cabisbaixo." O golpe da palavra de Deus, como espada do Espírito, atingiu Acabe. Reconheceu que podia livrar-se de Nabote, mas não do Deus de Nabote. Reconheceu que podia subornar testemunhas e cortes, mas não o profeta de Deus. Reconheceu que podia prevalecer pela força diante dos homens, mas não diante de Deus. A dura cerviz do monarca impiedoso foi curvada, e o pior rei de Israel se humilhou diante do Senhor.

Em segundo lugar, *uma misericórdia notável* (21:28,29). "Então, veio a palavra do Senhor a Elias, o tesbita, dizendo: Não viste que Acabe se humilha perante mim? Portanto, visto que se humilha perante mim, não trarei este mal nos seus dias, mas nos dias de seu filho o trarei sobre a sua casa". O Senhor, com misericórdia notável, não anula o juízo, mas posterga-o até o início do reinado de Jorão, filho de Acabe (2Rs 9:14-37). Charles Swindoll faz duas breves aplicações na análise deste capítulo: 1) a paciência de Deus tem limite; ninguém sabe qual é esse limite; 2) Deus cumpre suas promessas e seus juízos. Ninguém impede isso.[515] Que Deus nos livre da impiedade! Que nos proteja da idolatria! Que nos poupe da prática da injustiça. Que Deus nos dê um coração humilde e quebrantado!

NOTAS

[492] WIERSBE, Warren W. *Comentário bíblico expositivo*. Vol. 2, p. 479.
[493] MERIDA, Tony. *Christ-Centered Exposition: 1 & 2 Kings*, p. 163.
[494] MERIDA, Tony. *Christ-Centered Exposition: 1 & 2 Kings*, p. 165.
[495] WISEMAN, Donald J. *1-2Reis: introdução e comentário*, p. 160.
[496] MERIDA, Tony. *Christ-Centered Exposition: 1 & 2 Kings*, p. 166.
[497] FINLEY, Harvey E. *Os livros de Reis*. In: *Comentário bíblico Beacon*. Vol. 2, p. 338.
[498] GOLDINDAY, John. *Históricos para todos*: *1-2Reis*, p. 140.
[499] RYKEN, Philip Graham. *1Reis*, p. 529.
[500] FINLEY, Harvey E. *Os livros de Reis*. In: *Comentário bíblico Beacon*. Vol. 2, p. 338.
[501] SWINDOLL, Charles R. *Elias*, p. 153.
[502] WISEMAN, Donald J. *1-2Reis: introdução e comentário*, p. 160.
[503] WIERSBE, Warren W. *Comentário bíblico expositivo*. Vol. 2, p. 480, 481.
[504] WIERSBE, Warren W. *Comentário bíblico expositivo*. Vol. 2, p. 480.
[505] MERIDA, Tony. *Christ-Centered Exposition: 1 & 2 Kings*, p. 169.
[506] MERIDA, Tony. *Christ-Centered Exposition: 1 & 2 Kings*, p. 171.
[507] SWINDOLL, Charles R. *Elias*, p. 154.
[508] RYKEN, Philip Graham. *1Reis*, p. 531.
[509] DAVIS, Dale Ralph. *1-2Reis*, p. 306, 307.
[510] SWINDOLL, Charles R. *Elias*, p. 155.
[511] RYKEN, Philip Graham. *1Reis*, p. 535, 536.
[512] DAVIS, Dale Ralph. *1-2Reis*, p. 300-302.
[513] FINLEY, Harvey E. *Os livros de Reis*. In: *Comentário bíblico Beacon*. Vol. 2, p. 339.
[514] SWINDOLL, Charles R. *Elias*, p. 155.
[515] Ibidem, p. 157, 158.

Capítulo 22

A autoridade suprema da palavra de Deus

(1Reis 22:1-54)

O TEXTO EM TELA trata de quatro personalidades: Josafá, Acabe, Micaías e Acazias. Josafá foi o homem que buscou o conselho de Deus. Acabe e seu filho Acazias foram os homens que rejeitaram a palavra de Deus. E, Micaías foi o homem que sofreu pela verdade de Deus.[516]

O tema central desta passagem é a autoridade suprema da palavra de Deus. Os homens podem odiar, rejeitar ou até mesmo desobedecer à palavra de Deus, só não podem anular sua autoridade nem escapar de suas consequências.

A passagem em apreço é a terceira numa série de encontros-juízo de Acabe com a palavra de Deus. Primeiramente, um profeta sem nome o repreende

(20:35); em seguida, Elias o condena (21:17); agora Micaías proclama sua condenação (22:17). Portanto, esta passagem retrata a terceira vez que Acabe é reprovado pela palavra de Deus. Resta claro afirmar que a palavra de Deus destrói o homem que a desafia.[517]

Uma aliança insensata (22:1-4)

Acabe, rei de Israel, poupou a vida Ben-Hadade, rei da Síria, o homem a quem Deus havia condenado. Agora, depois de três anos sem guerra entre as duas nações, Acabe está ressentido porque o rei da Síria não cumpriu sua palavra de devolver a cidade de Ramote-Gileade a Israel (20:34).

Acabe, então, aproveita a visita de Josafá, rei de Judá, e seu aparentado, para declarar guerra contra a Síria, convidando-o para juntar-se a ele nessa peleja. Josafá, prontifica-se a unir suas forças com o rei de Israel para tomar de volta a cidade de Ramote-Gileade, situada a leste do Jordão, que ficaria hoje no Estado moderno da Jordânia. Essa importante cidade estava perto da interseção norte-sul da estrada de Damasco. Essa estratégica localização, fronteiriça entre Síria e Israel, fazia de Ramote-Gileade uma importante cidade sob o ponto de vista do controle do comércio nas épocas de paz, e do movimento das tropas em época de guerra.[518] Dale Ralph Davis diz que caravanas de incenso e especiarias passavam através de Ramote-Gileade. Isso significava que quem controlasse esse local coletaria o faturamento do trânsito das caravanas.[519]

Josafá, filho de Asa, era um homem piedoso. Ele andou com Deus. Fez reformas importantes em Judá. Confiou em Deus e viu os grandes livramentos de Deus em favor de Jerusalém. Porém, Josafá cometeu um erro gravíssimo ao fazer aliança com o ímpio rei Acabe. Essa parceria com o perverso rei Acabe custou a Josafá e a seu reino um alto preço. Nas palavras de Dale Ralph Davis, "Josafá tinha boa nota em piedade, mas baixa em bom-senso".[520] Ele se meteu numa enrascada, pois, ao casar seu filho com a filha de Acabe, não podia deixar de se relacionar com o pior rei de Israel.

Na verdade, essa aliança transcendeu os acordos comerciais, tratados de paz e parceria nas guerras. Jeorão, filho e sucessor de Josafá no trono, casou-se com Atalia, filha de Acabe e Jezabel. Uma vez que Josafá era descendente de Davi, ele jamais deveria ter permitido que a linhagem davídica se misturasse com a de Acabe. Essa aliança do rei de Judá com o rei de Israel foi insensata. Josafá não consultou ao Senhor para fazê-la. Essa decisão desastrada foi uma verdadeira tragédia para a família de Josafá, pois Atalia era uma espécie de Jezabel II. Assim como o rei Acabe foi influenciado para o mal por Jezabel, sua mulher, Jeorão foi induzido à impiedade e perversão por Atalia (2Cr 21:6).

Em virtude desse casamento fora da vontade de Deus, Jeorão logo que assumiu o reino de seu pai, havendo-se fortificado, matou todos os seus irmãos à espada, como também alguns dos príncipes de Israel (2Cr 21:4). Jeorão "fez altos nos montes de Judá, e seduziu os habitantes de Jerusalém à idolatria, e fez desgarrar a Judá" (2Cr 21:11). Como consequência, o Senhor trouxe grandes flagelos sobre o rei, sobre sua família, sobre o povo e suas possessões (2Cr 21:14). Por fim, o Senhor feriu Jeorão nas suas entranhas com enfermidade incurável (2Cr 21:18). Mais tarde, a ímpia Atalia usurpa o poder, intentando varrer de Judá a dinastia davídica (2Cr 22:10-12), o que poderia comprometer, assim, o nascimento do Messias.

Podemos, então, afirmar que Josafá pagou caro por sua transigência em relação a três questões: 1) casar seu filho com a filha de Acabe e Jezabel (2Rs 8:16-19; 2Cr 18:1; 21:4-7); 2) envolver-se com os assuntos do sogro de seu filho na guerra Israel-Síria (2Cr 18:2-19:3); 3) unir forças com Acazias, filho de Acabe, e tentar enriquecer-se pela importação de produtos estrangeiros (2Cr 20:31-37).[521]

Uma consulta oportuna (22:5-8)

Tendo o pleno aceite de Acabe para travar a guerra contra o rei da Síria, Josafá impôs uma condição. Nas palavras de John Goldingay, "Josafá é mais consciente quanto ao processo de ir à guerra do que Acabe. Precisa perguntar a Deus se aquela guerra, em particular, deveria ser travada".[522] Deveriam consultar primeiro a palavra do Senhor. Josafá quer ouvir a voz da ortodoxia.

Acabe, embora, ímpio, era um homem religioso, pois, depois da morte dos profetas de Baal, acercou-se de mais quatrocentos profetas nacionalistas. Esses profetas, porém, dizendo-se do Senhor (22:11), reivindicando ter o Espírito do Senhor (22:24), prometendo o sucesso do Senhor (22:12), não traziam a palavra do Senhor. Eram profetas pagos para falar coisas boas ao rei. Eram profetas da conveniência, e não embaixadores da verdade. Eram alfaiates do efêmero e não escultores do eterno. Esses conselheiros da conveniência passaram a sofrer frequentes críticas dos verdadeiros profetas de Deus (Is 9:15: Jr 5:13,31; 23:11,15,16,25,26; Os 4:5; Mq 3:5-7). A lealdade desses profetas era ao rei, e não ao Rei dos reis. Nas palavras de Donald Wiseman, "o objetivo deles era agradar o rei em vez de proclamar a verdade".

Esse mesmo problema ainda existe. Há pregadores que, por conveniência, deixam de pregar a verdade para apresentar uma mensagem mais palatável. Temas como arrependimento, novo nascimento, santidade e justificação pela fé têm estado ausentes de muitos púlpitos. Os pregadores querem evitar o negativismo e, por isso, pregam uma mensagem centrada no homem, e não em Cristo. Eles têm medo de que as pessoas se sintam culpadas. Muitos pregadores abraçam, hoje, a chamada "hipergraça", uma graça que justifica o pecado, e não o pecador. Há igrejas inclusivas que dizem para as pessoas virem como estão e permanecerem como quiserem. Esses paladinos da falsa teologia têm popularidade, mas não a verdade. Reúnem admiradores, mas não pessoas transformadas pelo evangelho.

Quando Acabe consultou os profetas da corte se deveria ir à peleja contra Ramote-Gileade ou deixar de ir, disseram todos que Acabe deveria subir contra a cidade, porque o Senhor a entregaria nas suas mãos. Josafá, percebendo que esses profetas da corte não traziam a palavra de Deus, e sim uma mensagem para agradar o rei Acabe, pediu uma segunda opinião e perguntou: "não há aqui ainda algum profeta do Senhor para o consultarmos?" (22:7). Essa era a prática habitual de Josafá. Como diz Philip Graham Ryken, "sempre que o rei esgotava a sua inteligência, buscava a sabedoria de Deus".[523] Acabe respondeu afirmativamente, citando o profeta Micaías, filho de Inlá, mas, imediatamente, emite seu parecer acerca dele: "eu o aborreço, porque nunca profetiza de mim o que é bom, mas somente o que é mau" (22:8). Josafá tentou acalmar e ao mesmo tempo exortar Acabe, dizendo: "Não fale o rei assim" (22:8b).

Concordo com Philip Graham Ryken quando diz que o capítulo 22 de 1Reis narra a triste história de um homem que rejeitou a palavra do Senhor. Acabe gostava de seguir sua própria vontade; por isso, havia se cercado de homens que lhe diziam o que ele queria ouvir. Esses profetas de Acabe não eram servos do Senhor. Acabe, na verdade, odiava o profeta de Deus, porque odiava más notícias, mesmo quando eram verdadeiras. Acabe não sabia que é melhor ouvir uma verdade difícil da própria boca de Deus do que mil mentiras alegres dos lábios de seus inimigos. Acabe estava mais interessado em provar que ele estava certo do que em fazer o que era certo.[524]

Uma unanimidade desprovida da verdade (22:9-12)

O rei Acabe deu ordens expressas para trazer imediatamente o profeta Micaías. Quando este chegou, Acabe, o rei de Israel, e Josafá, o rei de Judá, estavam assentados, cada um no seu trono, trajando vestes reais, numa eira à entrada da porta de Samaria. Todos os quatrocentos profetas profetizavam diante deles. Um desses profetas, Zedequias, usou símbolos para reforçar a mensagem de seu grupo. Ele encenou a vitória de Acabe, fazendo uns chifres de ferro, dizendo que os siros seriam escorneados até de todo serem consumidos. Zedequias está reivindicando falar pelo Espírito do Senhor e está insinuando que Micaías não o faz. Agora, como podemos discernir se um profeta fala a verdadeira palavra do Senhor? Seria porque, como Zedequias, ele afirma ser inspirado? Seria porque ele afirma que o Senhor falou com ele? Seria porque ele tem uma conduta ou um tom cheio de autoridade? Micaías não pensa assim; sua resposta é: espera e verás (22:25).[525]

Dale Ralph Davis, apontando para a crescente apostasia de nossos dias, diz que "a igreja é bem mais divertida quando Zedequias está presente". Ele faz acompanhar sua apresentação com uma palavra profética. Ele está aplicando o texto das Escrituras a uma nova situação. Acabe deve prosseguir no seu intento porque Zedequias lhe deu um versículo tirado da caixinha de promessas de Deus. Zedequias fala com ação parabólica (22:11a), usa a fórmula profética (22:11b), está ancorado numa promessa bíblica (22:11c) e tem atestação múltipla (22:12).[526] Zedequias não está sozinho. Todos os quatrocentos profetas profetizaram a vitória retumbante de Acabe; porém, não se vence uma batalha apenas com entusiasmo. Unanimidade não é sinônimo de verdade. Esses profetas tinham concordância, mas não conhecimento. Eram unânimes, mas estavam desprovidos da palavra de Deus.

John Goldingay é oportuno em seu alerta: "As atividades desses profetas mostram como é plenamente possível a uma pessoa pensar que está servindo a Deus e manifestando dons espirituais, mas, na verdade, ela está apenas iludida e não é melhor do que os profetas que servem a Baal".[527]

Uma fidelidade inegociável (22:13,14)

O mensageiro que foi buscar Micaías alertou-o de que havia um consenso entre todos os profetas sobre a vitória de Israel sobre os sírios, e que ele não deveria ser uma voz discordante. Cabia-lhe a oportunidade de concordar com a panelinha profética de Samaria. O portador enviado por Acabe disse a Micaías: "... seja, pois, a tua palavra como a palavra de um deles e fala o que é bom" (22:13).

O profeta de Deus, porém, não se deixa pressionar pela maioria nem se intimida pela conhecida truculência da corte. Ele responde: "Tão certo como vive o Senhor, o que o Senhor me disser, isto falarei" (22:14). Dale Ralph Davis tem razão em dizer que o profeta não tem liberdade de maquiar, modelar ou adaptar, muito menos pode perverter a palavra de Deus. O verdadeiro profeta de Deus está preso à palavra incoercível de Deus. A palavra de Deus é livre, e o servo de Deus está preso a ela.[528] Essa foi a decisão de Martinho Lutero, na Dieta de Worms, na Alemanha, em 1521, quando foi conclamado a renunciar sua fé e renegar seus escritos. Ele respondeu: "A menos que vocês me convençam pelas Escrituras de que eu estou errado, não posso renegar o que escrevi, pois minha mente é cativa da palavra de Deus. Aqui fico, aqui me estabeleço, e que Deus me ajude".

A voz de Micaías é destoante da voz dos capelães da corte. Micaías estava decidido a ser fiel em vez de buscar aceitação. Sua mensagem era exatamente o oposto da palavra dos outros profetas. Como diz Harvey Finley, "todo o programa de profecias de Acabe, que poderia ter levado a ele um pouco de tranquilidade ficou exposto como falso e totalmente incerto".[529]

Um confronto destemido (22:15-18)

Quando o profeta Micaías chegou diante do rei Acabe, este lhe perguntou: "Iremos a Ramote-Gileade à peleja ou deixaremos de ir?". Ironicamente, o profeta do Senhor respondeu: "Sobe e triunfarás, porque o Senhor a entregará nas mãos do rei" (22:15). Sabendo o rei que Micaías estava ironizando e sentindo o cheio do sarcasmo, requereu dele que lhe falasse a verdade. Então, o profeta do Senhor declara sua visão: "Vi todo o Israel disperso pelos montes, como ovelhas que não têm pastor; e disse o Senhor: Estes não têm dono; torne cada um em paz para a sua casa". Donald Wiseman destaca que as ovelhas sem pastor representam uma ausência de liderança que pode resultar somente em divisão e ruína.[530] Micaías está declarando de forma explícita que o rei Acabe vai morrer nessa peleja e que o povo de Israel ficará disperso, sem rei, sem dono, mas apesar da morte do rei, o povo vai voltar em paz.

Em vez de Acabe aquiescer à verdade da palavra de Deus, ele só reafirma a Josafá o que já havia dito: "Não te disse que ele não profetiza a meu respeito o que é bom, mas somente o que é mau?" (22:18).

Uma revelação surpreendente (22:19-23)

Micaías não encerrou o seu sermão. Conclama o rei a abrir bem os ouvidos para ouvir a palavra do Senhor. Então narra a visão que teve. Ele viu o Senhor assentado no seu trono e todo o exército do céu estava junto a ele, à sua direita e à sua esquerda. Então, o Senhor perguntou: "Quem enganará a Acabe, para que suba e caia em Ramote-Gileade?" (22:20). Depois de várias propostas, saiu um espírito, e se apresentou diante do Senhor, dizendo: "Eu o enganarei" (22:21). Disse mais: "Eu sairei e serei espírito mentiroso na boca de todos os seus profetas" (22:22). O Senhor, então, deu ordens a esse espírito a cumprir essa missão. Micaías arremeta seu sermão, dizendo a Acabe: "Eis que o Senhor pôs o espírito mentiroso na boca de todos estes teus profetas e o Senhor falou o que é mau contra ti" (22:23).

Como diz John Goldingay: "Deus usa pessoas que não estão realmente comprometidas a transmitir a sua palavra para trazer juízo sobre aqueles que, na verdade, não querem ouvir a palavra de Deus".[531] Warren Wiersbe diz que, por ser Acabe um mentiroso inveterado, o Senhor tratou com ele de acordo com o seu caráter.[532] Deus não engana Acabe. Ele na verdade diz a Acabe o que Acabe está fazendo. Mesmo assim, o rei prefere ouvir as mentiras dos profetas da conveniência a ouvir a palavra de Deus, falada a ele fiel e corajosamente. Concordo com Philip Graham Ryken quando diz que embora Deus não seja o autor da mentira, ele é soberano sobre os profetas falsos como também sobre os verdadeiros.[533] Fica evidente, que o Senhor decreta não somente o bem, mas também o mal.

Uma perseguição cruel (22:24-27)

A verdade de Deus incomoda. A palavra de Deus fere. A palavra de Deus não bajula. Tendo Zedequias ouvido o profeta do Senhor, deu-lhe uma bofetada, tentando se reafirmar como um legítimo profeta de Deus: "... por onde saiu de mim o Espírito do Senhor para falar a ti?" (22:24). Micaías não discute nem se defende, apenas declara que os fatos profetizados por ele certamente ocorrerão e confirmarão suas palavras. A prova de um verdadeiro profeta é o cumprimento de suas palavras (Dt 18:17-22; Nm 16:29). Micaías sabia que a única maneira de distinguir o verdadeiro profeta do profeta falso é esperar e ver o que acontece.

Mais uma vez, Acabe rejeita a palavra do Senhor, pois, em vez de arrepender-se, manda prender o profeta Micaías e angustiá-lo com escassez de pão e de água até seu retorno em paz da batalha. O diácono Estêvão, denunciando o pecado de Israel, declarou com voz altissonante: "Qual dos profetas vossos pais não perseguiram? Eles mataram os que anteriormente anunciavam a vinda do Justo, do qual vós agora vos tornastes traidores e assassinos, vós que recebestes a lei por intermédio de anjos e não a guardastes" (At

7:52,53). Como diz Tiago 5:10, o sofrimento e o isolamento acompanham o lote profético.

À semelhança de Micaías, Jesus também se opôs aos falsos profetas de Israel. Ele também foi esbofeteado e preso. No entanto, como Micaías, ele não retaliou nem se defendeu. Ele simplesmente repousou na verdade da palavra de Deus. Agora somos chamados a defender a verdade e a proclamá-la, ainda que venhamos a sofrer insultos, prisões e a própria morte.

Uma profecia segura (22:28-40)

Micaías dá a última martelada no prego do caixão do rei Acabe ao afirmar: "Se voltares em paz, não falou o Senhor, na verdade, por mim. Disse mais: Ouvi isto, vós, todos os povos!" (22:28). Acabe descobriu a vontade de Deus para sua vida, mas, em seguida, saiu e fez exatamente o contrário. A bravata régia de Acabe de que voltaria em paz da peleja não passava de uma ilusão. Dale Ralph Davis sintetiza a vida de Acabe assim: "Acabe é um interessante pacote de perversão: ele odeia a palavra (22:8), mas a quer (22:16); ele teme a palavra (22:30), mas a desafia (22:29,30).[534]

Acabe, rebeldemente, vai à peleja, e, incompreensivelmente, Josafá entra também nessa batalha inglória. O rei da Síria tinha já sua estratégia bem definida. A ordem era matar o rei de Israel, sabendo que decepando a cabeça do reino, os soldados israelitas, vendo a morte do rei, se dispersariam. Acabe, ressabiado com a profecia de Micaías, entra na peleja disfarçado, recomendando a Josafá ir trajado de suas vestes. Acabe conseguiu se disfarçar, mas não se esconder. Quando os capitães dos carros viram Josafá, dirigiram-se a ele para o atacar, mas Josafá gritou. Vendo os capitães que não era o rei de Israel, cessaram de persegui-lo.

Então, um homem entesou o arco e atirando ao acaso, feriu Acabe, rei de Israel. A flecha do juízo divino o atingiu. Ele estava disfarçado, mas uma flecha voando sem direção alcançou o alvo. A flecha perdida havia sido atirada de acordo com a providência divina. Como diz Philip Graham Ryken, "a flecha do julgamento divino sempre encontra o seu alvo".[535] Vendo-se gravemente ferido, pediu a seu cocheiro para levá-lo para fora do combate. A peleja tornou-se renhida naquele dia, e Acabe sucumbiu na mesma tarde. Estava morto o rei de Israel. Dale Ralph Davis tem razão em dizer que não foi a ordem do rei de Síria nem a flecha que voava ao acaso que eliminaram Acabe, mas o decreto do Senhor (22:23) – e isso do modo mais acidental. Acabe estava todo coberto com sua armadura, com placas de ferro e bronze, mas sempre há uma fenda pela qual a flecha de Deus pode encontrar seu caminho.[536]

A batalha terminou. O rei está ferido mortalmente. O sangue de Acabe corria da ferida para o fundo do carro. Ao pôr do sol, o pregão se fez ouvir pelo exército de Israel: "Cada um para sua cidade, e cada um para a sua terra!". O corpo de Acabe foi levado para Samaria e sepultado. Cumprindo a profecia, quando levaram o carro junto ao açude de Samaria, os cães lamberam o sangue do rei. A profecia de Micaías se cumpriu, assim como as profecias de Elias (21:19-21) e de outros profetas (20:42; 22:20). Tudo isso ocorreu com Acabe "segundo a palavra que o Senhor tinha dito" (22:38b). Para o escritor de Reis, a história não é um acidente, mas é dirigida pela palavra que o Senhor fala.

Philip Graham Ryken escreve:

> Acabe teria que pagar com sua vida pela vida de Ben-Hadade (20:42). O Senhor realmente falara por meio do profeta Elias

quando prometeu que os cães lamberiam o sangue de Acabe (21:19). O Senhor realmente falara por meio do profeta Micaías, quando prometeu que Acabe não voltaria da batalha (22:28). Assim como Micaías havia prometido, as ovelhas de Israel ficaram sem pastor (22:17), pois fez-se ouvir um pregão pelo exército, que dizia: Cada um para a sua cidade, e cada um para a sua terra (22:36).[537]

O historiador carregou as tintas para destacar a impiedade de Acabe e sua resistência à palavra de Deus, empregando apenas dois versículos para falar de suas obras e de sua morte (22:39,40). Isso, porque, na verdade, suas obras e construções não importavam. Esse rei passou para a história como o pior rei de Israel. Porque endureceu sua cerviz reiteradas vezes, foi quebrado sem qualquer possibilidade de cura. Chega uma hora que Deus diz: Basta! Então, só resta ao homem uma horrível expectativa de juízo. Warren Wiersbe tem razão em dizer: "Reis e rainhas, imperadores e primeiros-ministros, ditadores e generais, pais e professores, o FBI e a KGB — todos devem prestar contas ao Senhor e, um dia, responderão diante dele por seus atos".[538]

Em seis capítulos sobre Acabe (17—22), nós aprendemos sobre a incrível tolice de rejeitar a palavra de Deus e o seu justo julgamento. Que essa história nos leve ao arrependimento. Devemos confiar em Cristo antes que venha o dia da prestação de contas. Naquele dia os ímpios serão punidos, e todos aqueles que estão em Cristo contemplá-lo-ão em sua glória.[539]

Uma vida de luz e sombras (22:41-51)

O historiador volta sua atenção para falar do rei Josafá, descrevendo sua filiação (22:41), a idade com que começou a reinar e quanto tempo reinou em Jerusalém (22:42). Destacou sua piedade e como andou em todos os caminhos de Asa, seu pai, fazendo o que era reto perante o Senhor (22:43), porém, alertando para o fato de que Josafá não retirou os altos, onde o povo ainda sacrificava e queimava incenso (22:44). Certamente Josafá não era perfeito, mas provou ser um rei piedoso, porque procurou o conselho de Deus.

O rei Josafá e seu reinado recebem muito mais atenção no livro de 2Crônicas (17—20) do que no registro de 1Reis (22). Aqui o autor toca em cronologia (22:41,42), teologia (22:44), bibliografia (22:46) e necrologia (22:51). Incluídos nesses itens formalizados, há notas sobre a política (22:45), prostitutos cultuais ou sodomitas (22:47) e navios (22:48-50).[540]

O escritor ainda destaca que Josafá adotou uma política de paz com o rei de Israel durante todo o seu governo (22:45) ao mesmo tempo que guerreou com outros povos (22:46).

Acrescenta ainda que Josafá exterminou da terra os restantes dos prostitutos cultuais que ficaram nos dias de Asa, seu pai (22:47). Depois disso, então, somos informados sobre sua frota naval que singrava as águas do mar em busca do ouro de Ofir. Esses navios sofreram sérias avarias em Eziom-Geber. O mesmo Josafá, que tinha uma aliança com Acabe, recusou a proposta de Acazias para trabalharem juntos na navegação. Com a morte de Josafá, seu filho Jeorão, passou a reinar em seu lugar.

Uma vida de sombras sem nenhuma luz (22:52-54)

A impiedade de Acabe teve continuidade na vida de seu filho e de sua filha, que governaram os dois reinos. Acazias, filho de Acabe, assumiu o trono em Samaria e reinou apenas dois anos em Israel. No entanto, como o cavaco não cai longe do pau, ele foi uma imitação de seu pai: "Fez o que era mau perante o Senhor; porque andou nos caminhos de seu pai, como também nos caminhos de sua mãe e nos caminhos de Jeroboão, filho de Nebate, que fez pecar a Israel. Ele serviu a Baal, e o adorou, e provocou à ira ao Senhor, Deus de Israel, segundo tudo quanto fizera seu pai" (22:53,54).

O escritor salienta a gestão de Acazias (22:52), seus compromissos (22:53-54a) e seu perigo (22:54b), comprometido com uma tripla tradição: ele andou no caminho de seu pai, e no caminho de sua mãe, e no caminho de Jeroboão, que levou Israel a pecar. Dale Ralph Davis diz que Acazias adota toda a perversão e o paganismo que tinham se acumulado em Israel até aquele momento, tanto o sincretismo de Jeroboão quanto o baalismo de seus pais.[541]

Notas

516 RYKEN, Philip Graham. *1Reis*, p. 539.
517 DAVIS, Dale Ralph. *1-2Reis*, p. 312.
518 FINLEY, Harvey E. *Os livros de Reis*. In: *Comentário bíblico Beacon*. Vol. 2, p. 340.
519 DAVIS, Dale Ralph. *1-2Reis*, p. 314.
520 Ibidem.
521 WIERSBE, Warren W. *Comentário bíblico expositivo*. Vol. 2, p. 482.
522 GOLDINGAY, John. *Históricos para todos*: *1-2Reis*, p. 145.
523 RYKEN, Philip Graham. *1Reis*, p. 539.
524 Ibidem, p. 542.
525 DAVIS, Dale Ralph. *1-2Reis*, p. 324.
526 Ibidem, p. 318.
527 GOLDINGAY, John. *Históricos para todos*: *1-2Reis*, p. 146.
528 DAVIS, Dale Ralph. *1-2Reis*, p. 319.

[529] FINLEY, Harvey E. *Os livros de Reis*. In: *Comentário bíblico Beacon*. Vol. 2, p. 340,341.
[530] WISEMAN, Donald J. *1-2Reis: introdução e comentário*, p. 164.
[531] GOLDINGAY, John. *Históricos para todos: 1-2Reis*, p. 147.
[532] WIERSBE, Warren W. *Comentário bíblico expositivo*. Vol. 2, p. 483.
[533] RYKEN, Philip Graham. *1Reis*, p. 543.
[534] DAVIS, Dale Ralph. *1-2Reis*, p. 326.
[535] RYKEN, Philip Graham. *1Reis*, p. 544.
[536] DAVIS, Dale Ralph. *1-2Reis*, p. 327.
[537] RYKEN, Philip Graham. *1Reis*, p. 545.
[538] WIERSBE, Warren W. *Comentário bíblico expositivo*. Vol. 2, p. 489.
[539] MERIDA, Tony. *Christ-Centered Exposition: 1 & 2 Kings*, p. 178.
[540] DAVIS, Dale Ralph. *1-2Reis*, p. 332.
[541] Ibidem, p. 335

Bibliografia

Bíblia de Estudo de Genebra. 2. ed. rev. e ampl. São Paulo: Cultura Cristã/ Sociedade Bíblica do Brasil, 2009.

Bíblia de Estudo Matthew Henry. Rio de Janeiro: Central Gospel. 2014.

BIMSON, John H. *1-2Reis*. In: *Comentário bíblico Vida Nova*. São Paulo: Vida Nova, 2023.

BOUNDS, E. M. *Power through Prayer*. London: Marshall, 1907.

BUTTERWORT, Mike et al. *Manual bíblico SBB*. São Paulo: Sociedade Bíblica do Brasil, 2013.

CHAMPLIN, R. N. *O Antigo Testamento interpretado versículo por versículo*. Vol. 2. São Paulo: Hagnos, 2018.

CHESTERTON, G. K. *Orthodoxy*. New York: Doubleday, 1990.

DAVIS, Dale Ralph. *1-2Reis*. São Paulo: Cultura Cristã. SP. 2024.

FEE, Gordon; STUART, Douglas. *Como ler a Bíblia livro por livro*. São Paulo: Vida Nova, 2013.

FINLEY, Harvey E. *Os livros dos Reis*. In: *Comentário bíblico Beacon, vol. 2*. Rio de Janeiro: CPAD, 2015.

FONTELES, Gerson Lopes. *Bíblia, um estudo panorâmico e cronológico*. São Paulo: Heziom, 2023.

GALAN, Benjamin. *Bible Overwiew*. Torrance: Rose Publishing, 2011.

GOLDINGAY, John. *Históricos para todos: 1-2Reis*. Rio de Janeiro: Thomas Nelson Brasil, 2022.

HARTMAN, Harvey D. *I and II Kings. The Complete Bible Commentary*. Nashville: Thomas Nelson Publishers, 1999.

LEITHART, Peter. *1 & 2 Kings*. Brazos Theological Commentary on the Bible. Grand Rapids: Brazos, 2006.

MARTIN, Charles. *1 and 2Kings.* In: *The Lyman's Bible Commentary.* Grand Rapids: Zondervan, 1979.

MEARS, Henrietta. *Estudo Panorâmico da Bíblia.* São Paulo: Vida, 2023.

MERIDA, Tony. *Christ-Centered Exposition: 1 & 2 Kings.* Nashville: Holman Reference, 2015.

MEYER, F. B. *Elijah.* Washington: Christian Literature Crusade, 1992.

MONTGOMERY, James A. *The Book of Kings.* International Critical Commentary. Edinburgh: T & T Clark, 1951.

PINK, A. W. *The Life of Elijah.* Edinburgh: Banner of Truth, 1963.

RAVENHIL, Leonard. *America is too Young to Die.* Minneapolis: Bethany, 1979.

RYKEN, Philip Graham. *1Reis.* São Paulo: Cultura Cristã, 2015.

SILVA, José Apolônio. *Sintetizando a Bíblia.* Rio de Janeiro: CPAD, 1985.

SOARES, Matheus. *Enciclopédia da vida dos personagens bíblicos.* Rio de Janeiro: Edições Acadêmicas, 2017.

SPROUL, R. C. *Bíblia de Estudo da Fé Reformada.* São José dos Campos: Fiel, 2022.

WALLACE, Ronald. *Elijah and Elisha.* Grand Rapids: Eerdmans, 1957.

WARFIELD, B. B. *Faith and Life.* Edinburgh: Banner of Truth, 1974.

WIERSBE, Warren W. *Comentário bíblico expositivo.* Vol. 2. Santo André: Geográfica, 2006.

WISEMAN, Donald J. *1-2Reis: introdução e comentário.* São Paulo: Vida Nova, 2021.